KB266052

IB 탐구 수업 가이드북

IB 탐구 수업 가이드북

초판 인쇄 2026년 4월 30일

초판 발행 2026년 5월 7일

지은이 박종석, 황규수, 구종서

발행인 조현수

펴낸곳 도서출판 프로방스

기획 조영재

디자인 디자인봄 정의도

주소 경기도 파주시 광인사길 68. 201-4호

전화 031) 942-5364, 5366

팩스 031-942-5368

이메일 provence70@naver.com

등록번호 제2015-000135호

등록 2015년 6월 18일

ISBN 979-11-6480-413-9 (133700)

IB 탐구 수업 가이드북

IB 월드스쿨 교사들의 수업 설계와 교실 이야기

박종석 · 황규수 · 구종서 지음

프로방스

3장 · 탐구 단원(UOI) 설계의 실제

4장 · 탐구 단원(UOI) 운영의 실제

IB 학교의 수업이라는 일상의 기록

교사라면 한 번쯤 수업을 돌아보며 비슷한 고민을 하게 됩니다.

'어떻게 하면 이 수업을 조금 더 의미 있게 만들 수 있을까?'

'아이들이 더 깊이 생각하고 즐겁게 참여하게 하려면 무엇을 바꾸어야 할까?'

동학년이다 보니 하루 일과를 마치고 서로의 교실에서 자연스럽게 수업 이야기를 나누었습니다. 아쉬웠던 활동이나 재미있었던 학생 반응을 이야기하다 보면 새로운 아이디어가 떠오르기도 했고, 막혀 있던 부분이 풀리는 순간도 있었습니다. 그러다 보면 또 다른 질문이 이어지기도 했습니다.

우리가 근무하는 IB 학교라는 환경은 이러한 질문들을 더욱 깊게 만들었습니다. 탐구 수업이나 개념 기반 접근을 실제 수업에서 어떻게 풀어낼지 매일 함께 머리를 맞대고 공부했습니다. 하지만 처음부터 방향이 선명했던 것은 아닙니다. 문서로 접한 IB와 우리가 실천한 수업 사이에는 늘 고민이 있었습니다. 우리가 IB를 제대로 이해하고 실천하고 있는 것이 맞는지 끊임없이 되묻고 생각해야 했습니다.

질문을 바꿔 보기도 했고 활동의 순서를 다시 짜 보기도 했습니다. 어떤 날은 수업이 기대했던 방향으로 흘러가지 않아 아쉽기도 했습니다. 그런데 또 어떤 날은 아이들이 예상하지 못한 참신한 질문을 던져 탐구의 깊이를 확장해 나가기도 했습니다. 그럴 때 우리는 잠깐 멈춰서서 수업을 다시 들여다보았습니다.

그런 시간이 쌓이면서 IB수업을 바라보는 관점이 점점 달라졌습니다. 어떤 수업을 했는지보다 그 수업을 준비하는 과정에서 어떤 고민을 했는지가 더 중요하게 느껴졌습니다. 그때부터 기록을 남기기 시작했습니다. 수업의 흐름이나 교사의 발문, 학생의 반응, 그날 떠올랐던 질문들을 하나하나 적어두었습니다. 기록들을 조금씩 정리하다 보니 우리가 어떤 방향으로 수업을 고민해 왔는지가 더 분명하게 보이기 시작했습니다. 그 과정을 정리하며 모인 기록들이 이 책으로 이어지게 되었습니다.

이 책은 우리가 IB 수업을 고민하면서 남긴 흔적에 가깝습니다. 어떤 질문을 던졌고, 어떻게 시도했으며, 그 과정에서 무엇을 보게 되었는지를 담았습니다. 이 기록이 비슷한 고민을 이어가는 선생님들에게 작은 계기가 되어 각자의 교실에서 저마다의 색깔을 가진 또 다른 수업 이야기들이 이어지기를 소망합니다.

IB 교육이란?

IB에 대한
고민과 질문들

IB 워크숍에서 교사들과 함께 이야기를 나누다 보면 다양한 질문들과 자주 마주하게 된다. "IB 수업이 일반 수업과 무엇이 다른가요?"라는 질문에서부터 IB다운 수업이란 무엇인지 그리고 어떻게 해야 잘할 수 있는지에 이르기까지 질문의 종류는 다양하지만 대부분은 IB라는 새로운 수업 방식과 철학을 이해하고자 하는 공통된 궁금증에서 출발한다. 이러한 질문은 IB를 처음 접하는 교사들이 자연스럽게 품게 되는 물음들이다. 그 안에는 '내 수업에 IB를 어떻게 적용할 수 있을까'에 대한 고민과 실천 의지가 담겨 있다.

다음은 우리가 IB에 대해 받았던 질문들 가운데 함께 이야기를 나누면서 깊이 공감했던 질문들을 추려 본 것이다.

- IB 수업이랑 일반 수업은 뭐가 다른가요?

- 프로젝트와 UOI는 어떻게 다르나요?

- 학생들의 기초 기본 교육이 더 중요한데 IB로 어렵게 탐구 수업을 해야 하나요?

- IB 수업은 어떻게 해야 하나요? (IB다운 수업이란?)

- 국제학교에서나 하는 엘리트 수업 아닌가요? 일반학교에서도 가능한가요?

- IB 수업을 잘하려면 어떻게 해야 하나요?

- 국가수준 교육과정이 있는데 IB에서는 다른 것을 가르치는 건가요?

- IB 용어가 어려운 것이 많은데(명시된 개념, 초학문적 주제 등) 저학년에게도 이런 용어를 그대로 가르쳐야 하나요?

- 저학년도 IB 수업이 가능할까요?

- IB에서는 같은 학년 선생님들이 모두 같은 방법과 순서로 수업을 진행하나요?

- IB에서의 평가는 기존의 평가와 어떻게 다른가요?

- IB에서는 모든 과목을 프로젝트로 묶어서 가르쳐야 하나요?

위 질문들은 IB를 처음 접한 사람이라면 누구나 가질 수 있는 지극히 자연스러운 의문이다. IB라는 말을 처음 들었을 때 생기는 막연함과 낯섦은 당연한 과정이기도 하다. 우리도 처음 IB를 접했을 때 이와 비슷한 고민을 이어갔던 기억이 있다.

IB는 기존의 교육과는 다른 방식으로 학생들의 학습을 이끌어낸다.

예를 들어, IB는 학생들이 단순히 지식을 암기하는 것이 아니라 '왜 그럴까?'라는 질문을 스스로 던지고 탐구 과정을 통해 답을 찾아가는 활동을 중심에 둔다. 또한 다양한 관점을 고려해 자신만의 결론을 도출하도록 한다. 이처럼 학습의 출발점을 '지식 전달'이 아닌 '질문과 탐구'에 두는 점이 IB 수업의 핵심이다. 이러한 방식은 각 학교의 상황, 학생들의 특성, 그리고 교사들의 교육 철학에 따라 유연하게 적용할 수 있다.

IB 수업의 가장 큰 특징 중 하나는 스스로 질문을 던지고 탐구하면서 의미 있는 학습 경험을 만들어 간다는 점이다. 교사는 이 과정에서 학생들이 필요한 자원을 찾고 다양한 관점을 탐구하며 자신만의 결론을 도출할 수 있도록 도와주는 안내자의 역할을 한다. 즉, 교사는 지식을 전달하는 사람이라기보다 학생의 생각을 이끌어주는 조력자에 가깝다. 이러한 과정은 교사에게도 새로운 도전이 된다. 학생들은 단순히 지식을 전달받는 것을 넘어 자신만의 질문을 바탕으로 답을 찾아가는 과정을 경험한다. 그 과정에서 학생들은 문제 해결 능력을 기르고 다양한 관점에서 세상을 바라보는 힘을 키운다. 자연스럽게 학습에 대한 흥미와 참여도도 높아진다.

이 책에서는 다음과 같은 고민들에 대해 함께 이야기 나누고자 한다.

· IB 수업 설계 시 교사가 직면하는 핵심적인 고민은 무엇인가?

· 학생 중심 학습과 탐구 기반 학습을 실제 수업 현장에 어떻게 구현할 것인

가?

· IB의 철학과 원칙을 다양한 교육 환경에 어떻게 창의적으로 접목할 것인가?

이 책에서 이야기하는 내용이 정답은 아니다. IB 수업은 교사의 전문성과 학생들의 필요에 따라 다양하게 변화하고 유연하게 적용될 수 있다. 하지만 처음 IB를 접하는 교사들에게 개념을 이해하는 데 도움이 되고 수업을 구상할 때 작은 발판이 되기를 바란다. 우리가 겪었던 시행착오와 경험이 같은 고민을 하는 교사들에게 하나의 설명서이자 안내서로서 역할을 하기를 기대한다.

IB 교육은 무엇인가?

IB(국제 바칼로레아, International Baccalaureate) 교육은 흔히 '엘리트 교육' 또는 '귀족 교육'으로 오해받는 경우가 많다. 이는 IB 프로그램이 처음에는 주로 국제학교에서 운영되었기 때문이기도 하다. 하지만 실제로 IB는 특정 계층이나 학교에 국한된 교육이 아니라 전 세계적으로 공통된 교육 철학과 방법을 기반으로 한 국제 교육 프로그램이다.

IB는 1968년 스위스 제네바에서 시작되었으며 2026년 현재 전 세계 6000개 이상의 학교(IB 월드스쿨)에서 운영되고 있다. 이 프로그램을 설계하고 관리하는 비영리 기관은 IBO(International Baccalaureate Organization)라고 불린다. 일반적으로는 IB라는 명칭으로 통용되며, IB와 IBO의 차이를 정확히 구분할 필요는 없지만 용어를 알고 있으면 관련 정보를 이해하는 데 도움이 된다.

IB 교육은 학생의 발달 단계에 따라 다음과 같이 네 가지 프로그램으로 구성되어 있다.

- PYP (Primary Years Programme): 초등학교 수준의 프로그램으로 만 3세부터 12세까지의 아동이 배우는 즐거움을 경험하고 스스로 탐구하는 태도를 기를 수 있도록 설계되었다.
- MYP (Middle Years Programme): 중학교 수준의 프로그램으로 12세부터 16세까지의 학생들이 학문적 기초를 다지며 실생활과 연결된 다양한 배움을 경험하도록 구성되어 있다.
- DP (Diploma Programme): 고등학교 수준의 프로그램으로 16세부터 19세까지의 학생들이 대학 수준의 학문을 탐구하며, 깊이 있는 학습과 비판적 사고 능력을 키울 수 있도록 지원한다.
- CP (Career-related Programme): 진로와 관련된 학문을 함께 배우는 프로그램으로, 전문 직업인을 꿈꾸는 학생들이 미래를 준비할 수 있도록 돕는다.

많은 사람들이 IB라고 하면 교실 수업만을 떠올리는 경우가 많지만 IB 교육은 단순한 수업 방식 그 이상이다. IB는 교실 수업뿐만 아니라 학교의 교육과정, 운영 방식, 학교 문화, 그리고 학부모와 지역사회까지 포괄하는 하나의 통합된 교육 시스템이자 철학으로 이해하는 것이 더 정확하다.

IB의 교육 목표는 무엇일까?

    IB 교육의 목표는 서로 다른 문화를 이해하고 존중하며 더 평화롭고 나은 세상을 만드는 데 기여할 수 있는 지식이 풍부하고 탐구심과 배려심이 많은 학습자를 키우는 것이다. 이 목표는 IB를 운영하는 국제 바칼로레아 기구의 공식 홈페이지(https://ibo.org/)에서도 확인할 수 있다. IB는 앞서 설명한 네 가지 프로그램(PYP, MYP, DP, CP)을 통해 연령대에 맞는 교육 과정을 제공하지만 모든 프로그램은 공통적으로 글로벌 학습자를 양성하여 세상을 더 나은 방향으로 변화시키는 것에 목표를 둔다. IB는 이러한 교육적 사명을 Mission Statement라고 부르며, 전 세계 모든 IB 월드스쿨은 이 사명을 바탕으로 각 학교의 교육 목표를 수립한다. 이러한 교육 목표와 철학의 일관성은 우리나라를 포함한 전 세계 IB 인증 학교에서 공통적으로 나타난다. 실제 국내외 학교의 홈페이지나 안내 자료를 살펴보면 지역과 국가를 불문하고 전 세계 IB 학교가 일치된 교육 목표와 철학을 공유하고 있음을 확인할 수 있다. 이는 IB 교육을 운영하는 모든 학교가 하나의 커다란 교육 공동체로서 동일한 방향을 향해 나아가고 있음을 의미한다.

    다음은 전 세계 IB 학교들이 동일하게 지향하는 교육 목표를 보여주는 예시 사진이다.

출처: Branksome Hall Asia
홈페이지 https://www.branksome.asia/about/guiding-principles

출처: Kingsville Primary School
홈페이지 https://www.kingsvilleps.vic.edu.au/page/167/Our-Mission

앞서 살펴본 사례들을 통해 알 수 있듯이 IB 월드스쿨의 교육 목표는 각 학교의 상황과 맥락에 따라 교육공동체와 함께 수립되지만 그 바탕에는 IB의 철학과 핵심 가치가 공유되고 있다. 따라서 세부적인 접근 방식은 달라도 모든 IB 학교는 '국제적 소양을 갖춘 글로벌 학습자'를 기른다는 공통된 비전을 지향한다는 점에서 방향성이 일치한다.

IB 교육은 단순히 지식이나 기술을 전달하는 데 그치지 않는다. 학생들이 다양한 문화와 관점을 이해하며 전 지구적 문제에 대해 창의적이고 비판적으로 사고하고 행동할 수 있도록 돕는 데 초점을 둔다. 이를 통해 학생들은 세상에 긍정적인 영향을 미칠 수 있는 책임감 있는 시민으로 성장할 기회를 얻게 된다.

IB 교육은 현대 사회가 요구하는 핵심 역량의 함양은 물론, 인류 공동체의 일원으로서 갖추어야 할 보편적 가치와 태도의 내면화를 지향한다. 이러한 교육 철학은 학생들이 자기 주도적인 삶을 넘어 더 나은 세상을 만드는 데 실천적으로 기여하는 평생학습자로 성장하도록 이끄는 토대가 된다.

지금까지는 IB 교육이 지향하는 공통된 목표와 철학에 대해 살펴보았다. 이제는 이 철학이 실제 교실에서는 어떻게 구현되는지 수업 현장에서의 IB 수업은 어떤 모습으로 이루어지는지 구체적으로 알아보자.

IB 수업을 한다는 것은?

　IB의 수업은 다른 학교의 수업과 어떻게 다를까? IB 수업은 일반적인 학교의 수업과 겉보기에는 크게 다르지 않아 보일 수 있다. 교사와 학생들이 대화를 나누고 프로젝트를 진행하거나 자료를 정리하는 모습은 IB를 운영하지 않는 학교에서도 흔히 볼 수 있는 장면이다. 하지만 IB 수업의 본질적인 차이는 수업의 구조와 접근 방식, 그리고 학생들이 경험하는 학습의 흐름에 담겨 있다. 겉으로 드러나는 활동보다 그 활동을 어떻게 설계하고, 어떤 사고 과정을 거치며, 무엇을 중심에 두고 배움을 이끌어 가는지가 IB 수업의 핵심이다.

　일반 학교에서는 교사의 문해력이나 역량에 따라 수업의 방향이 달라지는 경우가 교사가 바뀔 때마다 수업 방식도 달라지기 때문에 학년 간의 연계성이 부족한 경우도 많다. 그렇지만 IB의 수업은 교사 한 사

Sharing the Planet 활동 중 학생 탐구 산출물

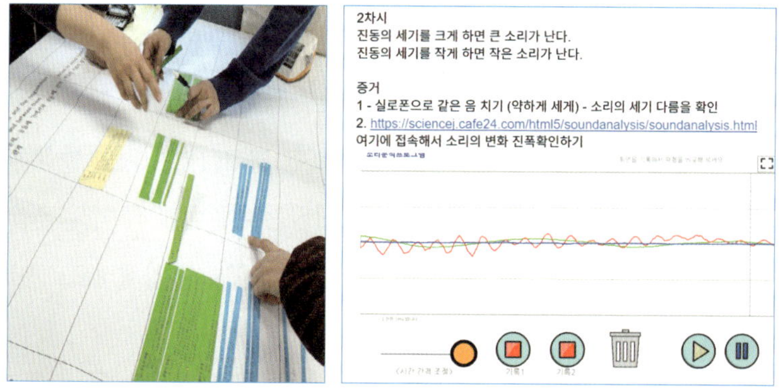

교사가 함께 설계하고 함께 성찰하는 교육

람의 계획으로 운영되지 않는다. 학교의 모든 교사가 함께 설계한 교육과정을 기반으로 수업이 이루어진다. 이 과정에서 학년 간의 연계를

고려하여 주제를 점차 심화시키는 '나선형 교육과정' 구조가 형성된다. 예를 들어 1학년에서 학습한 탐구 주제는 3학년과 6학년으로 이어지며 학년이 올라갈수록 탐구의 폭과 깊이를 더해가는 과정을 통해 학습의 질적 심화를 이룬다.

초학문적 접근

IB PYP의 주요한 특징 중 하나는 초학문적 접근(Transdisciplinary Approach)이다. 이는 하나의 주제를 개별 교과의 경계에 가두지 않고, 다양한 교과의 관점에서 통합적으로 다루는 방식을 의미한다. 예를 들어, "도시의 지속 가능성"이라는 주제를 탐구할 때 과학에서는 에너지 사용을, 사회에서는 도시 계획의 필요성을, 미술에서는 건축 디자인을 함께 다룬다. 프로젝트 기반 수업을 경험해 본 교사라면 이러한 통합적 접근이 주제에 대한 이해를 어떻게 확장시키는지에 대해 더 쉽게 공감할 수 있다. 이러한 접근을 통해 학생들은 주제를 보다 입체적으로 이해하고 실제 상황에서 더 잘 활용할 수 있게 된다.

개념 기반 학습

IB 학교의 교육과정은 개념 기반 학습(Concept-Based Learning)을 중심으로 설계된다. 교사는 정보를 단순히 전달하는 역할에 머무르지 않고 그 속에 담긴 개념과 의미를 학생들이 스스로 발견하고 탐구할 수 있도록 돕는다. '무엇을 배우는가'뿐 아니라, '왜 배우는가'와 '다른 배움과 어떻게 연결되는가'를 함께 탐색하도록 이끈다. 예를 들어, 나무의 구조에 대해 배우는 활동은 단편적인 지식 습득으로 끝나지 않는다. 이를 바탕으로 생태계 속에서 나무의 역할을 이해하고 그 과정에서 변화, 상호작용 같은 개념을 자연스럽게 탐구하게 된다. 이러한 방식은 학생들이 배운 내용을 다양한 맥락에 적용할 수 있는 힘을 기르는 데 도움이 된다.

학생 중심의 탐구

IB에서는 학생이 학습의 주인공이다. 학생은 스스로 질문을 만들고 그 질문에 대한 답을 탐구하는 과정을 통해 배움을 이어 간다. 예를 들어 "왜 계절이 변할까"라는 질문을 던졌을 때 학생은 직접 자료를 조사하고 실험을 설계하며 발표를 통해 내용을 정리한다. 이러한 과정 속에서 학생은 자신감을 키우고 문제 해결 능력을 자연스럽게 익히게 된다.

학생들이 탐구하고 발표하는 모습

IB 수업은 겉보기에는 일반적인 학교 수업과 크게 다르지 않아 보일 수 있다. 하지만 그 안에는 학생이 스스로 배우고 연결하며 이해할 수 있도록 돕는 설계가 담겨 있다. IB의 프레임워크(IB에서 제시하는 교육과정 설계와 운영의 전반적인 틀)를 바탕으로 교사와 학교는 수업을 체계적으로 설계하고 학생은 그 안에서 탐구하고 성장한다.

IB 수업 방식을 처음 시도하는 교사에게 이 여정은 낯설고 도전적인 과업일 수 있다. 하지만 이러한 경험은 교사에게도 전문성을 재정의하는 성장의 기회가 된다. 학생이 자기 주도적으로 탐구하고 배우는 과정을 지켜보며 교사는 지식을 전달하는 존재를 넘어 학습을 돕는 조력자이자 공동 탐구자로서의 역할을 하게 된다. 이러한 변화는 교사의 교육적 관점을 확장시키고 학생과 지적인 공감대를 형성하며 깊은 유대감을 만들어 준다.

이 책은 단순히 IB의 이론을 전달하는 안내서에 머무르지 않고 변화를 고민하는 교사들과 함께 실천적인 대안을 찾아가는 과정이 되고자 한다. IB를 처음 접하거나 실제 수업에 적용하며 고민하는 모든 교사에게 이 책의 기록들이 유익한 참고 자료가 되고 새로운 시도를 시작하는 데 작게나마 도움이 되기를 바란다.

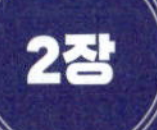

2장

IB 수업과의 만남

학습자상,
어떤 사람으로 자라나야 하나요?

모든 IB 프로그램의 목적은 학습자가 국제적 소양(Global mindedness)을 기르고 이를 실천할 수 있도록 돕는 데 있다. 여기서 IB 프로그램이란 PYP(초등과정), MYP(중등과정), DP(고등과정)와 CP(직업연계과정)를 의미한다. 국제적 소양을 갖춘 학습자는 자기 자신과 타인, 그리고 세상을 존중하며 열린 마음을 가지고 능동적으로 행동한다. IB 학교의 학습자는 지속적인 탐구를 통해 자신의 삶과 공동체, 그리고 더 넓은 세상에 기여할 수 있는 지식, 이해, 기능, 자질을 개발해 나간다. 이러한 과정에서는 도전적인 과제를 해결해야 할 때도 있고, 문제 간의 상호 연결을 파악하며 다양한 관점에서 균형 있게 사고하는 능력도 요구된다.

IB 학습자상의 열 가지 자질은 IB 교육목표를 실천하는 과정에서 학습자의 지적, 개인적, 정서적, 사회적 성장에 필요한 역량과 책임을 나타낸다. 조금 더 쉽게 말하면, IB 학습자상은 IB 교육을 통해 기르고자 하는 자질이자 국제적 소양을 갖춘 학습자가 지녀야 할 핵심 역량을 의미한다.

Inquirers	탐구하는 사람
Knowledgeable	지식이 풍부한 사람
Thinkers	사고하는 사람
Communicators	소통하는 사람
Principled	원칙을 지키는 사람
Open-Minded	열린 마음을 지닌 사람
Caring	배려하는 사람
Risk-Takers	도전하는 사람
Balanced	균형 잡힌 사람
Reflective	성찰하는 사람

[10가지의 IB 학습자상(Learner Profile)]

IB 학습자상은 어떻게 개발하고 실천할까? IB 학습자상은 IB 교육 목표를 실천하는 전반적인 과정 속에서 지속적으로 개발하고 실천해 나가야 한다. 학기 초에 잠깐 소개하고 끝내는 것이 아니라 수업 시간은 물론 학교 행사나 생활지도 등 학교에서 이루어지는 모든 활동과 연관되어야 한다. 학생들은 학습자상을 일상 속에서 자연스럽게 경험하고 실천하면서 자신의 자질을 점차 키워 나간다. 이를 통해 단순한 학업 성취를 넘어 책임감 있는 세계 시민으로 성장하는 데 필요한 다양한 역량을 기르게 된다.

1) 3월 학기초 IB 학습자상 안내하기

"혹시 IB 학습자상이라고 들어봤어?"

"저 알아요. 탐구하는 그거 맞죠?", "소통하는 사람!", "저요! 열린 마음이 있는 사람!"

보통 IB라고 하면 학습자상이 가장 먼저 떠오르기 때문에 IB 학교에서는 2학년만 되어도 학생들이 관련 용어에 익숙해지는 모습을 볼 수 있다. 하지만 '탐구', '원칙', '성찰'과 같은 단어들은 저학년 학생들에게는 여전히 추상적이고 낯선 개념일 수 있다. 따라서 학생들이 보다 쉽게 이해할 수 있도록 좀 더 친근하고 알기 쉬운 언어로 설명해 주는 과정이 필요하다. 아래는 저학년 학생들이 학습자상을 더 잘 이해할 수 있도록 내용을 쉽게 풀어 설명한 예시 자료이다.

- 탐구하는 사람 : 나는 호기심이 많고 새로운 것을 적극적으로 알아보고 배우려고 노력해요.
- 지식이 풍부한 사람 : 나는 배운 것을 활용해서 새로운 상황에 잘 적용해요.
- 열린 마음을 지닌 사람 : 나는 내가 좋아요. 그리고 다른 나와 다른 사람도 잘 이해해요.

- 소통하는 사람 : 나는 자신 있게 표현할 수 있어요. 그리고 다른 사람의 말도 잘 들어요.
- 사고하는 사람 : 나는 복잡한 문제를 해결하는 다양한 방법을 잘 생각해요.
- 배려하는 사람 : 나는 내 주변의 사람들과 생명들을 진철하게 대해요.
- 원칙을 지키는 사람 : 나는 정직하고 책임감이 강해요. 규칙도 잘 지켜요.
- 균형 잡힌 사람 : 나는 건강과 공부 모두를 중요하게 생각해요.
- 도전하는 사람 : 나는 실패하는 것을 두려워하지 않아요. 어려운 것도 잘 도전해요.
- 성찰하는 사람 : 나는 나의 장점과 약점을 잘 알고 있어요. 나는 더 성장하려고 노력해요.

이러한 표현을 통해 저학년 학생들에게 학습자상을 쉽게 설명하면 개념을 이해하는 데 도움이 된다. 친근한 표현과 일상적인 예시를 함께 제공하면 학생들이 추상적인 개념을 구체적으로 받아들이고 실생활에 적용하기가 쉬워진다. 저학년은 특히 구체적인 상황을 통해 개념을 이해하는 경우가 많기 때문에 이러한 설명 방식은 효과적이다. 이후 단계에서는 하루에 한두 가지 학습자상을 소개하고 각 학습자상과 관련된 자신의 경험이나 실천 내용을 글로 작성해 교실에 게시하는 활동을 진행한다.

학생들은 자신의 경험을 떠올리고 실천 계획을 세우는 활동을 통해 IB 학습자상이 우리의 삶과 밀접하게 연결되어 있다는 점을 이해하게

[학습자상과 관련된 자신의 경험이나 실천 적어보기]

된다. 또한 학습자상은 한 번의 활동으로 끝나는 것이 아니라 지속적인 노력과 실천을 통해 계속해서 길러야 한다는 사실도 자연스럽게 깨닫게 된다.

앞서 설명한 것처럼 IB 학습자상은 IB 교육목표를 실천하는 과정에서 학습자의 지적, 개인적, 정서적, 사회적 성장과 관련된 모든 역량과 책임을 나타낸다. 이러한 자질은 교과 수업에만 국한되지 않으며, 학교 행사나 생활지도, 상담 등 학교의 다양한 활동 속에서 지속적으로 활용된다. 학생들은 이처럼 다양한 맥락 속에서 학습자상을 반복적으로 접하고 실천하면서 그 의미를 점차 내면화해 나가게 된다.

[자기소개하기]

- 학습자상을 활용해서 자기소개를 해볼까요?

- 짝과 대화를 나눠보고 내 짝은 어떤 학습자상에 가까운지

  발표해 봅시다.

- 내가 되고 싶은 학습자상은 무엇인지 소개해 봅시다.

- 학습자상을 실천하기 위한 목표를 정해 봅시다.

[생활지도 및 상담]

- 친구와 다투지 않으려면 어떤 학습자상에 대해 생각해 봐야할까?

- 모둠 활동을 잘하기 위해 필요한 학습자상은 무엇인가요?

- 골고루 잘 먹는 학생들이 균형잡힌 사람으로 자랄 수 있어요.

[아침시간]

- 학습자상을 실천해보고 실천 일기를 써 봅시다.

- 지식이 풍부한 사람과 탐구하는 사람이 되기 위해서는 책을 열심

  히 읽는 것이 정말 중요해요.

[수업시간]

- 오늘 공부를 하고서 느낀 점을 학습자상을 이용해서 발표해 볼까요?

[IB 학습자상 관련 활동 예시]

2) 탐구과정에서 학습자상 실천하기

UOI(Unit of Inquiry, 탐구 단원) 준비 과정에서 학생들과 함께 이번 탐구를 통해 중점적으로 키우고 싶은 학습자상을 정할 수 있다. 이렇게 정한 학습자상은 학생들이 UOI의 탐구 과정 속에서 명시적으로 그리고 암시적으로 배우고 실천하게 된다.

[탐구 계획판]

위 사진은 학생들과 함께 UOI 탐구 계획을 세우는 과정을 담고 있다. 사진 아래에는 이번 탐구에서 중점적으로 실천할 학습자상 세 가지(탐구하는 사람, 배려하는 사람, 도전하는 사람)가 붙어 있다. 이 학습자상은 교사와 학생이 대화를 통해 함께 선정한 것으로, 이번 탐구에서 실천하며 성장할 목표가 된다.

교사와 학생은 탐구를 시작하기 전에 어떤 학습자상을 중심으로 실천할지 함께 이야기한다.

활동 속으로

이처럼 교사와 학생이 함께 정한 학습자상은 탐구 과정 속에서 학생들에게 자연스럽게 스며들고 실천으로 이어질 수 있다. 이를 위해 교사는 의도적이고 체계적인 지원과 안내를 통해 학습자상이 지속적으로 연결되도록 도와야 한다.

아래에는 교사가 '배려하는 사람'이라는 학습자상을 중심으로 수업에 활용할 수 있는 다양한 활동과 질문 예시를 소개한다.

'배려하는 사람'의 학습자상을 실천할 수 있는 활동

1. 감사 나눔 카드 쓰기: 학생들이 탐구 과정에서 도움을 준 친구나 교사에게 감사의 마음을 표현하는 카드를 작성합니다.
   예: "이번 탐구 과정에서 도움을 준 친구에게 감사의 마음을 담은 카드를 작성해 보세요. 어떤 점이 고마웠는지 구체적으로 적어주세요.
2. 모둠 활동: 그룹 활동 중 자신의 역할뿐만 아니라 다른 친구의 역할를 존중할 수 있도록 합니다.
   예: "모둠 활동을 마친 후 모둠원들이 각자 어떤 도움을 주었는지 서로에게 칭찬의 말을 전해 봅시다. 협력이 더 좋아지려면 어떤 점을 배려해야 할까요?"

'배려하는 사람'의 학습자상을 생각할 수 있는 질문

1. 탐구 과정에서 배려를 생각하게 하는 질문
 • "친구의 의견을 듣고 어떤 점이 새롭게 느껴졌나요?"
 • "다른 친구의 의견이 내 생각과 다를 때, 어떻게 반응하면 서로를 더 잘 이해할 수 있을까요?"
2. 배려의 중요성을 되돌아보게 하는 질문
 • "친구와 협력할 때 서로를 배려하기 위해 가장 중요한 것은 무엇인가요?"
 • "오늘 내가 친구를 배려한 행동은 무엇이었나요? 그 행동이 친구에게 어떤 영향을 주었을까요?"

이런 탐구 과정을 통해 학생들은 단순히 학습한 내용을 이해하는 데 그치지 않고, 함께 학습자상을 정하고 실천하면서 내적으로 성장할 기

회를 갖는다.

3) 학생 개인의 학습자상 실천

학생들은 탐구 과정에서 다 같이 정한 학습자상을 함께 실천하는 것뿐만 아니라, 각자 자신만의 학습자상을 정해서 실천할 수도 있다. 이렇게 개인적인 목표를 세우면 스스로 성장하려는 의욕이 생기고, 다양한 방식으로 학습자상을 실천할 기회를 얻을 수 있다.

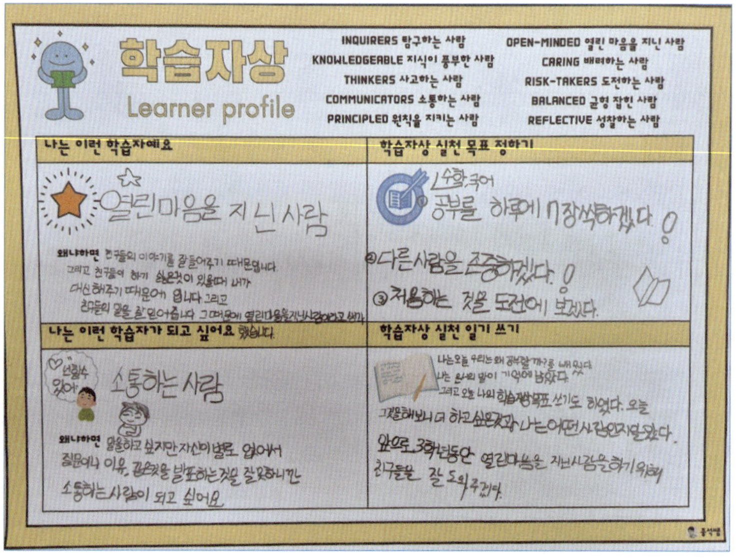

[학습자상 실천 목표 정하기 학습지]

Essential Agreement 함께 정하기

3월은 교실에서의 한 해 농사를 결정짓는 가장 중요한 시기다. 새로운 반과 새로운 선생님에 대한 긴장감으로 인해 학생들이 가장 조용하고 말을 잘 듣는 시기이기도 하다. 학기 초에 학급 규칙이나 약속이 잘 정해지고 학습 훈련과 생활지도가 안정적으로 이루어지면 한 해 동안 학생들과 함께 행복한 교실을 만들어갈 수 있다.

과거 선배 교사들로부터 가장 자주 들었던 말 중 하나는 "3월에는 아이들에게 이도 보여주지 말라"였다. 웃지 말라는 뜻이다. 학기 초에 '무서운 선생님'이라는 인식을 심어두면 이후 조금 편하게 해주더라도 학생들이 말을 잘 듣는다는 의미였다. 초반에 엄한 모습을 보이며 엄격한 규칙을 정해두는 것이 효과적이라는 관점이었다.

하지만 교사가 일방적으로 정한 규칙은 학생들의 마음에 깊이 와닿지 않는다. 규칙을 지키는 이유가 선생님이 무섭기 때문이거나 지키지 않으면 혼나기 때문이라면 학생들은 그 의미를 충분히 받아들이기 어렵다. 스스로 왜 규칙을 지켜야 하는지 생각해 볼 기회가 없기 때문이다.

IB에서는 프로그램 운영 전반에서 학습자의 주도성(agency) 발현을 강조한다. 이는 OECD의 '미래교육 2030'에서도 핵심 역량으로 제시되며 미래 인재에게 필요한 필수 자질 중 하나로 강조된다.

[OECD 2030 학습나침반]
출처: https://www.oecd.org/en/data/tools/oecd-learning-compass-2030.html

학습자는 자신이 나아가야 할 방향을 설정하고 자신의 의견과 선택이 반영될 때 학습에 몰입하게 되고, 그 과정 속에서 지식을 구성해 나간다. 학급의 규칙을 만드는 과정도 마찬가지다. 교사나 학교가 정해 놓은 규칙을 따르기 보다는 학생들이 함께 동의하고 만들어 간 규칙일 때 더 책임감 있게 받아들이고 주도적으로 실천하려는 태도를 갖게 된다.

IB학교에서는 모두가 함께 배우고 서로를 존중하며 성장할 수 있는 교실 환경을 만들기 위해 'Essential Agreement'를 설정한다. Essential Agreement는 학생들이 스스로 함께 정한 약속으로 학습 방식이나 행동, 서로를 대하는 태도에 대한 기본 원칙을 포함한다. 이를 통해 학생들은 존중과 책임감이 살아 있는 공동체 안에서 함께 성장하게 된다.

3월 학기초 Essential Agreement 함께 정하기

"여러분은 우리 반이 어떤 반이 되기를 원하나요?"

"행복한 반이요." "싸우지 않는 반이요." "거짓말을 하지 않는 반이요."

학생들은 각자 자신이 바라는 반의 모습을 글이나 그림으로 표현한다. 이후 이 내용을 IB 학습자상과 연결해 보는 활동을 진행할 수 있다. 원하는 반의 모습은 하나 이상의 학습자상과 관련될 수 있으며, 이럴 경우 학생들의 의견을 듣고 함께 방향을 정한다.

[내가 원하는 우리 반의 모습]

"이런 반은 어떤 학습자상과 관련 있을까요?"

라는 질문을 통해 학생들의 의견을 물어보고 원하는 방향으로 학습자상을 지정해주면 된다.

활동 속으로

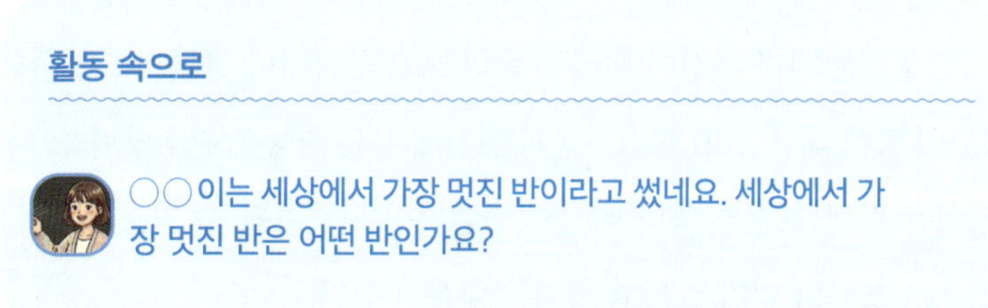

○○이는 세상에서 가장 멋진 반이라고 썼네요. 세상에서 가장 멋진 반은 어떤 반인가요?

이처럼 학생들의 언어로 반의 모습을 상상하고 그것을 학습자상과 연결해 보는 활동은 Essential Agreement를 학생 스스로 주도하며 만들어가는 데 의미 있는 출발점이 된다.

학습자상 (Learner profile)	학생들이 원하는 우리 반의 모습
소통하는 사람	기쁜 반, 웃음이 넘치는 반, 행복한 반 등
지식이 풍부한 사람	똑똑 반
배려하는 사람	돕고 사는 반, 조용한 반, 배려 반, 거짓말 안하는 반
균형 잡힌 사람	건강한 반
도전하는 사람	세상에서 가장 멋진 반
원칙을 지키는 사람	규칙을 잘 지키는 반, 싸우지 않는 반, 폭력/욕 없는 반

[학생들이 원하는 우리 반의 모습과 학습자상의 연결]

모둠별 토의를 통해 우리 반이 어떤 반이 되기를 원하는지 학습자상을 활용하여 정한다. 예를 들어 지식이 풍부한 반, 배려하는 반, 도전하는 반처럼 학습자상의 자질을 반영한 방향을 함께 생각해 볼 수 있다. 그리고 그런 반이 되기 위해 우리가 어떻게 말하고 행동해야 하는지를 구체적으로 정리한다. 실천 가능한 내용으로 정리하는 것이 중요하며 서로를 존중하고 협력하는 방법에 대해 끊임없이 토의해야 한다.

학기 초에 하는 첫 모둠 활동이기 때문에 의견 조율이 어렵거나 다툼이 생길 수 있다. 하지만 학생들이 스스로 규칙을 만드는 과정에 참여해야 Essential Agreement에 애정을 갖고 실천하고자 하는 마음이 생긴다. 따라서 토의 과정 뿐만 아니라 결과물에도 모든 학생의 글씨나 그림이 골고루 담기도록 안내하는 것이 좋다.

[Essential Agreement를 정하는 과정]

모둠별로 작성한 내용을 반 친구들 앞에서 발표한다. 우리 반을 위한 말과 행동을 친구들 앞에서 직접 말해 보는 경험을 통해 학생들은 그 규칙을 더 성실하게 지키려고 노력하게 된다. 발표한 내용 중에서 우리 반 전체가 협의를 통해 동의할 수 있는 몇 가지 약속을 함께 정한다.

학기 초에 만들어진 Essential Agreement는 고정된 규칙이 아니다. 이후 학급 회의 등을 통해 학생들의 합의를 거쳐 수정할 수 있으며 자주 함께 살펴보고 필요한 부분이 있다면 점차 개선해 나간다. 이러한 과정을 통해 우리 반은 끊임없이 성장하며 더 나은 학습 공동체로 발전하게 된다.

초학문적 주제,
우리는 무엇을 탐구할까요?

초학문적 주제(Transdisciplinary Themes)란 하나의 교과목에 국한되지 않고 다양한 학문 분야를 통합하여 다루는 주제를 말한다. 이를 통해 학생들은 세상을 더 넓고 깊은 맥락에서 이해하고 탐구할 수 있다. 초학문적 주제는 IB PYP의 가장 큰 특징 중 하나다. 통합적으로 주제를 다루면 복잡한 문제를 다양한 각도에서 탐구할 수 있으며 학습 경험이 실제 삶과 더 잘 연결되도록 돕는다.

예를 들어 환경 문제를 탐구한다고 가정해 보자. 과학 교과에서는 생태계나 오염 물질을 중심으로 접근하겠지만 사회 교과에서는 인간의 활동이나 정책의 영향에 주목하게 된다. 초학문적으로 환경 문제를 다루면 과학적, 사회적, 경제적, 역사적 관점에서 다양하게 접근할 수 있어 보다 깊이 있는 이해가 가능해진다. 이러한 방식은 학생들이 학습한 내용을 실제와 더 잘 연결해 주며 학문 간 통합을 통해 문제 해결 능력을 길러준다.

IB PYP에서는 여섯 가지 초학문적 주제를 중심으로 학습이 이루어진다. 각 주제는 학생들이 삶과 세계를 탐구하는 데 중요한 관점과 방향을 제시한다. 초학문적 주제의 구체적인 내용은 다음과 같다.

초학문적 주제 (Transdisciplinary Themes)	내용
우리는 누구인가 (Who we are)	인간의 정체성과 삶의 여러 면을 탐구합니다. 우리 각자의 신념과 가치관, 몸과 마음, 건강, 인간관계가 얼마나 중요한지 살펴봅니다.
우리가 속한 공간과 시간 (Where we are in place and time)	우리가 살고 있는 시간과 장소를 탐구합니다. 이 주제에는 역사, 여행, 인류의 발견과 탐험, 문화와 관련된 것을 살펴봅니다.
우리 자신을 표현하는 방법 (How we express ourselves)	우리가 아이디어나 감정을 어떻게 발견하고 표현하는지 탐구합니다. 아름다움에 대한 이해를 통해 예술과 표현의 중요성을 살펴봅니다.
세계가 돌아가는 방식 (How the world works)	자연 과학과 우리 사회의 관계를 살펴보고, 그것이 사회와 환경에 미치는 영향에 대해 탐구합니다. 과학과 기술의 원리와 역할에 대해 살펴봅니다.
우리 자신을 조직하는 방식 (How we organize ourselves)	제도와 공동체가 어떻게 연결되어 있고, 조직의 구조와 기능을 탐구합니다. 의사결정과 경제 활동이 어떤 영향을 주는지 살펴봅니다.
우리 모두의 지구 (Sharing the planet)	자원을 나누는 과정에서의 권리와 책임, 공동체 문제에 대해 탐구합니다. 자원의 공평한 분배 방법에 대해 살펴봅니다.

[IB에서 다루고 있는 초학문적 주제의 종류]

초학문적 주제는 용어 자체가 어렵고 개념도 복잡하기 때문에 저학년 학생들이 바로 이해하기는 쉽지 않다. 따라서 복잡한 개념을 길게 설명하기보다는 일상 속에서 어떻게 이 주제가 나타나는지를 쉽게 이야기해 주는 방식이 효과적이다. 초학문적 주제를 한 번에 이해시키기보다는 학년이 올라가며 다양한 주제를 탐구하는 과정 속에서 자연스럽게 이해하도록 돕는 것이 필요하다.

저학년의 경우에는 '나', '계절', '마을'처럼 이미 교과목이 통합되어 있는 교과서를 사용하기 때문에 여러 교과가 모여 하나의 큰 주제를 다룬다는 초학문적 주제의 개념을 명확히 인식하기 어렵다. 이런 이유로 다양한 과목들이 함께 연결된다는 설명은 일반적으로 3학년 이후에 더 자연스럽다.

1) 초학문적 주제와의 첫 만남(1,2학년)

초학문적 주제는 1~2학년 학생들에게 아무리 쉽게 설명해도 한 번에 이해하기 어렵다. 이럴 때에는 학기 초에 받은 통합 교과서를 활용하면 훨씬 효과적이다. 교과서의 주제와 내용을 살펴보면서 초학문적 주제와 자연스럽게 연결해 보는 방식이다.

먼저 학생들에게 초학문적 주제 전체를 간단히 소개한다.

"우리는 올 한 해동안 6개의 큰 주제에 대해서 공부할 거예요. 이 6가지 큰 주제를 초학문적 주제라고 해요. '초학문적 주제', 말이 좀 어렵지요? 여러분들이 이 세상에 대해서 더 깊이 있게 공부할 수 있도록 여러 가지가 연결된 큰 질문이라고 생각해 볼게요."

이후 각 주제의 개념을 일상적인 언어로 풀어 설명한다.

"우리는 누구인가(Who we are)는 우리 자신에 대해서 알아보는 질문이예요. 우리 몸과 마음은 어떻게 자라는지, 가족이나 친구들은 나에게 어떤 영향을 주는지를 알아보는 거예요."

"우리가 속한 공간과 시간(Where we are in place and time)은 우리가 어디에 살고 있는지, 그리고 시간이 지나면서 어떻게 변해왔는지를 알아보는 거예요."

"우리 자신을 표현하는 방법(How we express ourselves)은 우리의 생각과 느낌을 어떻게 표현하는지에 대해 알아보는 거예요. 우리는 글, 노래, 그림 등으로 우리의 마음을 표현할 수 있지요."

"세계가 돌아가는 방식(How the world works)은 세상에서 일어나는 자연 현상과 과학에 대해 알아보는 거예요. 예를 들면, 비는 왜 내릴까? 낮과 밤은 왜 있을까? 등에 대해서 배우는 거지요."

"우리 자신을 조직하는 방식(How we organize ourselves)는 사람들이 어떻게 함께 일을 나누고, 규칙을 만들어서 함께 사는지에 대해 배워요."

"우리 모두의 지구(Sharing the planet)은 지구에 있는 자연을 모두가 함께 나누며 사는 방법에 대해서 배워요. 예를 들면, 물을 아껴쓰고, 나무를 심는 것이나 동물들과 함께 살아가는 방법 등을 배우는거예요."

이후 학생들이 받은 교과서를 꺼내서 초학문적 주제와 연결해 본다.

[초학문적 주제의 종류]

활동 속으로

여러분들이 받은 교과서를 꺼내 보세요. 제목이 뭔가요?

사람들, 우리나라, 탐험, 학교요(1학년 기준) 

그럼 책 내용을 살펴보고 이 교과서가 어떤 초학문적 주제와
관련되는지 연결지어 볼게요.

사람들 책은 가족, 친척, 친구, 이웃 등이 나오는 것을 보니까 Who we are와 연결되는 것 같아요. 

우리나라 책에는 우리나라가 어디에 있는지 옛날 것은 뭐가 있는지 나오는걸 보니 Where we are in place and time 랑 어울려요. 

학교 책에는 학교에서 지켜야 할 규칙이 나오는걸 보니 How we organize ourselves가 맞는 것 같아요. 

이 과정이 처음부터 매끄럽게 이루어지기는 어렵다. 학생들마다 엉뚱한 대답을 하기도 하고 어떻게 연결해야 할지 전혀 감을 잡지 못하

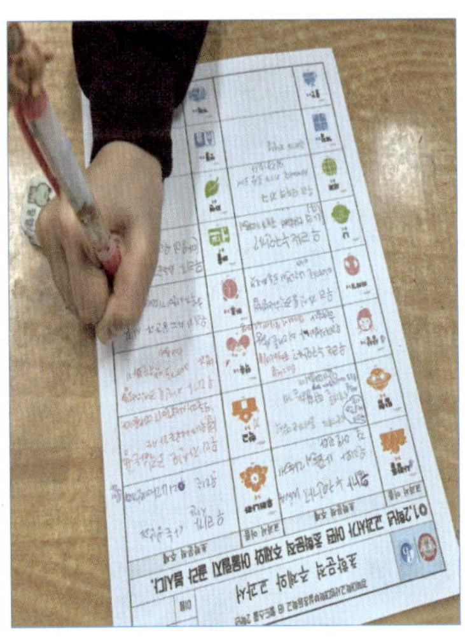

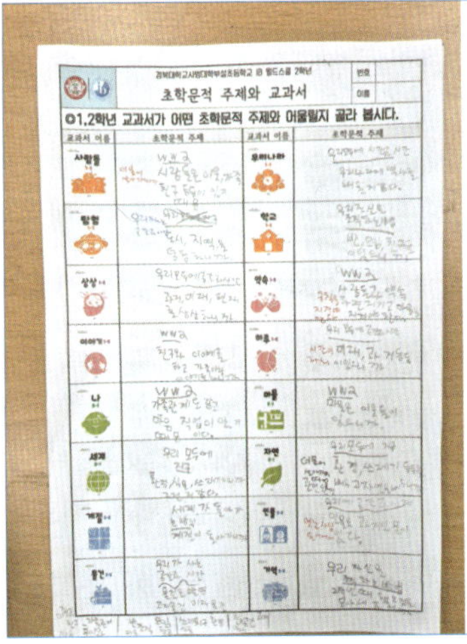

[교과서와 초학문적 주제 연결짓기]

는 경우도 있다. 또한 앞서 제시한 학생들의 예상 답변이 반드시 정답이라는 의미는 아니다. 중요한 것은 완벽한 답을 찾아내는 것이 아니라 학생들이 스스로 교과서 내용을 살펴보며 초학문적 주제를 점차 이해해 나가는 과정 자체에 있다.

실제로 학교마다 POI(Program of Inquiry, 탐구 계획)을 어떻게 구성하느냐에 따라 동일한 교과서라도 연결되는 초학문적 주제가 달라질 수 있다. 이 부분은 3장에서 더 자세히 다룰 예정이다. 초학문적 주제에 대한 학생들의 이해는 매년 여섯 개의 UOI(Unit of Inquiry, 탐구 단원)를 탐구하는 과정을 통해 점차 깊어지며 학년이 올라갈수록 더 정교해진다.

2) 초학문적 주제 더 깊이 있게 이해하기(3~6학년)

3학년부터는 교과서가 국어, 수학, 사회, 과학, 도덕, 체육, 음악, 미술, 영어 등 개별 교과로 나뉜다. 반면 1, 2학년 때는 '사람들', '우리나라', '마을'과 같은 통합교과 형식의 교과서를 사용하므로 하나의 큰 주제 속에서 자연스럽게 다양한 교과 요소를 접하게 된다. 이처럼 교과 구조가 바뀌기 때문에 초학문적 주제를 설명할 때도 접근 방식에 차이가 필요하다.

초등 저학년의 교과서는 개념 기반 통합형으로 설계되어 있어 교사 설명 없이도 비교적 쉽게 초학문적 주제와 연결된다. 그러나 3학년부터는 각 교과가 분리되므로, 교사와 함께 수업의 흐름을 하나의 큰 주제로 묶는 경험을 통해 초학문적 주제를 다시 구조화해야 한다. 이때 1, 2학년 때 경험한 UOI의 기억을 활용하여 주제를 점차 유추하도록 돕는 것이 효과적이다.

"3학년 교과서는 1,2학년 교과서와 어떻게 다른가요?"

"책이 더 많아졌어요.", "영어, 체육 책이 생겼어요.", "글이 더 많아

[1,2학년 교과서와 3학년 교과서 비교하기]

졌어요.", "더 어려워졌어요."

"우리는 올 한 해 동안 여섯 개의 큰 질문을 가지고 공부하게 될 거예요. 이 여섯 가지 질문을 '초학문적 주제'라고 해요. 말이 조금 어렵지만 여러분이 세상을 더 깊이 이해할 수 있도록 도와주는 커다란 생각의 틀이에요."

"1,2학년 때 배운 통합교과 교과서가 초학문적으로 구성되어 있어요. 3학년부터는 따로따로 되어 있는 여러 교과목들을 연결해서 하나의 큰 이야기로 UOI가 진행됩니다."

"초학문적 주제는 퍼즐과 같아요. 퍼즐 조각 하나 하나는 우리가 UOI도중 진행하는 활동들이구요. 이 활동들을 다 모아서 하나의 큰 그림을 만들게 되요. 퍼즐 조각을 하나씩 보면 완성된 그림이 무엇인지 모르지만 퍼즐 조각을 하나 하나 맞춰갈 때마다 완성된 그림의 모습을 알아가게 됩니다. 초학문적 주제도 한 번에 이해하기는 어렵지만 퍼즐을 하나씩 맞추듯 탐구하다 보면 보다 더 잘 이해하게 될 거예요."

이어지는 설명에서는 학생들이 쉽게 이해할 수 있도록 각각의 주제를 일상적인 예시로 연결해준다. 학년이 올라감에 따라서 조금씩 더 수준을 높여서 설명하면 된다.

"Who we are는 우리가 누구인지에 대해 배우는 거예요. 우리 몸과 마음이 어떻게 자라고, 가족이나 친구들이 우리에게 어떤 영향을 주는지를 함께 탐구하는 거죠."

"How we express ourselves는 글이나 그림, 노래처럼 다양한 방법으로 생각과 감정을 표현하는 방법을 배우는 주제예요."

학생들은 이 설명을 들으며 고개를 끄덕이기도 하고, 이렇게 말하기도 한다.

"선생님, 그럼 '우리 몸이 어떻게 자라는지'는 과학이랑 관련 있는 거예요?"

"맞아요. 그런데 그걸 우리가 누구인지 알아보는 데 연결해서 배우는 거죠."

이후에는 3학년 교과서의 단원 제목을 함께 살펴보며, 어떤 단원이

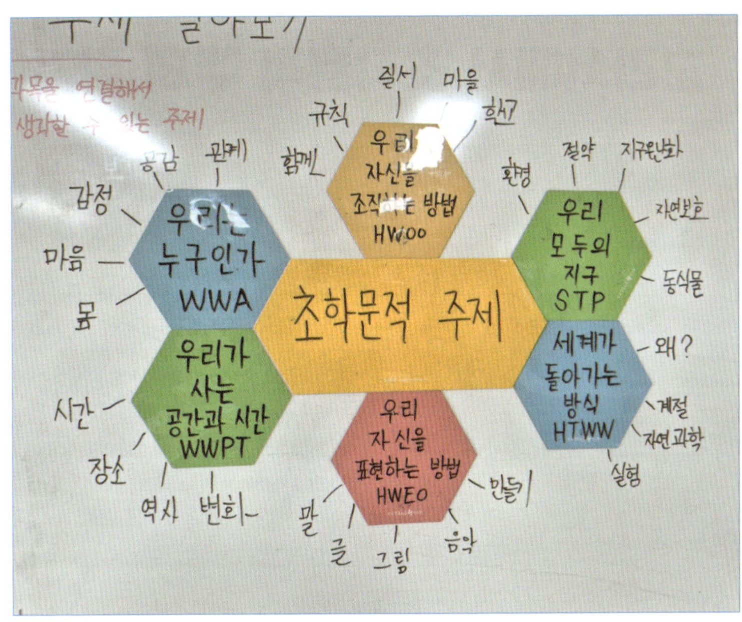

[초학문적 주제에서 다루는 내용]

어떤 초학문적 주제와 연결될 수 있는지 분류해 본다.

이러한 활동은 학생들이 과목별 학습을 하나의 큰 주제 안에서 다시 연결해 보는 경험을 제공한다. 학생들은 정답을 맞히는 데 초점을 두기보다는 스스로 연결해 보고 설명해보는 과정을 통해 초학문적 주제에 대한 감각을 키워 간다. 실제로 학교마다 POI의 구성 방식에 따라 동일한 교과 내용이 다른 초학문적 주제와 연결될 수도 있다. 이런 점에서 초학문적 주제에 대한 이해는 단기간에 완성되는 것이 아니라, 여섯 개의 UOI를 매년 반복하여 탐구하는 과정 속에서 점차 깊어진다.

[교과서에서 초학문적 주제 찾기(학습지)]

수업이 끝난 후에는 간단한 성찰 활동을 통해 학생들의 이해 정도를 확인할 수 있다. 다음과 같은 질문이 활용될 수 있다.

활동 속으로

오늘 배운 여섯 개의 초학문적 주제 중에서 가장 기억에 남는 것은 무엇인가요?

 우리 교과서를 보고 초학문적 주제로 나누어 보니 어땠나요?

WWPT'가 기억에 남아요. 우리가 사는 시간과 장소를
다룬다는 게 신기했어요. 

2학년 때 배운 걸 떠올리면서 생각하니까 더 잘 이해됐어요. 

퍼즐을 맞추듯이 배우면 완성된 그림이 궁금해져요. 

이처럼 초학문적 주제를 이해하는 과정은 교과와 교과 사이를 연결하는 새로운 사고 방식을 키우는 과정이며 교사는 학생들이 이 흐름을 따라갈 수 있도록 친절하고 유연하게 안내해야 한다.

개념적 렌즈로 생각하고
질문하기

개념적 렌즈는 학생들이 주제나 문제를 특정한 개념을 중심으로 바라보며 사고하는 방식을 의미한다. 전통적인 수업에서는 주로 사실이나 정보를 배우고 암기하는 데 초점을 두었다면 개념 기반 수업에서는 그 사실과 정보를 더 큰 개념과 연결하여 깊이 이해하는 것을 강조한다.

개념적 렌즈는 우리가 색안경을 끼고 세상을 바라보는 것에 비유할 수 있다. 어떤 색의 렌즈를 끼느냐에 따라 세상이 다르게 보이듯 특정 개념을 중심에 두고 주제를 바라보면 그 주제에 대한 이해가 달라진다. 예를 들어 같은 현상이라도 '관점'이라는 개념으로 볼 것인지 '변화'라는 개념으로 볼 것인지에 따라 접근 방식이 달라진다. 이러한 사고 방식은 학생들이 주제를 더 넓고 깊게 이해할 수 있도록 돕는 구조를 제공한다.

개념의 유형	설명	예
매크로 개념 (Macro concept)	다양한 학문과 상황에 걸쳐 큰 틀이나 광범위하게 적용될 수 있는 가장 추상적인 개념	상호의존성, 변화, 글쓰기 과정 등
마이크로 개념 (Micro concept)	특정 주제나 교과 내에서 더 깊이 있는 이해를 위해 세부 사항을 학습하는 데 초점을 두는 구체적인 개념	서식지, 이동, 신화 등

[마이크로 개념과 매크로 개념]

IB와 관련된 연수나 자료를 살펴보면 '개념'과 관련된 용어들이 다양하게 사용되는 것을 확인할 수 있다. 예를 들어 명시된 개념(Specified Concepts), 핵심 개념(Key Concepts), 관련 개념(Related Concepts), 추가 개념(Additional Concepts) 같은 용어들이다. IB에서는 매년 연구와 피드백을 바탕으로 교육 내용을 지속적으로 업데이트하고 있으며 이에 따라 용어나 개념 체계도 변화하고 있다.

몇 년 전까지만 해도 대부분의 IB에서는 '핵심 개념(Key Concepts)'과 '관련 개념(Related Concepts)'이라는 용어를 사용했다. 하지만 최근에는 이를 '명시된 개념(Specified Concepts)'과 '기타 개념(Other concepts)'이라는 용어로 개정하여 사용하고 있다. 이 변화는 IB가 추구하는 교육 철학과 교육과정의 방향을 보다 명확하게 전달하기 위한 조정의 일환이다.

개념 기반 교육과정에서 '개념'은 단순한 단어나 주제를 넘어서, 학문 간의 경계를 넘나들며 통합적인 사고를 이끌어내는 사고의 틀이다. 특히 '매크로 개념'은 여러 교과에서 공통적으로 적용될 수 있는 가장 넓고 추상적인 개념을 의미한다. 예를 들어, 상호의존성, 변화, 시스템, 권력, 의도, 움직임, 구성 등은 다양한 교과에서 반복적으로 다루어질 수 있는 보편적이고 통합적인 개념이다.

IB는 초학문적 접근을 강조하기 때문에 이러한 보편적 개념들이 학문 간 경계를 연결하는 데 매우 중요한 역할을 한다. 명시된 개념은 바로 이러한 폭넓고 추상적인 사고의 출발점으로 학생들이 주제를 깊이 탐구하도록 안내하는 중심 축이 된다.

[7가지 명시된 개념]

명시된 개념과 함께 기타 개념에 대해서도 살펴보자. 모든 교과목에는 그 과목만의 본질적이고 구체적인 개념들이 있다. 예를 들어, 과학에서는 '적응'이라는 개념이 중요하게 다루어지며 사회 교과에서는 '상호의존'이라는 개념이 핵심적이다. 이러한 기타 개념들은 보다 넓고 보편적인 성격의 명시된 개념과 연결하여 탐구할 수 있다. 과학의 '적응' 개념은 명시된 개념 중 '변화'와 연결하고 사회의 '상호의존' 개념은 명시된 개념 중 '기능'이나 '책임'의 렌즈로 탐구할 수 있다.

　이러한 관계를 정리하면 명시된 개념은 여러 학문과 교과를 연결하는 보편적이고 추상적인 매크로 개념이며 기타 개념은 특정 학문 분야 내에서만 주로 사용되는 구체적인 마이크로 개념으로 학생들의 개념적 이해를 더욱 심화시키는 역할을 한다. IB의 개념 기반 교육과정에서는 명시된 개념을 중심으로 큰 틀의 탐구를 진행하며 기타 개념을 통해 교과별로 구체적인 내용을 더 깊이 있게 다루도록 안내한다. 또한 기타 개념은 2022 개정 교육과정의 내용 체계에서도 찾아볼 수 있다.

4학년 1학기 사회	4학년 2학기 사회
(1) 지역성, 장소감, 지도, 지도의 요소, 위치, 지리 정보 (2) 문화유산, 지역사, 지역의 정체성, 문화유산의 의미 유형 가치 (3) 경제 활동, 희소성, 합리적 선택, 생산, 소비, 교류, 상호 의존	(1) 민주주의, 학교 자치, 주민 자치, 주민 참여, 문제 해결 (2) 지역 문제, 지역 사회 (3) 자연환경, 인문환경, 환경의 이용과 개발, 도시(인구-교통-산업)

[4학년 사회 교과의 기타 개념]

학습 내용을 단순히 암기하거나 기초적인 기능을 수행하는 것을 넘

어 학생들이 관련된 개념과 일반화 사이의 관계나 규칙성을 발견하게
될 때 우리는 학생들이 보다 깊이 있는 이해를 했다고 말할 수 있다. 이
때 개념적 렌즈는 학생들이 특정 사실이나 정보를 더 깊이 생각하고 자
신만의 의미를 구성하도록 돕는 사고의 틀이 된다.

개념 기반 수업에서 사용하는 개념적 렌즈는 추상적이고 보편적인
매크로 개념일 수도 있고 특정 교과 내에서 사용되는 구체적이고 세부
적인 마이크로 개념일 수도 있다. 하지만 초학문적 접근을 강조하는 IB
PYP에서는 일반적으로 보편적이고 추상적인 성격을 지닌 명시된 개
념을 개념적 렌즈로 가장 많이 활용한다. 7가지 명시된 개념(형태, 기능,
원인, 변화, 연결, 관점, 책임)을 활용하면 기타 개념에 대해 더 깊이 있는 이
해를 할 수 있는 명확한 사고의 틀이 마련된다.

초등 저학년 학생들에게 명시된 개념을 이해시키기 위해서는 친숙
하고 익숙한 소재를 가지고 질문을 만들어 보는 활동부터 시작하면
효과적이다. 예를 들어, 학생들이 평소 사용하거나 자주 보는 물건
에 대해 "이것은 어떻게 생겼나요?"(형태), "이것은 무슨 역할을 하나
요?"(기능)와 같은 친숙한 질문을 통해 명시된 개념을 쉽고 자연스럽게
접할 수 있도록 안내하는 것이 좋은 방법이다.

- 형태 : 비행기는 어떻게 생겼나요?

- 기능 : 비행기는 무슨 일을 할 수 있나요?

- 인과관계 : 사람들은 비행기를 왜 타나요?

- 변화 : 예전의 비행기는 어떤 모습이에요?

  비행기는 앞으로 어떻게 더 좋아질까.

- 연결 : 비행기랑 사람들의 생활은 어떤 관계가 있을까요?

- 관점 : 비행기를 타고 가는 여행에 대해 어떻게 생각해요?

- 책임 : 비행기를 안전하게 타려면 우리는 어떤 규칙을 지켜야

  해요?

학생들에게 익숙하고 쉬운 주제를 사용하더라도 몇 가지 어려움이 나타날 수 있다. 특히 초등 저학년 학생들은 '연결'과 '관점'과 관련된 질문을 만드는 것을 어려워하는 경우가 많다.

'연결'은 서로 다른 사물이나 사건들이 어떻게 관련되어 있고 서로 영향을 주고받는지를 다루는 개념이다. 이는 체계, 관계, 상호의존과 같은 추상적인 개념들을 포함하기 때문에 아직 구체적인 사고 중심의 저학년 학생들에게는 낯설고 어렵게 느껴질 수 있다. '관점'은 자신이나 다른 사람의 생각, 의견, 또는 주관을 다루는 개념이다. 이는 학생들이 직접 눈으로 보거나 구체적으로 경험한 사실이 아니라, 타인의 생각이나 다양한 의견을 상상하거나 추론해야 하기 때문에 저학년 학생들에게 어렵게 느껴진다. 따라서 '연결'과 '관점'을 지도할 때에는 구체적인 예시를 제시하고 반복적인 연습을 통해 학생들이 점차 익숙해질 수 있도록 안내하는 것이 중요하다.

또한 겉으로 보기에 같은 형태의 질문이라도 질문자의 의도나 접근

방식에 따라 서로 다른 개념과 연결될 수 있다. 예를 들어, "비행기는 어떻게 발전했나요?"라는 질문을 했을 때 시간의 흐름에 따른 변화 과정에 초점을 맞춘다면 '변화'의 개념이 중심이 된다. 하지만 비행기의 작동 원리나 역할 변화에 초점을 맞춘다면 '기능'이라는 개념이 중심이 될 수 있다. 따라서 수업 중에는 학생들과의 대화를 통해 질문의 의도를 확인하고 그 과정에서 학생들의 사고를 명확하게 점검하고 촉진하는 것이 중요하다. 질문을 정확하게 분류하는 것 자체가 목적이 아니라 다양한 개념적 질문을 통해 학생들이 더 다양하고 깊이 있는 사고

명시된 개념	질문 만들기	
형태 (form)	어떤 모습일까요? 어떤 색깔일까요?	어떤 모양일까요? 크기가 어떤가요?
기능 (function)	어떤 역할을 하나요? 어떻게 ~ 했을까요?	어떻게 작동할까요? 어떻게 작용하나요?
인과관계 (causation)	왜 그런가요? 왜 그런 일이 생겼나요?	~ 때문에 어떤 일이 일어났나요? 이유는 무엇일까요?
변화 (change)	어떻게 변화되고 있나요?	무엇이 바뀌었나요?
연결 (connection)	어떤 관계가 있나요?	어떤 영향을 주고받나요? 어떻게 연결되나요?
관점 (perspective)	어떻게 생각하나요?	어떤 눈으로 볼 수 있나요?
책임 (responsibility)	~ 위해 우리는 무엇을 해야 하나요?	~ 위해 나는 어떻게 해야 할까요?

[명시된 개념으로 질문 만들기]

를 경험하도록 지원하는 것이 핵심이다.

[명시된 개념을 활용해 만든 학생 질문]

위와 같은 자료를 만들어 학생들에게 제공하고 질문 만들기 연습을
반복적으로 진행하는 것이 효과적이다. 처음에는 학생들이 단순히 제

시된 질문을 따라 하는 수준에 머물 수도 있다. 그러나 지속적인 질문 만들기 활동을 통해 경험이 쌓이면 학생들은 점차 더 깊이 있는 개념적 질문을 스스로 만들어낼 수 있다. 아래 사진은 UOI에서 학생들이 직접 작성한 질문의 실제 사례를 보여준다. 탐구 단원이 반복될수록 학생들의 질문 수준도 점차 높아지는 모습을 확인할 수 있다.

학생들이 할 수 있는 질문의 종류가 다양해진다는 것은 학생들이 더 다양한 개념적 렌즈를 활용하여 주제나 문제를 바라볼 수 있게 된다는 의미이다. 다양한 질문을 만드는 경험을 통해 학생들은 여러 가지 개념과 관점을 활용하여 주제를 탐구할 기회를 가지게 된다. 이는 학생들이 하나의 단순한 개념이나 사고 방식에만 국한되지 않고 여러 개념을 연결하여 더 폭넓고 깊이 있는 사고를 할 수 있도록 도와준다. 결과적으로 학생들은 더 깊이 있고 의미 있는 학습 경험을 할 수 있다.

ATL, 탐구하는 능력 기르기

ATL(Approaches to Learning)은 학습 접근 방법이라고 하며 '학습하는 방법'을 배우는 것을 의미한다. 학습 접근 방법은 학생들이 스스로 학습하는 방법을 익히고 다양한 문제 상황을 해결하며 친구들과 협력하는 과정에서 평생 학습자가 될 수 있도록 돕는다. 학습 접근 방법은 모든 탐구 상황에 적용되어 학생들이 더욱 효과적이고 의미 있는 학습 경험을 할 수 있도록 지원하는 역할을 한다.

학습 접근 방법은 크게 다섯 가지의 기능으로 제시되어 있다. 이 다섯 가지 기능들은 각각 구별되어 있지만 서로 밀접하게 연관되어 있으며 실제 학습 상황에서는 여러 기능들과 하위 기능들이 동시에 활용된다. 학습 접근 방법의 상호 보완적인 특성은 학생들이 더욱 깊이 있는 탐구를 할 수 있도록 도움을 준다.

예를 들어, 과학 실험을 진행할 때를 생각해 보자. 실험에 필요한 정보를 찾거나 실험 방법을 계획하는 과정에서는 학습 접근 방법의 '조사 기능'을 활용하게 된다. 이후 실험 데이터를 분석하고 결과를 평가하며 결론을 도출할 때는 '사고 기능'을 활용한다. 또한 모둠별로 '더 나은 학교'를 주제로 토의할 때 팀원들과 서로 협력하며 의견을 나누는 과정에서는 '대인 관계 기능'을 활용하고 자신의 생각을 분명히 표현하거나 상대방의 의견을 주의 깊게 듣는 과정에서는 '의사소통 기능'을 사용하게 된다.

학습 접근 방법 (Approaches to Learning)	내용	예
사고 기능 (Thinking Skills)	학생들이 비판적, 창의적으로 사고하며 문제를 해결하고 아이디어를 발전시키는 기능	비판적 사고, 창의적 사고 등
조사 기능 (Research Skills)	학생들이 정보를 조사하여 자료를 수집하고 이를 분석하고 적용할 수 있도록 하는 기능	정보 문해력, 미디어 문해력 등
의사소통 기능 (Communication Skills)	학생들이 자신의 생각과 정보를 여러 가지 방법으로 정확하고 창의적으로 표현할 수 있도록 하는 기능	정보교환(듣기, 말하기, 읽기 쓰기) 등
대인 관계 기능 (Social Skills)	학생들이 다른 사람과 효과적으로 협력하고 상호작용하며 활동할 수 있도록 하는 기능	대인 관계, 사회 정서적 지능 등
자기관리 기능 (Self-Management Skills)	학생들이 스스로 학습을 계획하고 실행하며 감정과 행동을 조절하도록 돕는 기능	계획 및 시간 관리, 마음 상태 등

[학습 접근 방법의 내용과 예]

학습 접근 방법에서 사용하는 기능의 명칭들이 익숙하다고 느껴질 수 있는데 이는 IB의 학습 접근 방법이 2022 개정 교육과정에서 제시한 6대 핵심 역량과 많은 부분에서 유사하기 때문이다. IB와 우리나라의 교육과정 모두 OECD 교육 2030 프로젝트와 같은 국제적인 교육 프레임워크의 영향을 받고 있다. 급변하는 사회 환경 속에서 학생들에게 필요한 역량을 강조하고 있기 때문이다. 학습 접근 방법과 핵심 역량을 통합적으로 이해하고 활용한다면 IB의 학습 접근 방법을 한국의 교육 현장에서도 보다 효과적으로 적용할 수 있을 것이다.

2022개정 교육과정의 6대 핵심역량	내용	관련되는 ATL
창의적 사고 역량	폭넓은 기초 지식을 바탕으로 다양한 전문 분야의 지식, 기술, 경험을 융합적으로 활용하여 새로운 것을 창출하는 역량	사고 기능
지식정보처리 역량	문제를 합리적으로 해결하기 위하여 다양한 영역의 지식과 정보를 깊이 있게 이해하고 비판적으로 탐구하며 활용할 수 있는 역량	조사 기능
협력적 소통 역량	다른 사람의 관점을 존중하고 경청하는 가운데 자신의 생각과 감정을 효과적으로 표현하며 상호 협력적인 관계에서 공동의 목적을 구현하는 역량	의사소통 기능
공동체 역량	지역·국가·세계 공동체의 구성원에게 요구되는 개방적·포용적 가치와 태도로 지속 가능한 인류 공동체 발전에 적극적이고 책임감 있게 참여하는 역량	대인 관계 기능
자기관리 역량	자아정체성과 자신감을 가지고 자신의 삶과 진로를 스스로 설계하며 이에 필요한 기초 능력과 자질을 갖추어 자기주도적으로 살아갈 수 있는 역량	자기관리 기능

| 심미적
감성 역량 | 인간에 대한 공감적 이해와 문화적 감수성을 바탕으로 삶의 의미와 가치를 성찰하고 향유하는 역량 | |

학습 접근 방법과 가장 밀접하게 관련된 교과는 국어 교과이다. 2022 개정 교육과정의 국어 교과 성취기준을 달성하는 과정에서 학생들은 학습 접근 방법의 다양한 기능을 자연스럽게 향상시킬 수 있다. 특히, 2022 개정 교육과정에서는 디지털 시대의 정보 활용 역량을 강조하기 위해 '매체' 영역이 신설되었는데 이는 IB의 학습 접근 방법 중 '조사 기능'과 밀접하게 연결된다. 학생들이 듣기, 말하기, 읽기, 쓰기 등 국어 교과의 성취기준을 충족하는 과정에서 자연스럽게 형성된 학습 접근 방법을 실제 탐구 상황에 적용할 수 있도록 탐구 과정을 체계적으로 설계하는 것이 필요하다.

학습 접근 방법 (Approaches to Learning)	2022개정교육과정 국어과 성취기준 예시
사고 기능	• [6국01-07] 절차와 규칙을 지키고 타당한 이유와 근거를 제시하며 토론한다. • [6국01-02]주장을 파악하고 이유나 근거가 타당한지 평가하며 듣는다. • [4국03-03] 대상에 대한 자신의 의견과 그렇게 생각한 이유가 드러나게 글을 쓴다. • [2국03-04]겪은 일을 표현하는 글을 자유롭게 쓰고, 쓴 글을 함께 읽고 생각이나 느낌을 나눈다.

조사 기능	• [6국01–05]자료를 선별하여 핵심 정보를 중심으로 내용을 구성하고 매체를 활용하여 발표한다. • [6국06–01]정보 검색 도구를 활용하여 자신의 목적에 맞는 매체 자료를 찾는다. • [6국06–02] 뉴스 및 각종 정보 매체 자료의 신뢰성을 평가한다. • [4국02–05]글이나 자료의 출처가 믿을 만한지 판단한다. • [4국06–03]매체 소통 윤리를 고려하여 매체 자료를 활용하고 공유한다. • [2국06–01]일상의 다양한 매체와 매체 자료에 흥미와 관심을 가진다.
의사소통 기능	• [6국01–05]자료를 선별하여 핵심 정보를 중심으로 내용을 구성하고 매체를 활용하여 발표한다. • [6국06–01]정보 검색 도구를 활용하여 자신의 목적에 맞는 매체 자료를 찾는다. • [6국06–02] 뉴스 및 각종 정보 매체 자료의 신뢰성을 평가한다. • [4국06–03]매체 소통 윤리를 고려하여 매체 자료를 활용하고 공유한다. • [2국01–01]중요한 내용이나 일이 일어난 순서를 고려하며 듣고 말한다.
대인 관계 기능	• [4국01–04]상황과 상대의 입장을 이해하고 예의를 지키며 대화한다. • [2국01–03]상대의 말을 집중하여 듣고 말차례를 지키며 대화한다. • [2국01–02]바르고 고운 말로 서로의 감정을 나누며 듣고 말한다.
자기관리 기능	• [4국02–06]바람직한 읽기 습관을 형성하고 읽기에 대한 자신감을 기른다. • [2국01–05]듣기와 말하기에 관심과 흥미를 가진다. • [2국02–04]인물의 마음이나 생각을 짐작하고 이를 자신과 비교하며 글을 읽는다.

[학습 접근 방법과 2022개정교육과정 국어과 성취기준]

학습 접근 방법을 활용한 자기주도적 성장 지도 활동

학생들이 자신의 학습 접근 방법 수준을 스스로 점검하고 더욱 성장할 수 있도록 지원하는 활동을 실시한다. 먼저 학생들에게 최근 무엇을 배웠는지 그리고 어떻게 배우게 되었는지 떠올려 글과 그림으로 표현하도록 안내한다.

활동 속으로

최근에 배운 것은 무엇인가요? 어떻게 배우게 되었나요?

저는 나비가 자라는 모습을 책에서 봤어요. 

저는 유튜브로 공룡에 대해 배웠어요. 

저는 국어사전을 찾아서 새로운 단어를 배웠어요. 

이어서 교사는 학생들이 학습하는 방법을 더 효과적으로 익힐 수 있도록 학습 접근 방법을 소개한다. 교사는 학생들에게 이렇게 안내하였다.

"우리는 다양한 방법으로 배우면서 성장합니다. 그런데 배운 내용을 더 잘 이해하고 스스로 생각을 정리하며 친구들과 잘 어울려서 함께 배울 수 있는 방법이 있다. 바로 학습 접근 방법입니다. 학습 접근 방법은 우리가 더 잘 배우고 더 깊이 생각하고 친구들과 더 잘 어울릴 수 있게 도와줍니다."

이후 학습 접근 방법의 다섯 가지 기능인 사고 기능, 조사 기능, 의사소통 기능, 자기관리 기능, 대인관계 기능을 하나씩 간략하게 설명한다.

"사고 기능은 창의적으로 생각하고 문제를 해결하는 힘이고 조사 기능은 궁금한 것이 있을 때 스스로 찾아 정확한 정보를 얻는 능력이에요. 의사소통 기능은 말하기, 듣기, 쓰기, 읽기를 통해 여러분의 생각을 전달하는 힘이고 자기관리 기능은 스스로 계획을 세우고 집중력을 기르는 능력입니다. 마지막으로 대인관계 기능은 친구들과 협력하고 갈등을 해결하며 배려하는 능력이에요."

설명을 듣고 난 뒤 학생들은 자신들이 앞에서 떠올린 학습 방법을 다섯 가지 학습 접근 방법 기능과 연결해 분류해보았다.

활동 속으로

아까 여러분들이 말했던 배우는 방법은 학습 접근 방법 중 어떤 기능과 가장 관련이 있나요?"

국어사전을 봤으니까 조사 기능이에요. 

유튜브로 영상을 보는 것도 조사 기능과 관계가 있어요. 

친구들이랑 이야기하면서 배웠으니 의사소통 기능 같아요. 

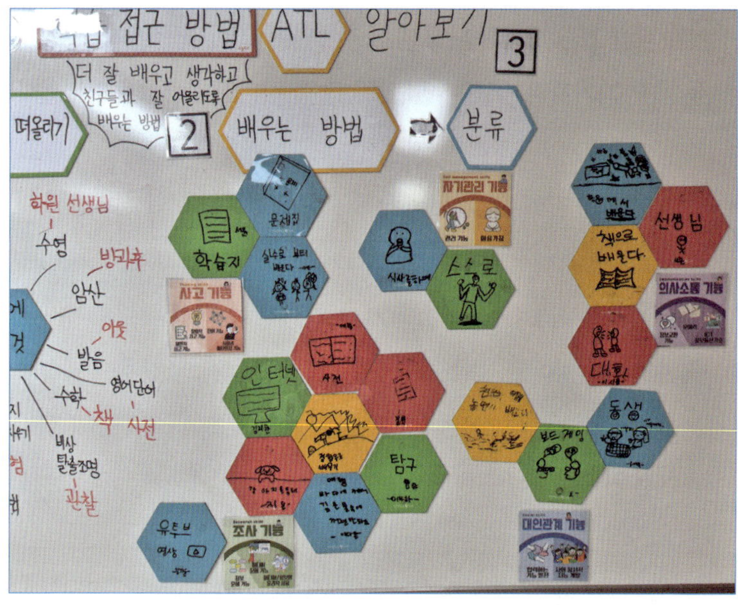

[학습 접근 방법에 따라 학습 방법 분류하기]

　학생들과 함께 분류한 결과, 학생들이 주로 사용하는 학습 방법은 조사 기능과 의사소통 기능에 많이 치우쳐 있었다. 교사는 다양한 학습 접근 방법 기능을 활용하여 더 효과적으로 배울 수 있다는 점을 학생들에게 안내하였다.

　다음으로 교사는 학생들이 자신의 강점이 무엇인지 그리고 올해 어떤 학습 접근 방법 기능을 더 발전시키고 싶은지 스스로 생각해보도록 이끌었다.

활동 속으로

여러분은 다섯 가지 학습 접근 방법 기능 중 어떤 걸 가장 잘한다고 생각하나요? 그리고 앞으로 어떤 기능을 더 키우고 싶나요?"

저는 대인관계 기능을 더 기르고 싶어요. 친구들과 자주 싸우지 않고 잘 지내고 싶어요. 

저는 발표할 때 목소리가 작아서 의사소통 기능을 기르고 싶어요. 

저는 사고 기능을 키우고 싶어요. 문제가 생겼을 때 오래 고민하지 않고 포기하거든요. 

저는 가끔 감정조절을 못해서 자기관리 기능을 기르고 싶어요. 

저는 궁금한 게 있어도 잘 찾아보지 않아서 조사 기능을 더 연습하고 싶어요. 

학생들이 자신의 의견을 이야기하고 나면 교사는 이를 격려하며 꾸준히 실천할 수 있도록 안내한다.

마지막으로 활동을 마무리하며 학생들은 학습 접근 방법을 탐구하면서 알게 된 점과 느낀 점을 공유하였다.

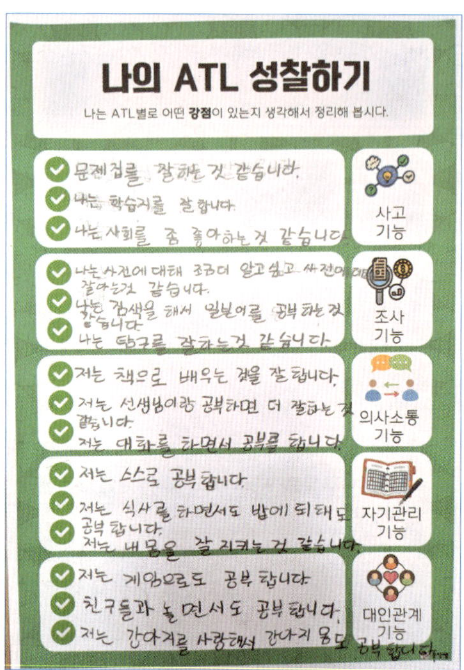

[나의 ATL 기능 성찰하기]

"ATL이 다섯 가지 기능으로 되어 있다는 걸 알게 되었어요."

"내가 공부할 때 무엇을 잘하고 부족한지 명확히 알았어요."

"친구들의 생각을 들으니까 더 재미있고 이해가 잘 됐어요."

"앞으로 매일 조금씩 연습해서 학습 접근 방법 기능들을 높이고 싶어요."

이 활동을 통해 학생들은 자신이 배운 내용을 더 잘 이해할 뿐 아니라 학습하는 방법을 스스로 깨닫고, 지속적인 성장을 위한 동기를 얻게 되었다.

IB 수업에서의
에듀테크 활용

　교육 환경은 그 어느 때보다 빠르게 변화하고 있으며, 이에 따라 테크놀로지에 대한 관심도 지속적으로 높아지고 있다. 최근 교육부에서 추진하고 있는 AI 교과서 연구나 오래전부터 강조된 코딩 교육은 이러한 변화를 잘 보여주는 사례이다. 현재 학교 현장에서도 '에듀테크'라는 이름으로 다양한 테크놀로지가 활발히 활용되고 있으며, 학생들의 사고력과 창의력, 협업 능력을 향상시키는 데 중요한 역할을 하고 있다. 특히 AI 혁명으로 대표되는 현재의 시대 흐름과 맞물려 이제는 테크놀로지가 교육의 필수적 요소로 자리 잡고 있다.

　에듀테크는 학생들의 학습을 지원하고 확장하는 효과적인 도구이다. 학생들이 더 깊이 탐구하고 의미 있는 성장을 할 수 있도록 돕는 역할을 한다. 하지만 에듀테크를 사용할 때 교사가 반드시 고려해야 할 점이 있다. 그것은 수업의 중심이 테크놀로지가 아니라 학생들의 학습이 되어야 한다는 것이다. 다시 말해, 테크놀로지가 학습을 주도하는 것이 아니라 학생의 학습 목표와 필요에 맞추어 적절한 테크놀로지를 선택하고 활용해야 한다. 또한 학습의 의도와 활동을 효과적으로 지원할 수 있도록 디지털 도구를 적절하고 균형 있게 사용하는 것도 중요하다.

다음은 구글, 패들렛, 캔바 등 학교 현장에서 쉽게 접할 수 있는 에듀테크 서비스를 활용한 사례들이다. 기술 혁신의 속도를 고려할 때 본 원고에서 다루는 사례들 또한 시간의 흐름에 따라 점차 빛이 바랠 수도 있다. 하지만 에듀테크가 실제 수업 현장에서 구체적으로 어떻게 적용되고 있는지를 파악하고 이 사례들을 통해 각자의 교실 상황에 맞춰 활용할 수 있는 아이디어를 얻을 수 있기를 바란다.

1) 학습 관리 및 지원을 위한 도구

Google Classroom

구글 클래스룸(Google Classroom)은 교사와 학생이 온라인상에서 학습 자료를 손쉽게 공유하고, 과제를 제출하며, 실시간으로 소통할 수 있는 플랫폼이다. 구글 워크스페이스(Google Workspace)를 사용하는 학교의 경우 학생들의 계정이 자동으로 연동되어 별도의 복잡한 설정 없이 편리하게 사용할 수 있다. 교사가 온라인으로 과제를 내주고 학생들이 이

[클래스룸 활용 그림1]

를 제출하면, 교사는 실시간으로 피드백을 제공할 수 있어 효율적이다.

또한 인터페이스가 직관적이어서 저학년 학생들도 쉽게 적응할 수 있다는 장점이 있다. 모든 자료는 클라우드에 저장되므로 IB 학교처럼 매년 학생의 학습 기록을 보관하고 성찰하는 것이 중요한 교육 환경에서 매우 유용하게 사용된다. 구글 클래스룸을 통해 교사와 학생은 언제 어디서나 필요한 자료를 확인하고 학습 진행 상황을 체계적으로 관리할 수 있다.

핵심기능

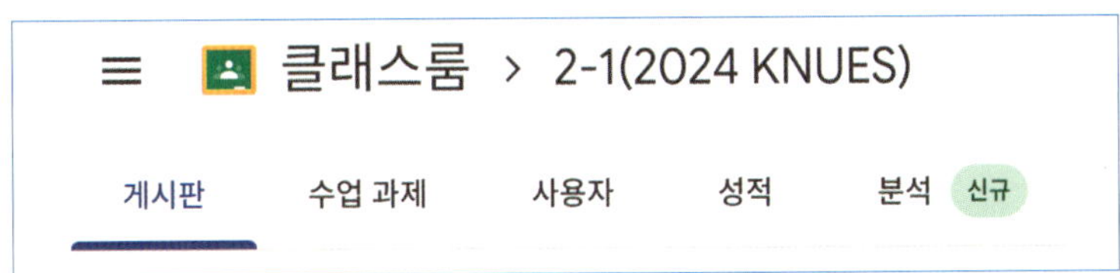

- 게시판 소통: 게시판 기능을 활용하면 학생들에게 중요한 공지사

항을 효과적으로 전달할 수 있다. 공지사항 게시물에는 파일을 첨부할 수 있으며 특정 시간에 자동으로 업로드 되도록 예약할 수 있다. 또한 이전에 작성했던 공지사항이나 다른 클래스룸의 게시물을 간편하게 불러와서 재사용할 수도 있다.

- 수업 과제 제시: 구글 클래스룸에서는 과제, 퀴즈, 질문 등 다양한 유형의 수업 활동을 학생들에게 제시할 수 있다. 자료 첨부 시 용량 제한이 없으며 특정 학생이나 전체 학생에게 과제를 부여할 수 있다. 과제 평가 기준과 제출 기한을 설정할 수 있고, 원하는 날짜와 시간에 게시물이 업로드 되도록 예약 기능을 사용할 수도 있다. 다른 교사가 만든 수업 자료를 재사용하는 기능도 있어 교사 간 협업이 편리하다.

- 과제 수합: 과제를 제출하고 확인하는 과정이 매우 효율적이다. 학생과 교사가 실시간으로 과제 진행 상황을 확인하고 피드백을 주고받을 수 있으며 과제 제출 현황이 자동으로 정리되어 제출한 학생과 미제출 학생, 그리고 제출 시간을 명확히 파악할 수 있다.

- 피드백 제공: 학생들이 제출한 과제에 대해서는 다양한 방식으로 피드백을 제공할 수 있다. 전체 학생을 대상으로 하는 '수업 댓글'이나 개별 학생과의 '비공개 댓글'을 활용하여 구체적인 피드백을 줄 수 있고 필요에 따라 점수를 부여하여 평가를 명확하게 할 수 있다.

- Meet 회의실 링크: 각 클래스룸에는 Google Meet을 활용한 화상

회의실이 마련되어 있어 언제든 실시간으로 학생들과 쌍방향 소통이 가능하다.

- 모바일 연동: 모바일 기기에서도 클래스룸의 대부분 기능을 사용할 수 있다. 이로 인해 문자나 이메일을 통한 즉각적인 소통이 가능하고 다양한 상황에서 편리하게 활용할 수 있다.

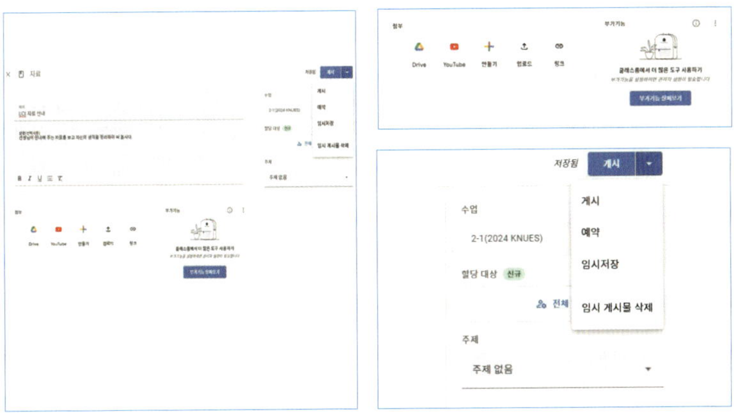

[클래스룸 활용 그림2]

2) 커뮤니케이션 협업과 생산성 향상을 위한 도구

Google 문서 도구(Google Docs, Google slide, Google sheet)

구글 문서 도구는 사용이 쉽고 간편하여 문서를 작성하거나 수정하는 데 매우 효과적이다. 또한 여러 사람이 하나의 문서에서 동시에 협업할 수 있는 기능이 있어 그룹 활동이나 협력 과제 수행 시 매우 유용하게 활용된다. 특히 구글 클래스룸과의 연동성이 뛰어나 수업 과정에서 함께 활용하면 학습 자료의 공유와 협업을 더욱 효율적으로 할 수 있다. 모든 작업 내용이 클라우드에 자동으로 저장되기 때문에 인터넷만 있다면 언제 어디서나 중단 없이 작업을 이어갈 수 있다는 것도 큰 장점이다.

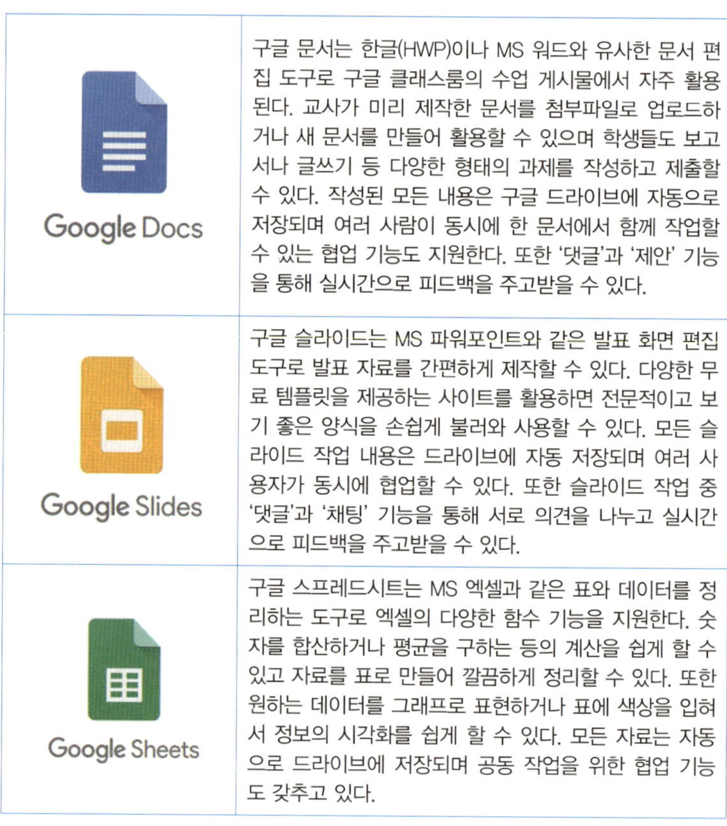

Google Docs	구글 문서는 한글(HWP)이나 MS 워드와 유사한 문서 편집 도구로 구글 클래스룸의 수업 게시물에서 자주 활용된다. 교사가 미리 제작한 문서를 첨부파일로 업로드하거나 새 문서를 만들어 활용할 수 있으며 학생들도 보고서나 글쓰기 등 다양한 형태의 과제를 작성하고 제출할 수 있다. 작성된 모든 내용은 구글 드라이브에 자동으로 저장되며 여러 사람이 동시에 한 문서에서 함께 작업할 수 있는 협업 기능도 지원한다. 또한 '댓글'과 '제안' 기능을 통해 실시간으로 피드백을 주고받을 수 있다.
Google Slides	구글 슬라이드는 MS 파워포인트와 같은 발표 화면 편집 도구로 발표 자료를 간편하게 제작할 수 있다. 다양한 무료 템플릿을 제공하는 사이트를 활용하면 전문적이고 보기 좋은 양식을 손쉽게 불러와 사용할 수 있다. 모든 슬라이드 작업 내용은 드라이브에 자동 저장되며 여러 사용자가 동시에 협업할 수 있다. 또한 슬라이드 작업 중 '댓글'과 '채팅' 기능을 통해 서로 의견을 나누고 실시간으로 피드백을 주고받을 수 있다.
Google Sheets	구글 스프레드시트는 MS 엑셀과 같은 표와 데이터를 정리하는 도구로 엑셀의 다양한 함수 기능을 지원한다. 숫자를 합산하거나 평균을 구하는 등의 계산을 쉽게 할 수 있고 자료를 표로 만들어 깔끔하게 정리할 수 있다. 또한 원하는 데이터를 그래프로 표현하거나 표에 색상을 입혀서 정보의 시각화를 쉽게 할 수 있다. 모든 자료는 자동으로 드라이브에 저장되며 공동 작업을 위한 협업 기능도 갖추고 있다.

구글 문서는 한글(HWP)이나 MS 워드와 유사한 문서 편집 도구로 구글 클래스룸의 수업 게시물에서 자주 활용된다. 교사가 미리 제작한 문서를 첨부파일로 업로드하거나 새 문서를 만들어 활용할 수 있으며 학생들도 보고서나 글쓰기 등 다양한 형태의 과제를 작성하고 제출할 수 있다. 작성된 모든 내용은 구글 드라이브에 자동으로 저장되며 여러 사람이 동시에 한 문서에서 함께 작업할 수 있는 협업 기능도 지원한다. 또한 '댓글'과 '제안' 기능을 통해 실시간으로 피드백을 주고받을 수 있다.

구글 슬라이드는 MS 파워포인트와 같은 발표 화면 편집 도구로 발표 자료를 간편하게 제작할 수 있다. 다양한 무료 템플릿을 제공하는 사이트를 활용하면 전문적이고 보기 좋은 양식을 손쉽게 불러와 사용할 수 있다. 모든 슬라이드 작업 내용은 드라이브에 자동 저장되며 여러 사용자가 동시에 협업할 수 있다. 또한 슬라이드 작업 중 '댓글'과 '채팅' 기능을 통해 서로 의견을 나누고 실시간으로 피드백을 주고받을 수 있다.

구글 스프레드시트는 MS 엑셀과 같은 표와 데이터를 정리하는 도구로 엑셀의 다양한 함수 기능을 지원한다. 숫자를 합산하거나 평균을 구하는 등의 계산을 쉽게 할 수 있고 자료를 표로 만들어 깔끔하게 정리할 수 있다. 또한 원하는 데이터를 그래프로 표현하거나 표에 색상을 입혀서 정보의 시각화를 쉽게 할 수 있다. 모든 자료는 자동으로 드라이브에 저장되며 공동 작업을 위한 협업 기능도 갖추고 있다.

[구글 문서 활용 사진]

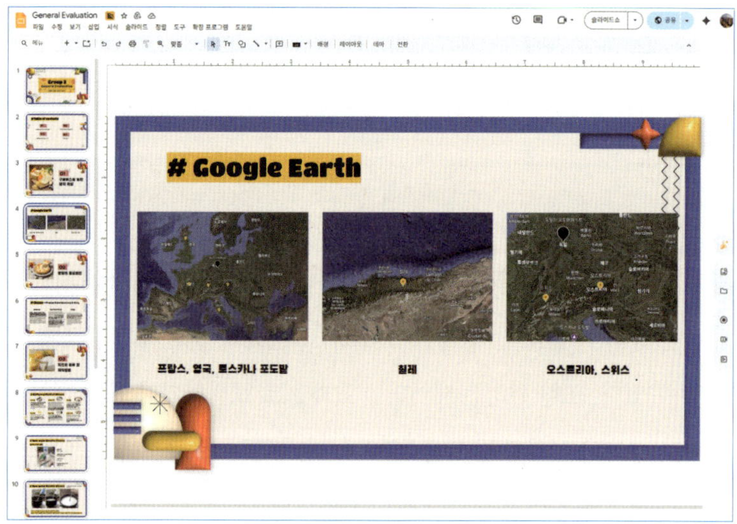

[구글 슬라이드 활용 사진]

미리캔버스 & CANVA

미리캔버스와 CANVA는 디자인 작업을 쉽고 편리하게 도와주는 도구이다. 두 도구 모두 다양한 템플릿을 제공하고 있어 별도의 전문적인 디자인 기술이 없더라도 포스터나 프레젠테이션 등 다양한 시각 자료를 손쉽게 만들 수 있다. 드래그 앤 드롭 방식을 이용하여 간단하게 이미지나 텍스트 등의 요소를 추가할 수 있으며 사용자의 취향에 맞게 꾸미는 것도 가능하다.

또한 두 도구 모두 협업 기능을 제공하여 여러 사용자가 함께 동시에 작업할 수 있다. 온라인에서 바로 작업과 저장이 이루어지기 때문에 언제 어디서든 인터넷만 있으면 편리하게 이용할 수 있다는 점이 큰 장점이다. 교육기관에서는 별도의 인증 절차를 거칠 경우 무료로 이용할 수 있으므로 이를 활용하면 더욱 효과적으로 사용할 수 있다.

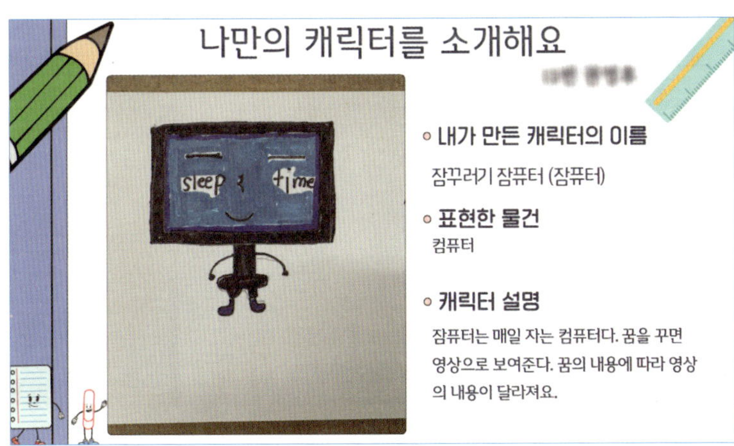

[CANVA 활용 사진]

[온라인 도구를 활용하는 학생 사진]

패들렛

패들렛(Padlet)은 학생들이 서로 아이디어를 쉽게 공유하고 협력할 수 있도록 도와주는 도구이다. 온라인상에서 가상의 보드처럼 사용할 수 있으며 텍스트, 이미지, 링크 등 다양한 형식의 콘텐츠를 자유롭게 추가하여 의견을 정리할 수 있다. 수업 중 학생들이 아이디어를 모으거나

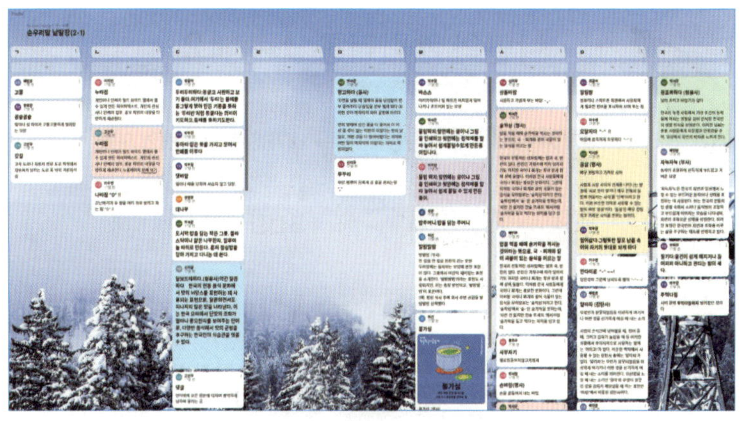

[패들렛 활용 사진]

그룹 활동을 할 때 각자의 의견을 실시간으로 게시할 수 있어 협업 활동에 매우 효과적이다. 또한 추가된 콘텐츠가 시각적으로 깔끔하게 정리되기 때문에 공유된 내용을 한눈에 보기 쉽다는 장점이 있다.

3) 접근성 향상을 위한 도구

구글 미트(Google Meet)와 줌(Zoom)

구글 미트와 줌은 원격으로 친구나 동료들과 편리하게 만날 수 있도록 도와주는 도구이다. 인터넷 연결만 있으면 언제 어디서든 실시간으로 접속할 수 있으며 화면 공유나 채팅 기능 등을 활용하여 원활하게 소통할 수 있다. IB 월드스쿨에서는 외국의 IB 학교와 협업하는 기회가 생길 수 있는데 이럴 때 특히 효과적으로 활용될 수 있다. 이러한 플랫폼을 통해 국가 간 경계를 넘어 국제적인 소통과 협력이 가능해진다.

4) 평가를 지원하는 도구

온라인 디지털 도구는 학생들의 학습 평가를 효과적으로 지원한다. 구글 문서를 사용하면 학생들은 실시간으로 협업할 수 있으며 교사는 학생들의 수정 과정을 추적하여 즉각적인 피드백을 제공할 수 있다. 패들렛을 활용하면 학생들이 아이디어를 시각적으로 정리하고 공유할 수 있어 창의적 사고와 협업 능력을 평가하기에 적합하다. 또한 오디

오나 비디오 같은 멀티미디어 자료를 활용하면 학생들이 다양한 방식으로 이해한 내용을 표현할 수 있다. 교사는 이를 통해 학생들의 전반적인 이해력을 종합적으로 평가할 수 있다.

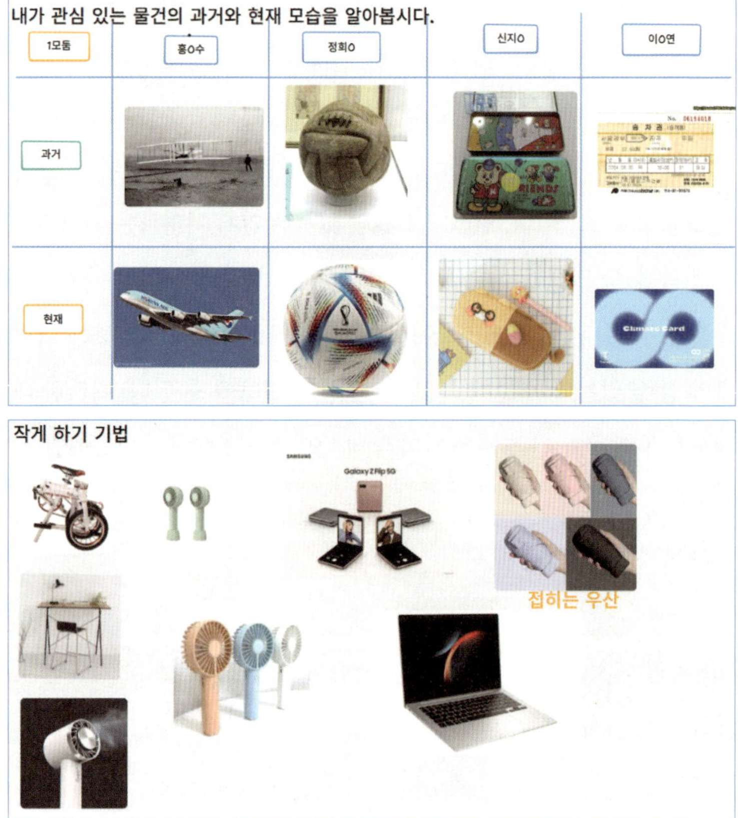

[패들렛 샌드박스 기능 활용 사진]

A. 저학년 친구들에게는 한글 습득과 문해력이 가장 중요하기 때문에 테크놀로지 사용에 신중해야 해요. 1학년 학생들에게는 에듀테크를 생산 도구로 사용하기보다는 디지털 기초 문해력을 기르는 도구로 접근하는 것이 더 적합해요. 예를 들어, 간단한 확인이나 사진 촬영처럼 기본적인 디지털 기능을 익히는 데 사용하는 거죠. 이 시기에는 손으로 글을 쓰고 친구들과 말차례를 지키며 대화하는 것이 훨씬 더 중요한 시기니까요. 제 개인적인 생각으로는 2학년 1학기 세 번째 UOI나 2학기부터는 테크놀로지를 생산 도구나 협업 도구로 사용하는 것이 적당하다고 판단해서 그렇게 적용했어요.

탐구 단원(UOI) 설계의 실제

IB학교에서는 교육과정을 어떻게 계획할까?

IB 학교의 수업이 일반 학교의 수업과 무엇이 다른지에 대한 질문을 자주 받는다. 학생의 역량을 길러주는 좋은 수업은 어떤 프로그램을 적용하더라도 본질적으로 비슷하다. 수업의 한 장면만으로는 IB 학교와 일반 학교의 차별점을 쉽게 구별하기 어렵다. 학생 중심의 탐구수업이 반드시 IB 학교에서만 이루어지는 것은 아니기 때문이다. 따라서 IB 학교의 수업을 이해하려면 교육과정의 계획부터 실행, 성찰까지 이어지는 전체 과정을 면밀히 살펴볼 필요가 있다. IB 학교의 교육과정이 어떤 체계를 갖추고 있으며 일반 학교와는 어떤 점이 다른지 좀 더 구체적으로 알아보자.

IB 교육 프로그램에서는 스코프(scope, 학습 내용의 범위와 깊이)와 시퀀스(sequence, 학습 순서)를 고려하여 각 학년의 탐구 프로그램을 계획한다.

IB 학교는 한 학년 내에서 뿐만 아니라 학년 간의 연계성과 균형을 중요하게 여기기 때문에 교육과정 계획이 개별 교사나 특정 학년 단위로만 이루어지지 않는다. 대신 모든 학년의 교사들이 함께 모여 교육과정을 계획하고 성찰하며 이를 통해 모든 학년에 걸쳐 일관성 있고 균형 잡힌 학습 경험을 제공하려고 노력한다.

IB 학교의 큰 장점 중 하나는 학생들이 경험하는 교육 프로그램의 질이 전반적으로 일관되다는 점이다. 물론 학급마다 특색은 있을 수 있지만 IB 학교에서는 계획 단계부터 모든 교사들이 함께 모여 프로그램의 방향을 설정하기 때문에 전체적으로 일관된 탐구 방향성을 공유하게 된다.

IB는 국제적 소양을 갖춘 글로벌 학습자를 기른다는 목표를 실현하기 위해 학생 중심의 교육을 추구한다. 특히 PYP 단계의 특성을 고려하여 초학문적 접근을 통해 탐구 주제를 구성하고 학생들의 깊이 있는 이해를 촉진하기 위해 개념 기반 탐구학습 형태로 수업을 계획하고 실행한다.

학생들과 함께 실제로 탐구해 나가는 하나의 단원을 UOI라고 한다. UOI는 여러 교과 내용을 초학문적 주제를 중심으로 통합하여 재구성한 탐구 단원이다. POI는 1학년부터 6학년까지의 모든 UOI를 체계적으로 구성하고 정리한 교육 프로그램이다.

이번 챕터에서는 IB 학교에서 POI와 UOI를 구체적으로 어떻게 계획하고 운영하는지 살펴보려고 한다.

탐구 프로그램(POI) 구성하기

학기 초에 각 학년과 학교가 교육과정을 계획하는 것처럼, IB PYP에서도 탐구 프로그램인 POI(Programme of Inquiry)를 구성한다. POI는 IB 학교의 교육과정을 보여주는 일종의 학습 지도이다. 어떤 탐구 주제를 다룰지, 탐구를 어떻게 진행할지, 학생들이 학년별로 무엇을 배우고 어떻게 학습할지에 대한 전반적인 계획을 담고 있는 문서이다.

그렇다면 구체적으로 POI안에 들어가야 할 구체적인 내용을 살펴보자. 첫 번째는 초학문적 주제이다. POI는 6개의 초학문적 주제를 중심으로 설계된다. 초학문적 주제는 중학교 과정인 MYP, 고등학교 과정인 DP와 구분 짓는 가장 큰 특징이다. IB PYP에서는 국어, 수학, 과학, 영어 등 교과를 따로따로 배우는 방식이 아니라 다양한 학문 분야의 개념과 지식을 하나의 주제로 통합하여 이해할 수 있도록 돕는다. 이를

	who we are	where we are in place and time	How we express ourselves	Howthe world works	How we organize ourselves	Sharing the planet
6학년	UOI	UOI	UOI	UOI	UOI	UOI
5학년	UOI	UOI	UOI	UOI	UOI	UOI
4학년	UOI	UOI	UOI	UOI	UOI	UOI
3학년	UOI	UOI	UOI	UOI	UOI	UOI
2학년	UOI	UOI	UOI	UOI	UOI	UOI
1학년	UOI	UOI	UOI	UOI	UOI	UOI

[탐구 프로그램(POI, Programme of Inquiry)]

통해 학생들은 복잡한 문제를 다양한 관점에서 탐구하고 학습 경험이 실제 세계와 밀접하게 연결될 수 있도록 한다.

　IB의 초학문적 주제는 총 6가지로 구성된다. 각 주제는 모든 학년에서 반복적으로 다루어지며 학년이 올라갈수록 점차 더 깊이 있는 탐구가 이루어진다. 즉, 학생들은 이전 학년에서 배운 내용을 다음 학년에서 다시 연결하고 확장해 나가는 방식으로 학습을 진행한다. 따라서 1학년부터 6학년까지 총 6번의 학년을 거치면서 각 주제를 꾸준히 탐구한다. 결과적으로 IB 월드스쿨의 학생들은 6년 동안 총 36개의 UOI를 경험하게 된다.

초학문적 주제 (Transdisciplinary Themes)	내용
우리는 누구인가 (Who we are)	인간의 정체성과 삶의 여러 면을 탐구합니다. 우리 각자의 신념과 가치관, 몸과 마음, 건강, 인간관계가 얼마나 중요한지 살펴봅니다.
우리가 속한 공간과 시간 (Where we are in place and time)	우리가 살고 있는 시간과 장소를 탐구합니다. 이 주제에는 역사, 여행, 인류의 발견과 탐험, 문화와 관련된 것을 살펴봅니다.
우리 자신을 표현하는 방법 (How we express ourselves)	우리가 아이디어나 감정을 어떻게 발견하고 표현하는지 탐구합니다. 아름다움에 대한 이해를 통해 예술과 표현의 중요성을 살펴봅니다.
세계가 돌아가는 방식 (How the world works)	자연 과학과 우리 사회의 관계를 살펴보고, 그것이 사회와 환경에 미치는 영향에 대해 탐구합니다. 과학과 기술의 원리와 역할에 대해 살펴봅니다.
우리 자신을 조직하는 방식 (How we organize ourselves)	제도와 공동체가 어떻게 연결되어 있고, 조직의 구조와 기능을 탐구합니다. 의사결정과 경제 활동이 어떤 영향을 주는지 살펴봅니다.
우리 모두의 지구 (Sharing the planet)	자원을 나누는 과정에서의 권리와 책임, 공동체 문제에 대해 탐구합니다. 자원의 공평한 분배 방법에 대해 살펴봅니다.

[IB PYP에서 다루고 있는 초학문적 주제의 종류]

초학문적 주제에 따라 탐구 단원을 구성할 때 반드시 고려해야 할 요인이 있다. 바로 국가 수준 교육과정(KNC, Korean National Curriculum)에서 제시하는 성취기준과의 정합성이다. 성취기준이란 국가수준 교육과정에서 학생들이 성취해야 할 능력이나 특성을 진술한 것이다. 한국의 초

등학교 교사라면 반드시 성취기준에 따라 학생을 지도해야 하며 이 성
취기준을 무시한 채 초학문적 주제만으로 교육과정을 설계할 수 없다.
그래서 각 학년의 성취기준을 초학문적 주제와 연결하여 교육과정을
재구성하는 작업이 필요하다.

UOI를 설계할 때는 먼저 각 교과의 성취기준을 검토하여 가장 잘
맞는 초학문적 주제로 분류한다. 예를 들어, 사회과의 성취기준 '[4사
02-01] 일상 속에서 시간의 흐름을 경험할 수 있는 사례를 살펴보고
이를 바탕으로 역사의 시간 개념을 이해한다.'는 초학문적 주제 중 '우
리가 속한 공간과 시간'과 연결될 수 있다. 또 '[6과05-03] 지속 가능
한 삶을 위한 과학 기술 사례 중 혼합물의 분리를 이용한 장치를 조사
하여 공유할 수 있다.'라는 과학 성취기준은 '우리 모두의 지구'라는 주
제로 분류될 수 있다.

도덕, 사회, 과학과 같은 내용 교과의 성취기준은 대부분 초학문적
주제와 자연스럽게 연결된다. '우리 자신을 표현하는 방법'이라는 주
제는 주로 음악, 미술, 체육 교과의 표현 영역이나 국어 교과의 문학
창작 영역과 잘 어울린다. 예를 들어, '[4음03-03] 기초적인 음악 요소
를 활용하여 소리나 음악으로 표현한다.', '[4미02-03] 조형 요소의 특
징을 자유롭게 탐색하며 주제 표현에 알맞게 활용할 수 있다.', '[4체
03-07] 움직임의 심미적 표현에 대한 호기심과 감수성을 나타낸다.'
등의 예체능 교과 성취기준이나 '[6국05-05] 자신의 경험을 시, 소설,
극, 수필 등 적절한 갈래로 표현한다.'와 같은 국어 성취기준이 이 주

제와 연결될 수 있다.

경우에 따라 하나의 성취기준이 두 개 이상의 초학문적 주제와 연결될 수도 있다. 예를 들어 사회 성취기준 '[4사08-02] 지역에서 이루어지는 민주주의 사례를 통해 주민 자치와 주민 참여의 중요성을 파악하고, 지역사회의 문제 해결에 참여하는 태도를 기른다.'는 주민 참여나 자치의 측면에서 '우리 자신을 조직하는 방식'과 연결될 수 있지만 개인의 사회적 역할과 정체성 형성이라는 측면에서 '우리는 누구인가'와도 연결될 수 있다. 이렇게 성취기준과 초학문적 주제를 연결하는 과정에서 절대적인 정답은 존재하지 않으며 각 학교와 교사들이 각자의 맥락과 관점에 따라 다양한 연결을 시도할 수 있다.

성취기준과 초학문적 주제를 연결하는 과정에 절대적인 정답은 없다. UOI를 구성하다보면 각 학교 교육과정의 맥락과 상황에 따라 성취기준은 여러 초학문적 주제에 분류될 수 있다. IB 교육은 학생들이 다양한 맥락에서 개념간의 연결을 탐구하도록 돕는 것이 목적이므로 유연한 사고가 필요하다. 각 학교나 교사들 각자의 아이디어와 관점을 바탕으로 성취기준과 초학문적 주제를 연결하다보면 IB 학교마다 각자의 특색을 살린 UOI들이 많이 개발될 수 있다.

아래의 자료는 2022 개정 교육과정의 3~4학년군 성취기준과 초학문적 주제를 연결한 예시이다. 이를 참고하여 각 성취기준이 어떤 초학문적 주제와 어울리는지 생각해보자.

초학문적 주제 (Transdisciplinary Themes)	관련 성취기준 (2022 개정교육과정 3-4학년군)
우리는 누구인가 (Who we are)	[4도01-01] 자신의 감정을 소중히 여기며 존중하는 태도를 바탕으로 내가 누구인가를 탐구한다. [4도02-03] 공감의 태도가 필요한 이유를 이해하고 도덕적 상상력을 바탕으로 대상과 상황에 따라 감정을 나누는 방법을 탐구하여 실천한다.
우리가 속한 공간과 시간 (Where we are in place and time)	[4사01-01] 주변 여러 장소에서의 경험과 느낌을 다양한 방식으로 표현하고, 장소감을 나누며 서로 존중하는 태도를 지닌다. [4사02-03] 지역의 변화상을 보여주는 역사 자료를 분석하여 지역 사람들의 달라진 생활 모습을 파악한다.
우리 자신을 표현하는 방법 (How we express ourselves)	[4음03-01] 느낌과 상상을 즉흥적으로 표현하며 음악에 대한 흥미를 갖는다. [4미02-01] 관찰과 상상으로 아이디어를 떠올려 표현 주제를 구체화할 수 있다. [4체03-03] 기본 움직임 기술을 활용하여 사물이나 자연을 모방하여 표현한다.
세계가 돌아가는 방식 (How the world works)	[4과15-02] 온도나 압력에 따라 기체의 부피가 달라지는 현상을 관찰하고, 우리 주변에서 예를 찾을 수 있다. [4과11-02] 화산의 의미와 화산 활동으로 나오는 물질을 알고, 화산 활동을 모형으로 표현할 수 있다.
우리 자신을 조직하는 방식 (How we organize ourselves)	[4사07-01] 자원의 희소성으로 인해 경제활동에서 선택의 문제가 발생함을 이해하고, 경제활동에서 합리적 선택의 방법을 탐색한다. [4사08-02] 지역에서 이루어지는 민주주의 사례를 통해 주민 자치와 주민 참여의 중요성을 파악하고, 지역사회의 문제 해결에 참여하는 태도를 기른다.

<table>
<tr><td>우리 모두의 지구
(Sharing the planet)</td><td>[4과06-03] 밀물과 썰물의 차이를 알고, 갯벌의 가치와 보전의 필요성을 설득·홍보할 수 있다.
[4과14-03] 인간 활동이 생태계에 미치는 영향을 조사하고, 생태계 보전을 위해 우리가 할 수 있는 일을 토의하여 실천할 수 있다.</td></tr>
</table>

[초학문적 주제와 성취기준 연결 예시(3-4학년)]

성취기준을 초학문적 주제와 연결하다 보면 어느 초학문적 주제와도 명확하게 연결되지 않는 성취기준도 있다. 주로 국어와 같은 기능 교과에서 이러한 사례가 나타난다. 예를 들어, '[6국01-01] 대화에서 생략된 내용을 추론하여 듣는다.'라는 국어과 성취기준은 특정 초학문적 주제와 연결하기에 모호하다. 이런 경우에는 성취기준의 내용을 억지로 초학문적 주제와 연결하려 하기보다, 해당 UOI에서 어떤 활동을 하고 이를 통해 학생들이 어떤 기능이나 역량을 기를 수 있는지에 초점을 맞춰 학습 접근 방법과 연결하는 것이 더 효과적이다. 학습 접근 방법을 통해 성취기준을 좀 더 구체적이고 의미 있게 다루는 방법은 이후에 더 자세히 알아볼 것이다.

이처럼 성취기준을 초학문적 주제에 맞게 연결했다면 POI를 구성하기 위한 기초 작업이 완성된 것이다.

중심 아이디어(Central Idea) 만들기

　PYP에서 탐구는 초학문적 주제를 기반으로 작성한 '중심 아이디어'에서 출발한다. 중심 아이디어는 학생들이 탐구를 통해 일반화하여 이해할 수 있도록 탐구의 핵심적인 내용을 진술한 문장이다. 이는 개념 기반 교육과정에서는 '핵심 아이디어', '빅 아이디어', '영속적 이해'와 같은 용어로 표현되기도 한다. 우리나라의 2022 개정 교육과정에서도 이와 비슷한 '핵심 아이디어'라는 것을 제시하고, 이를 중심으로 내용 요소를 유기적으로 연계하여 깊이 있는 수업을 설계하도록 하였다.

　중심 아이디어는 UOI에서 학생들이 이해해야 할 가장 중요한 개념과 메시지를 담고 있다. 또한 탐구에서 다룰 핵심 개념을 명확히 제시하여 학생들이 어떤 내용을 이해하고 탐구해야 하는지 안내하는 역할

핵심 아이디어		• 가계와 기업은 합리적 선택을 통해 소비와 금융, 생산 등의 경제활동에 참여하면서 각자의 역할을 수행한다. • 시장에서 가격은 수요와 공급을 통해 결정되고 다양한 요인으로 인해 변동한다. • 우리나라 경제에서는 경제 성장, 물가 변동, 실업 등의 현상이 나타나며, 세계화 과정에서 다른 나라와의 교역이 활발해지고 있다.		
범주		**내용 요소**		
		범주초등학교		중학교
		범주3~4학년	5~6학년	1~3학년
지식 · 이해	경제 생활	• 자원의 희소성 • 경제활동 • 합리적 선택 • 생산과 소비 활동	• 가계와 기업의 역할 • 근로자의 권리 • 기업의 자유와 사회적 책임	• 합리적 선택 • 경제생활과 금융 생활 • 기업의 역할과 기업가 정신
	시장 경제	–	–	• 시장의 사례와 특징 • 수요와 공급, 시장 가격의 결정 • 시장 가격의 변동
	국가 경제	• 지역 간 교류 • 상호의존 관계	• 경제 성장의 효과 • 경제 성장과 관련된 문제 해결 • 무역의 의미 • 무역의 이유	• 경제 성장과 국내 총생산 • 물가 변동과 실업 • 국제 거래와 환율
과정·기능		• 합리적으로 선택하기 • 지역 간 상호의존 관계를 조사하기 • 무역의 이유를 탐구하기 • 경제 성장의 문제를 합리적으로 해결하기		• 경제 현상 및 문제 사례 조사하기 • 경제 현상 및 문제 탐구 방법 파악하기 • 경제 현상 및 문제 탐구 계획 수립하기 • 경제 관련 정보와 자료 수집·분석하기 • 경제 관련 분석 결과를 종합하여 추론하기 • 경제 문제의 원인 및 해결 방안 도출하기
가치·태도		·합리적 소비의 실천 ·경제활동의 자유를 존중하는 태도 ·공정한 분배에 대한 감수성		• 선택 상황에서 편익과 비용을 고려하는 합리적 태도 • 경제 문제 관련 주장 및 근거의 경청과 존중 • 상충하는 가치를 균형 있게 고려하려는 자세 • 공동체의 경제 문제 해결에 적극적으로 참여하려는 태도 • 다양한 관점을 가진 구성원들과 협력 하려는 태도

[표] 사회과 내용 체계표(경제) 출처: 사회과 교육과정
(교육부 고시 제2022-33호 [별책 7] 14페이지)

을 한다. 즉, 중심 아이디어는 학생들의 개념적 이해를 촉진하고 탐구

활동의 방향을 명확히 제시하는 데 도움을 준다. 중심 아이디어를 개발

하거나 수정할 때는 다음과 같은 질문을 고려해 보아야 한다.

- 초학문적 주제에 대해 탐구할 기회를 제공하고 가치가 있는가?
- 명시된 개념과 기타 개념에 의해 뒷받침되고 개념적 이해를 장려 하는가?
- 여러 관점이 있을 수 있고 모든 문화의 학생들에게 적용될 수 있 는가?
- 학생들이 비판적이고 창의적으로 사고하여 다양한 답변을 제시 할 수 있는가?

중심 아이디어는 초학문적인 탐구의 과정에서 학생들이 이해하게 되는 전이 가능한 개념적 아이디어이다. 그래서 시간, 장소, 상황에 국한되지 않고 다음과 같은 특성을 가진다.

Broad   광범위하다.

Abstract   추상적이다.

Timeless   시간을 초월한다.

Universal   보편적이다.

또한 개념을 바탕으로 뒷받침되고 개념적 이해를 장려하기 위해서 아래와 같은 형식으로 구성된다.

위에서 말한 특징을 바탕으로 다음에 제시하는 문장들 중에 어느 것이 중심 아이디어에 적합한지 판단해 보자.

① 나비는 애벌레를 거쳐 나비가 된다.

② 생명체는 시간의 흐름에 따라 단계적인 변화를 겪는다.

①번 문장은 나비라는 특정 생물에 국한된 개별적인 사실을 설명하고 있다. 학생들이 나비를 소재로 탐구 과정을 경험했더라도 중심 아이디어는 개별적인 사실보다는 더 광범위하고 보편적인 개념어로 진술해야 한다. 그래야만 자신이 이해한 내용을 새로운 맥락에 적용할 수 있는 전이 가능한 탐구로 확장되기 때문이다.

① 우리는 지구를 보호하기 위해 쓰레기를 줄여야 한다.

② 인간의 선택과 활동은 지구 환경의 변화에 영향을 미친다.

①번 문장은 '우리'라는 특정 대상과 '쓰레기를 줄여야 한다'는 당위적인 가치 판단을 담고 있다. 하지만 중심 아이디어는 가치중립적이어야 하며 시공간을 초월한 보편성을 띠어야 한다. 그래서 특정 집단을 지칭하는 '나, 너, 우리'와 같은 대명사는 가급적 사용하지 않는 것이 좋다.

또한 '쓰레기를 줄이는 것'은 탐구 과정에서 알게 되는 하나의 개별 사례에 가깝다. 중심 아이디어는 이러한 구체적 사실을 넘어 '인간의 활동'이나 '환경의 변화'와 같이 보다 광범위하고 보편적인 개념으로 진술되는 것이 바람직하다.

중심 아이디어는 초학문적인 탐구의 구조가 되고 탐구의 방향을 결정하기 때문에 매우 중요하다. 하지만 탐구에서 다루는 개념을 모두 담아내면서 그 관계까지 명확히 표현하는 문장을 만드는 일은 많은 고민과 협력이 필요한 고된 과정이기도 하다. 처음 중심 아이디어를 작성하며 막막함을 느끼는 교사들에게 에릭슨과 래닝의 '강력한 일반화 개발을 위한 팁(Erickson et al, 2017, p.204)'은 매우 실질적인 도움을 준다. 이 내용을 참고하면 중심 아이디어를 보다 정교하게 다듬을 수 있다.

강력한 일반화 개발을 위해 활용해야 할 것들	강력한 일반화 개발을 위해 피해야 할 것들	학생 사고를 스캐폴딩하기 위해 할 것들
개념적 관계를 정확한 방식으로 설명하는 강력한 동사를 사용한다 (예: 제어, 유도, 증가).	'~가 되다, ~이다, ~영향을 미친다'와 같은 서술어는 약한 개념적 관계를 만들기 때문에 사용을 피하도록 한다.	어떻게?', '왜?' 및 '그래서?'라는 질문을 사용한다. 예를 들어, "너무 좋은 생각인데 그 생각을 더 명확하게 할 수 있을 것 같은데, '어떻게'라는 부분을 더 설명해 볼 수 있을까"라는 질문을 사용할 수 있다.
일반적 3인칭 대명사(그들, 그들의)를 사용함으로써 이해를 전이 가능하도록 한다.	1인칭 대명사(나, 우리) 또는 구체적인 3인칭 대명사(그녀, 그 남자)의 사용을 피한다.	대명사의 특이성에 대해 문제 제기를 하라. 예를 들어, '우리'라고 할 때 이것이 우리만을 의미하는지, 아니면 모든 수학자에 대해 그렇게 말할 수 있는지에 대해 생각해 보도록 한다.

진술이 사실로 유지되고 전이 가능한지 확인하는 데 필요한 수식 어구(예: 할 수 있음, 가능성 있음 또는 종종 등)를 사용한다.	개념이 연결되는 방식과 시기를 지나치게 일반화하는 것을 피한다. 예를 들어, "개인적인 갈등은 개인의 정체성을 변화시킨다."라는 진술은 항상 사실이 아닐 수도 있다.	"이것은 모든 상황에서 항상 사실인가?" 또는 "중요한 아이디어이지만 사례 연구에서 사실로 밝혀졌는가? 사실적 진술이 되기 위해 아이디어를 어떻게 바꾸어야 하는가?"와 같은 질문을 던진다.
개념 간의 관계를 보다 명확하게 하는 능동형 문장을 사용한다. '이주는 문화 확산을 증가시킨다'라는 문장이 하나의 예가 될 수 있다.	수동태 문장의 사용을 피한다. 이것은 종종 문장의 순서를 정하기 때문에 가장 중요한 개념이 문장의 마지막 부분에 위치할 수 있고, 이는 일반화를 덜 명확하게 만든다. "문화적 확산이 이주로 인해 증가된다."가 하나의 예가 될 수 있다.	"문장의 마지막 부분에 중요한 아이디어가 있는데 문장 속 단어의 위치를 변경해 보고 아이디어가 더 명확하게 되는지 확인해 보자."라는 제안으로 학생을 돕는다.
개념적 관계를 표현하는 2개 이상의 개념을 사용한다.	일반화에서 단 하나의 개념만을 사용하는 것을 피해야 한다. 하나의 개념만을 사용하게 되면 개념 간 관계를 표현할 수 없다.	"그 아이디어에서 하나의 개념만 사용하고 있는데 다른 개념을 추가함으로써 보다 명확한 아이디어를 만들 수 있는지 확인해 보자"라고 제안하여 학생을 돕는다.
전이가 가능할 수 있는 시제를 사용한다.	과거 또는 미래 시제 동사의 사용을 피한다. 이러한 시제는 아이디어의 전이를 막는다.	"지금도 그 아이디어가 사실이며 앞으로도 그렇게 될 것이라고 생각하는가?" 또는 "이 아이디어를 시대에 국한되지 않도록 하기 위해 동사의 시제를 어떻게 바꾸어야 할까?"라는 질문을 통해 학생들을 돕는다.
판단이나 가치에서 자유로운 진술을 사용한다.	꼭 ~해야 한다(must)' 또는 '~해야 한다(should)'와 같이 가치가 포함된 진술을 피한다.	"우리는 이렇게 생각하는데, 다른 장소, 시간 또는 상황에 있는 사람들도 우리의 생각에 동의할까? 의견을 나타내지 않는 진술을 생각해 낼 수 있을까?"라는 질문을 통해 학생들을 돕는다.

[강력한 일반화 개발을 위한 팁(Erickson et al, 2017, p.204)]

아래 내용은 UOI의 중심 아이디어 사례이다. 위에서 제시한 특징과 형식에 맞는 진술인지 한번 살펴보자.

초학문적 주제 (Transdisciplinary Themes)	중심 아이디어
우리는 누구인가 (Who we are)	모든 사람은 인권을 가지고 있으며 다양한 제도를 통해 보장받는다.
우리가 속한 공간과 시간 (Where we are in place and time)	역사적 변화는 사람들의 생활에 다양한 영향을 미친다.
우리 자신을 표현하는 방법 (How we express ourselves)	아이디어의 표현 방식은 매체와 재료의 특성에 의해 달라진다.
세계가 돌아가는 방식 (How the world works)	열의 이동은 다양한 방식으로 작용하며 생활에 영향을 준다.
우리 자신을 조직하는 방식 (How we organize ourselves)	경제활동은 사람들의 생활과 사회의 변화를 이끈다.
우리 모두의 지구 (Sharing the planet)	지속 가능한 자원 사용은 미래 세대의 에너지 보존에 영향을 미친다.

[초학문적 주제와 중심 아이디어 예시]

앞서 중심 아이디어는 학생들의 개념적 이해를 돕는 구조를 제공한다고 하였다. 여기서 말하는 개념적 이해란 사실을 아는 것에 국한되지 않고 더 깊고 넓게 이해함을 의미한다. 더 깊고 넓게 이해한다는 것은 학생이 지닌 지식과 기능을 활용해 학습을 확장하고 심화해서 다른 곳에 적용하거나 전이할 수 있는 수준을 포함한다. 그래서 같은 UOI를 탐구하더라도 학습자에 따라 중심 아이디어를 이해하는 방식과 깊

이는 다양할 수 있다. 개념적 이해의 수준이 다른 것이다. 그래서 UOI
에서 중심 아이디어는 탐구의 최종 목적지가 아니라 더 깊은 이해로 나
아가는 중간 단계 또는 출발점으로도 기능한다고 볼 수 있다.

명시된 개념과
탐구 목록 구성하기

학생들이 어떻게 하면 중심 아이디어에 대한 이해로 나아갈 수 있을까? 이를 위한 탐구의 방향을 구체적으로 정해야 한다. 이때 사용되는 것이 바로 '탐구 목록(Lines of Inquiry, LOI)'이다. 탐구 목록은 중심 아이디어를 다양한 관점에서 깊이 있게 탐구할 수 있도록 안내해주는 역할을 한다. 즉, 중심 아이디어에 대한 개념적 이해를 위해 꼭 다루어야 할 세부 주제들을 명확하게 제시한 것이다. 일반적으로 하나의 중심 아이디어당 세 개 정도의 탐구 목록을 작성하게 되며 탐구 목록을 구성할 때는 앞서 연결해 둔 성취기준들이 실제 탐구 과정에서 다루어질 수 있도록 하는 것이 중요하다.

탐구 목록을 만들 때 가장 먼저 해야 할 일은 성취기준을 분석하는 것이다. 성취기준에는 학생들이 탐구 과정에서 성취해야 하는 목표와 다루어야 할 학습 주제의 범위가 구체적으로 나타나 있다. 교사는 이 기준을 토대로 학생들이 정확히 무엇을 탐구하고 배워야 하는지 파악하여 탐구 목록을 구성하게 된다.

또한 중심 아이디어를 조금 더 구체적인 세부 주제로 나누는 작업도 필요하다. 중심 아이디어에 내재된 주요 개념과 성취기준의 요소를 연결하여 학생들이 탐구 과정에서 다룰 구체적인 학습 내용을 체계화하는 것이다.

예를 들어, 2학년의 초학문적 주제 '우리는 누구인가'에서 중심 아이디어를 '나에 대한 이해는 성장에 도움을 준다.'로 설정했다고 해 보자. 이 중심 아이디어에 대한 이해를 돕기 위해 구성한 탐구 목록은 다음과 같다.

중심 아이디어(Central Idea)
나에 대한 이해는 성장에 도움을 준다.
탐구 목록(Lines of Inquiry)
LOI 1. 나의 몸이 하는 일
LOI 2. 나의 마음
LOI 3. 몸과 마음의 성장 과정

[중심 아이디어와 탐구 목록(2학년, WWA)]

탐구 목록 1에서는 다양한 신체 부위의 기능과 내 몸이 어떤 일을 하는지 탐구한다. 이어 탐구 목록 2에서는 다양한 감정 표현 방법을 알아보고 내 마음 상태를 탐구하며 스스로를 이해하게 된다. 마지막으로 탐구 목록 3에서는 지금까지 살펴본 몸과 마음이 시간이 지나면서 어떻게 성장하고 변화하는지 살펴본다. 이런 식으로 각 탐구 목록은 중심 아이디어인 '나에 대한 이해는 성장에 도움을 준다'를 학생들이 보다 명확히 이해할 수 있도록 구성된다.

이 탐구 목록을 만들 때 활용된 성취기준은 아래와 같다.

관련 과목	성취기준
통합	[2바01-02] 나를 이해하고 존중하며 생활한다.
	[2슬01-02] 나를 탐색하여 나에 대해 설명한다.
	[2즐01-02] 놀이하며 내 몸의 움직임이나 감각을 느낀다.
국어	[2국02-04] 인물의 마음이나 생각을 짐작하고 이를 자신과 비교하며 글을 읽는다.
	[2국05-03] 작품 속 인물의 모습, 행동, 마음을 상상하여 시, 노래, 이야기, 그림 등으로 표현한다.
	[2국01-02] 바르고 고운 말로 서로의 감정을 나누며 듣고 말한다.

[관련 과목과 성취기준(2학년 UOI - WWA)]

이처럼 탐구 목록을 통해 학생들은 중심 아이디어를 다양한 측면에서 탐구하며 성취기준에서 제시한 학습 목표에도 자연스럽게 도달하게 된다.

탐구 목록을 만들 때 함께 연결지어 고려해야 할 것이 IB의 명시된 개념이다. 명시된 개념이란 탐구의 초점을 설정하는 도구로 탐구를 다양한 관점에서 바라보는 일종의 렌즈 역할을 한다고 생각하면 된다. IB에서 제시하는 명시된 개념의 종류와 각 개념을 탐구할 때 던질 수 있는 대표적인 질문들은 다음과 같다.

명시된 개념 (specified concept)	질문
형태(Form)	이것은 무엇인가요?
기능(Function)	이것은 어떻게 작동하나요?
인과관계(Causation)	왜 그럴까요?
변화(Change)	이것은 어떻게 변하나요?
연결(Connection)	어떻게 연결되나요?
관점(Perspective)	관점은 무엇인가요?
책임(Responsibility)	우리의 책임은 무엇인가요?

[명시된 개념과 질문]

각 명시된 개념에 대해 구체적인 설명을 하는 것보다는 예시를 통해 이해하는 것이 더 효과적이다. 예를 들어, 학생들이 '코끼리'라는 대상을 탐구한다고 생각해보자. '형태'의 개념으로 접근하면 '코끼리는 어떻게 생겼나요?'라는 질문을 던질 수 있고 이에 대한 답으로 '코끼리는 긴 코와 큰 귀를 가지고 있다.', '코끼리는 네 발로 걸으며 상아를 가지고 있다.'와 같은 구체적인 형태적 특징을 탐구할 수 있다. 또한 '책임'이라는 개념을 활용하면 '코끼리를 보호하기 위해 우리는 어떤 노력을 해야 할까요?'라는 질문을 만들 수 있다. 이 질문을 통해 학생들은 '코끼리 관련 상품의 거래를 금지하는 캠페인을 벌인다.' 또는 '코끼리를 멸종 위기에서 보호하기 위해 기후 위기를 막는 에너지 절약 운동을 한다.'와 같은 행동을 생각해볼 수 있다. 이처럼 명시된 개념을 활용하면 학생들이 다양한 관점에서 깊이 있게 탐구하고 비판적으로 사고할 수 있게 된다.

앞서 구성했던 2학년 초학문적 주제 '우리는 누구인가'의 중심 아이디어와 탐구 목록을 명시된 개념과 연결해보자. 첫 번째 탐구 목록인 '나의 몸이 하는 일'에서는 신체 부위별 역할과 기능을 탐구하므로 '기능'의 개념이 가장 적절하다. 두 번째 탐구 목록인 '나의 마음'은 다른 사람과의 관계나 다양한 상황 속에서 나의 마음이 어떻게 영향을 받는지 탐구하므로 '연결'의 개념으로 연결하면 좋다. 마지막 탐구 목록인 '몸과 마음의 성장 과정'은 시간이 지나면서 내가 어떻게 변하는지에 대해 알아보는 것이므로 '변화'의 개념으로 연결할 수 있다.

그러면 하나의 탐구 목록이 반드시 하나의 명시된 개념과만 연결되어야 할까? 실제로는 하나의 탐구 목록이 여러 명시된 개념과 관련될 수도 있고 하나의 명시된 개념이 여러 탐구 목록과 연결될 수도 있다. IB에서 중요하게 생각하는 것은 학생들이 다양한 맥락에서 여러 개념 간의 연결을 깊이 탐구하는 것이다. 따라서 학생들이 개념적 이해

에 이르도록 개념들을 다양한 관점에서 유연하게 연결하여 탐구 과정
을 설계하면 된다.

중심 아이디어(Central Idea)	
나에 대한 이해는 성장에 도움을 준다.	
명시된 개념(specified concept)	**탐구 목록(Lines of Inquiry)**
기능(Function)	LOI 1. 나의 몸이 하는 일
연결(Connection)	LOI 2. 나의 마음
변화(Change)	LOI 3. 몸과 마음의 성장 과정

[중심 아이디어, 명시된 개념과 탐구 목록(2학년 UOI – WWA)]

학습 접근 방법과 학습자상

지금까지의 삶을 돌아보며 의미 있는 배움이 일어난 순간을 한번 떠올려 보자. 멋지게 몸을 가꾸기 위해 운동을 하거나, 악기를 배워 아름다운 연주를 하고, 그림을 그려 개인 전시회를 열기 위해서는 가르쳐 주고 지도해주는 사람의 도움이 필요하다. 하지만 그와 동시에 배우는 사람 스스로도 많은 노력을 기울여야 한다. 학습 접근 방법은 학습자가 학습하는 법을 배우는 것이 학습 과정에서 근본적인 역할을 한다는 믿음에서 출발한 개념이다.

특정 교과를 학습할 때 학생들은 그 교과와 관련된 특정 기능을 자연스럽게 익힌다. 국어 시간에는 텍스트를 읽고 이해하는 문해력을 기르고, 수학 시간에는 수감각을 바탕으로 계산하거나 논리적으로 사고하는 능력을 키운다. 하지만 이외에도 다양한 교과와 상황에서 공통적으로 활용할 수 있는 더 보편적인 학습 기능들이 있다. IB는 이러한 기능들을 다음의 다섯 가지 학습 접근 방법으로 분류하고 있다.

- 사고 기능(Thinking Skills)

- 조사 기능(Research Skills)

- 의사소통 기능(Communication Skills)

- 대인관계 기능(Social Skills)

- 자기관리 기능(Self-Management Skills)

이 다섯 가지 기능은 각각 독립적으로 보이지만, 실제 학습 활동에서는 서로 깊이 연관되고 중복되어 작용한다. 구체적인 학습 활동 사례를 통해 이 기능들이 어떻게 연관되어 작용하는지 살펴보자.

사고 기능(Thinking Skills) 활동 사례
- 배운 내용을 사고루틴을 활용하여 정리하기(CSI, PMI)
- 역사 신문 만들기

조사 기능(Research Skills) 활동 사례
- 우리나라의 경제 성장 과정을 조사하여 그래프로 표현하기
- 역사 인물 조사하기

의사소통 기능(Communication Skills) 활동 사례

- 크롬북 활용하여 함께 협업하기
- 인터뷰 놀이로 발표하기

대인 관계 기능(Social Skills) 활동 사례

- 친구 도와주기
- 친구들과 함께 협업하기

자기관리 기능(Self-Management Skills) 활동 사례

- 나만의 탐구 목표 정하기
- 학습 계획표 만들기
- 감정 일기 쓰기
- 자기 성찰 저널 쓰기

[ATL을 활용하는 다양한 활동]

　학생들은 역사 인물을 조사하거나 우리나라의 경제 성장 과정을 그래프로 표현하는 활동을 할 때 책이나 인터넷을 통해 필요한 정보를 찾고 기록하는 과정에서 조사 기능을 개발할 수 있다. 이 과정에서 어떤 정보가 필요한지 파악하고 신뢰할 수 있는 출처를 선택하며 정리하는 능력이 향상된다. 그 후 모둠 친구들과 함께 자료를 선별하고 조사한 내용을 교환하는 과정에서는 자연스럽게 의사소통 기능이 강화된다. 서로의 의견을 주고받고 자료를 공유하며 소통하는 능력을 기르게 되는 것이다.

　또한 모둠별로 보고서를 작성할 때 학생들은 비판적 사고력을 발휘하게 된다. 각자가 모은 자료를 단순히 나열하는 것이 아니라 그 자료를 분석하고 평가하여 자신들의 새로운 관점이나 아이디어로 정보를 표현하려는 노력도 물론 필요하다. 이 과정은 사고 기능과 깊이 연결되어 있다. 사고 기능은 학생들이 논리적으로 사고하고 창의적으로 문제를 해결하는 능력을 키우는 데 중요한 역할을 한다.

이러한 예시들을 통해 알 수 있듯이 학습 접근 방법의 다섯 가지 기능은 서로 독립적으로 작동하기보다는 유기적으로 통합되어 있다. 따라서 각 UOI에서 학습 접근 방법을 적용할 때는 중심 아이디어와 탐구 목록 그리고 성취기준의 내용을 전체적으로 고려하여 설계해야 한다.

일반적으로 UOI는 3개의 탐구 목록으로 구성되어 있다. 그리고 각 탐구 목록에 대해 하나의 학습 접근 방법과 학습자상을 연결한다. 물론 하나의 탐구 목록에서 여러 학습 접근 방법을 적용할 수 있지만 그 중 핵심적으로 다뤄져야 할 학습 접근 방법을 선택한다. 그리고 어떤 학습 접근 방법을 선택했는지에 따라 학습자상도 자연스럽게 연결된다. 예를 들면 사고 기능을 이번 UOI의 중점적인 학습 접근 방법으로 결정했다면, 이것은 탐구하는 사람이나 지식이 풍부한 사람이라는 학습자상의 자질과 자연스럽게 연결된다. 사고 기능을 통해 깊이 있는 질문을 던지고 그러한 탐구 과정을 통해 지식을 확장하게 되는데 이는 탐구하는 사람과 지식이 풍부한 사람의 자질을 기르는데 중요한 역할을 한다. 이와 같이 다섯 가지의 학습 접근 방법의 의미와 열 가지의 학습자상의 자질을 자세히 살펴보면 각 기능과 자질이 어떻게 서로 연결되는지 살펴 볼 수 있다.

중심 아이디어, 탐구 목록, 학습 접근 방법 그리고 학습자상은 각각 독립적으로 존재하는 것이 아니라, 탐구의 전체적인 맥락 안에서 유기적으로 연결되어 상호작용하는 구조이다. 이러한 요소들은 함께 상호작용하면서 학생들로 하여금 보다 깊이 있는 학습 경험을 할 수 있도록 도와준다. 중심 아이디어는 탐구의 주요 방향을 설정하고 탐구 목록은 이 아이디어를 구체화하는 과정에서 탐구해야 하는 다양한 내용과 주제를 제시한다. 여기서 연결된(선택된) 학습 접근 방법은 그 주제를 탐구할 때 필요한 기능들을 활성화하고 적용하게 만들며 이 과정에서 학생들은 자연스럽게 학습자상과 관련된 자질을 키우게 된다.

6학년 2학기 '우리 모두의 지구' UOI를 아래와 같이 계획했을 때, 이 탐구 단원에서 학습 접근 방법과 학습자상을 어떻게 연결하는지 살펴보자.

탐구 단원에서 통합된 교과별 내용 구성은 아래와 같다.

[사회] 통일 한국의 미래와 지구촌의 평화

[도덕] 함께 살아가는 지구촌

[국어] 주장하는 글쓰기, 효과적으로 발표하기

[미술] 생각을 나누는 이미지

중심 아이디어(Central Idea)	
지속가능한 발전과 평화는 지구촌 갈등 해결을 위한 다양한 공동체의 협력으로 이루어진다.	
명시된 개념 (specified concept)	탐구 목록(Lines of Inquiry)
인과관계	LOI 1. 지구촌의 다양한 갈등
관점	LOI 2. 세계의 다양한 공동체들의 노력
책임	LOI 3. 지속가능한 지구촌을 위한 세계시민으로서의 자세

[중심 아이디어, 명시된 개념과 탐구 목록(6학년 STP UOI)]

이 UOI의 흐름은 다음과 같다. 먼저 지구촌에 어떠한 갈등이 있는지 조사하고 그 원인을 분석한다. 다음으로는 이러한 갈등을 해결하기 위해 다양한 공동체들이 어떤 노력을 기울이고 있는지 탐구한다. 마지막으로 세계 시민으로서 학생들이 할 수 있는 실천 방안을 찾아 자유롭게 탐구하고 발표하는 활동으로 이어진다. 이 마지막 탐구 활동은 특히 6학년의 PYP 탐구발표회와 연계하여 진행되었다.

이제 이러한 UOI의 흐름을 바탕으로 어떤 학습 접근 방법과 학습 자상을 연결할지 생각해 보자. 사실 IB의 5가지 학습 접근 방법(사고 기능, 조사 기능, 의사소통 기능, 대인관계 기능, 자기관리 기능)은 서로 긴밀하게 연결되어 있어 어느 한 가지만 독립적으로 사용하기 어렵다. 그러나 특정 탐구 목록에서 중점적으로 길러줄 기능을 명확히 하는 것은 매우 중요하다.

첫 번째 탐구 목록(지구촌의 다양한 갈등)과 두 번째 탐구 목록(세계의 다양한 공동체들의 노력)에서는 학생들이 여러 가지 갈등 사례를 조사하고, 그 원인과 해결 방안을 비판적으로 분석하는 것이 중요하다. 따라서 '조사 기능'과 '사고 기능'을 중점적으로 활용할 수 있다. '조사 기능'을 활용하여 다양한 갈등 사례와 원인을 정확하게 조사하고 자료를 수집한 후, '사고 기능'을 활용하여 그 원인과 해결 방안에 대해 깊이 있고 비판적으로 생각할 수 있도록 돕는 것이다.

이때 고려했던 학습자상은 '탐구하는 사람'과 '열린 마음을 지닌 사람'이었다. UOI에서 길러줄 중점 학습자상을 선택할 때 탐구 목록에서 다루는 개념과의 연계성을 중요한 기준으로 삼았다. 먼저, 학생들이 주도적으로 자료를 조사하고 분석하며 스스로 지식과 이해를 확장해 나가는 과정이 필요하여 '탐구하는 사람'을 연결하였다. 두 번째 탐구 목록에서는 명시된 개념인 '관점'에 주목하였다. 지구촌 갈등을 해결하기 위해서는 다양한 공동체의 서로 다른 입장과 시각을 편견 없이 검토하는 태도가 중요했기 때문이다. 그리고 이러한 과정을 통해 열린 마음을 지닌 성숙한 세계 시민의 태도를 함양할 수 있도록 설계하였다.

세 번째 탐구 목록(지속 가능한 지구촌을 위한 세계 시민으로서의 자세)은 학생들이 스스로 자유롭게 탐구하고 결과를 발표하며 책임감을 강조하는 탐구발표회와 연계하여 운영하였다. 이 단계에서는 '자기관리 기능'을 설정하였는데 그 이유는 학생들이 주도적으로 자신의 탐구 목표를 설정하고 스스로 탐구 과정을 관리하면서 책임감 있게 과제를 수행하는 것을 중요하게 생각했기 때문이다. 학생 간 협력이나 발표 과정에서의 소통을 강조하고 싶다면 '의사소통 기능'을 연결하는 것도 고려해 볼 수 있다. 이와 관련한 학습자상은 '성찰하는 사람'으로 설정하였다. 탐구발표회의 과정을 거치며 세계 시민으로서의 우리의 모습을 성찰해 보기를 희망했기 때문이다.

이러한 방식으로 UOI의 내용과 흐름을 중심으로 적합한 학습 접근 방법과 학습자상을 연결하면 각 탐구 목록에서 학생들이 어떤 기능과 자질을 기르게 될지 명확해진다. 하지만 여기서 끝나는 것이 아니라 학년의 전체적인 UOI와 연결하여 균형 있게 학습 접근 방법과 학습자상을 분배하고 있는지를 점검하는 과정도 필요하다. 따라서 대부분의 IB 월드스쿨에서는 학기 시작 전 교사들이 함께 모여 각 UOI 계획을 검토하고 서로 간의 균형과 연계를 면밀히 살핀다. 이를 통해 학생들이 모든 자질과 기능을 골고루 갖춘 균형 잡힌 학습자로 성장할 수 있도록 교육과정을 조정한다.

다음의 사례는 해당 UOI를 실행하였던 당시 학년의 다른 UOI들 간의 균형을 고려하여 최종적으로 결정한 UOI 플래너 중 일부 내용이다.

중심 아이디어(Central Idea)
지속가능한 발전과 평화는 지구촌 갈등 해결을 위한 다양한 공동체의 협력으로 이루어진다.

명시된 개념 (specified concept)	탐구 목록 (Lines of Inquiry)
인과관계	LOI 1. 지구촌의 다양한 갈등
관점	LOI 2. 세계의 다양한 공동체들의 노력
책임	LOI 3. 지속가능한 지구촌을 위한 세계시민으로서의 자세

학습 접근 방법 (ATL)	학습자상 (LP)
조사 기능 사고 기능 자기 관리 기능	탐구하는 사람 열린 마음을 지닌 사람 성찰하는 사람

[6학년 STP UOI 플래너 중 일부 내용]

교사 발문과 학생의 예상 질문 생각해보기

IB 수업에서 '질문'은 학습 과정의 핵심 요소 중 하나이다. 학생들은 질문을 통해 학습의 주도권을 갖고 스스로 탐구를 이어가게 된다. 좋은 질문은 학생들의 호기심을 자극하고 더 깊은 사고와 비판적 탐구를 촉진하여 자기 주도적 학습 능력을 키우는 데 도움을 준다. 따라서 교사는 학생들이 좋은 질문을 할 수 있도록 적절히 안내하고 지원하는 역할을 해야 한다.

이를 위해 UOI를 설계하는 단계에서 교사는 학생들이 어떤 질문을 던질지 미리 예상하여 발문을 준비할 필요가 있다. 교사가 사전에 탐구 단원의 중심 아이디어와 탐구 목록을 바탕으로 발문을 계획해 두면 수업 목표와 방향을 학생들에게 보다 명확하고 효과적으로 제시할 수 있다. 잘 계획된 교사의 발문은 학생들의 사고를 자극하여 학생 스스로도 더욱 깊이 있는 질문을 만들어 낼 수 있게 한다.

또한 교사는 수업 준비 단계에서 학생들이 실제로 제기할 수 있는 질문도 미리 생각해 봐야 한다. 학생들이 어떤 부분에서 호기심을 느끼고 질문할지를 미리 예상해 보면 탐구 과정에서 학생들이 필요로 하는 자료나 활동을 더욱 효과적으로 준비할 수 있다. 이렇게 예상된 질문을 바탕으로 수업을 구성하면 학생들이 자연스럽게 질문을 던지고 스스로 그 질문의 답을 찾으려는 의욕과 능력이 향상될 것이다.

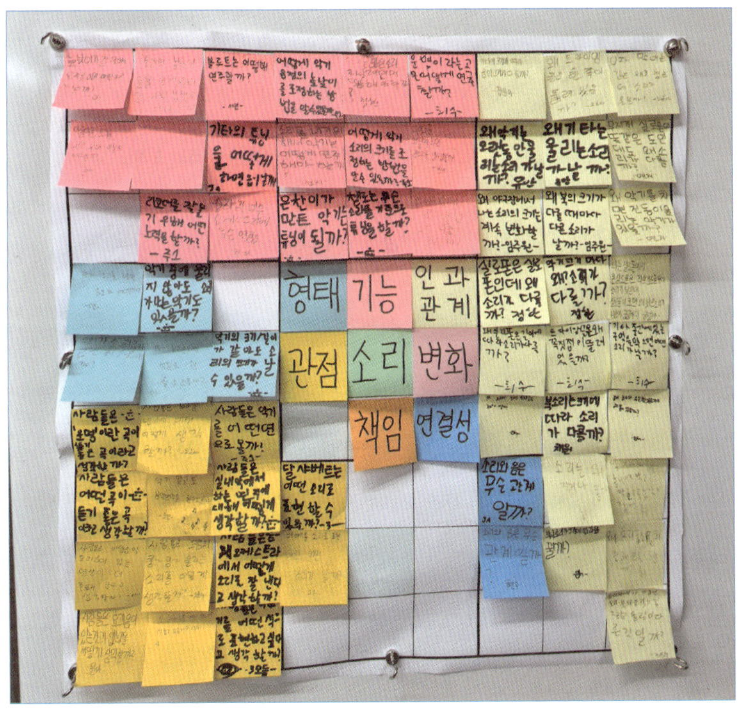

[학생 질문 매트릭스 사진]

2학년 우리 모두의 지구 UOI를 활용하여 교사의 발문과 학생의 예상 질문을 만들어 보자. 가장 먼저 중심 아이디어와 탐구 목록을 살펴보았다.

중심 아이디어(Central Idea)	
사람과 자연, 동식물은 서로 관계를 맺으며 더불어 살아간다.	
명시된 개념 (specified concept)	탐구 목록 (Lines of Inquiry)
형태(Form)	LOI 1. 우리 주변의 자연과 동식물
연결(Connection)	LOI 2. 자연, 동식물, 우리가 맺고 있는 관계
책임(Responsibility)	LOI 3. 더불어 살아가기 위한 우리의 노력

[중심 아이디어, 명시된 개념과 탐구 목록(2학년 UOI – STP)]

중심 아이디어와 탐구 목록, 그리고 명시된 개념을 바탕으로 설계한 교사 발문 및 학생 예상 질문의 사례는 다음과 같다. UOI를 진행해 나가면서 새롭게 떠오른 좋은 발문과 수업 중 예상치 못했던 학생들의 질문이 나오면 UOI 계획에 반영하여 기록해 둘 필요가 있다. 이러한 누적된 기록은 다음 해 UOI 계획과 실행 단계에서 수준을 높이는 소중한 자료로 활용될 수 있다.

교사 발문	학생 예상 질문
자연과 관련된 나의 경험은 어떤 것이 있나요? 내가 관심있는 동물과 식물은 어떤 것이 있나요? 동물과 식물은 어떤 관계를 맺고 살아가나요? 우리 주변의 자연, 동식물은 우리와 어떤 관계를 맺고 있나요? 우리가 하는 일이 동물이나 식물에게 어떤 영향을 줄까요? 자연과 더불어 살아가기 위해 우리는 어떤 노력을 해야 할까요?	친구들이 좋아하는 동물과 식물은 뭘까요? 우리 주변에는 어떤 동물과 식물들이 있나요? 땅 속과 땅 위에는 어떤 동물과 식물이 살고 있을까요? 서로 관계를 맺고 있는 동물과 식물은 무엇이 있을까요? 자연과 우리는 무슨 관계가 있나요? 자연은 우리에게 어떤 도움을 줄까요? 우리는 동물들을 어떻게 도울 수 있을까요? 왜 동물과 식물들을 지켜야 하나요? 자연을 지키기 위해 우리가 할 수 있는 일은 무엇이 있을까요?

[교사 발문과 학생 예상 질문(2학년 UOI － STP)]

실천(Action)과 평가(Assessment)

1) 실천

IB에서 '실천'이란 학생들이 탐구 과정에서 배운 내용을 바탕으로 자신의 삶이나 주변 환경에 긍정적인 변화를 만들어 내기 위해 책임감 있게 행동하는 것을 말한다. 초기에 IB 교육 프로그램을 우리나라 학교 현장에 도입할 때 많은 교사들이 실천을 지역사회 봉사 활동이나 대규모 캠페인처럼 크고 눈에 띄는 행동으로 생각했었다.

그러나 IB 교육을 지속적으로 실천하고 연구하면서 실천이 꼭 크고 특별한 일이어야 하는 것은 아니라는 점을 알게 되었다. 실제로 학생의 일상 속 작은 변화들도 중요한 실천이다. 예를 들어 탐구 수업이 끝난 뒤 학생이 자신의 일기장에 앞으로 지켜야 할 다짐을 한 문장 적는 것, 또는 미래를 위해 계획을 세우거나 친구를 존중하는 마음을 가지는 것도 중요한 실천의 모습이다. 이러한 작은 변화들이 모이면 학생들은 성장하게 되고 장기적으로는 더 나은 세상에 기여하는 글로벌 학습자로 성장하게 된다.

실천은 탐구 과정 중 언제든지 일어날 수 있으며 학생들의 나이나 발달 단계 개인적 경험에 따라 매우 다양한 형태로 나타난다. 때로는 학생에게 매우 의미 있는 실천이더라도 교사나 주변 친구들이 쉽게 알아차리지 못할 정도로 작은 행동일 수도 있다. 따라서 교사는 학생들의 실천을 항상 세심하게 관찰하고 그 의미를 놓치지 않도록 주의를 기울일 필요가 있다.

교사는 UOI를 설계할 때 학생들이 어떤 형태의 실천을 할 수 있을지 미리 예상하고 계획해야 한다. 또한 학생들이 실제로 실천한 행동에 대해 적절한 피드백을 제공할 수 있도록 준비해야 한다. 때로는 탐구 과정에서 학생들의 실천이 명확하게 드러나도록 설계하는 것도 좋은 방법이다. 이는 학생들이 배운 것을 즉각적으로 적용하고 성취감을 얻으며 더욱 적극적으로 탐구 과정에 참여할 수 있도록 동기를 부여하기 때문이다. 또한 탐구가 끝난 이후에도 학생들이 지속적으로 실천을 이어갈 수 있도록 돕는 것이 중요하다. 학생들이 자신이 배운 내용을 실제 생활 속에서 계속 적용하고 꾸준히 노력하여 변화를 만들어갈 수 있도록 교사는 격려하고 지원해야 한다.

학생마다 처한 상황과 환경이 다르기 때문에 실천의 형태나 규모도

[Action 실천 사진]

다양할 수 있다. 따라서 교사는 우리 학교와 학생의 여건을 고려하여 다양한 형태의 실천을 선택할 수 있도록 여러 가지 옵션을 제공하는 것이 좋다. 특히 실천이 크고 대단한 것만 의미 있는 것이 아니라 작지만 꾸준히 실천할 수 있는 행동에서 시작할 수 있다는 점을 강조해야 한다. 작은 실천이 점차 더 큰 변화를 만들어낼 수 있다는 믿음을 심어주고 지속적인 실천이 가능하도록 지원하는 것이 중요하다.

아래는 저학년 학생들과 실제로 함께 했던 실천 사례들이다.

- 작은 생명 보호 캠페인
- 감정 일기 쓰기
- 행복한 우리 마을을 위해 노력하기
- 계획을 세워 꾸준하게 운동하기

이러한 실천은 학생들이 탐구를 통해 배운 내용을 구체적으로 적용하고, 그 경험을 통해 스스로 성장하도록 한다.

2) 평가

탐구 수업을 진행하다 보면 교사와 학생이든 다음과 같은 질문을 한 번쯤 하게 된다.

'내가 잘하고 있는 것인가?' '그렇다면 그것을 어떻게 알 수 있을까?'

이러한 질문에 단순히 스스로 '잘하고 있다'는 확신만으로 명확한 답을 내리는 것은 어렵다. 이 질문에 답하기 위해서는 학생들의 탐구와 학습의 증거를 수집하는 것이 꼭 필요하다. 학생들이 탐구 과정에서 보여주는 참여태도, 문제 해결 과정 등을 바탕으로 현재의 학습 상황을 점검하고 여기서 수집된 증거를 통해 다음 학습 단계를 계획해야 한다.

IB PYP에서 평가를 이해하기 위해서는 우선 그 목적을 살펴보는 것이 중요하다. 평가의 목적은 단순히 학생의 성취도를 측정하는 것에 그치지 않는다. 평가는 학생들의 학습에 관한 정보를 수집하고 분석해서 다음 교수 계획에 반영하기 위해 이루어져야 한다. 즉, 평가를 통해 학생이 무엇을 알고 이해하고 있는지 그리고 탐구 단계에서 어떤 능력을 발휘할 수 있는지를 파악한다. 이러한 평가는 어떤 내용과 활동으로 탐구를 진행해야 할지에 대한 중요한 단서를 제공하고 이를 바탕으로 교사는 학생들에게 적절한 피드백과 학생들의 상황에 맞는 지원 계획을 세울 수 있게 된다.

평가는 다음과 같이 크게 네 가지 측면으로 나누어 볼 수 있다.

- 학습 모니터링 : 교사는 수업 시간에 학생들이 얼마나 잘 이해하고 있는지 지속적으로 관찰하고 파악한다. 수업 도중 학생들의 질문이나 반응을 통해 이해도를 확인하고 실시간으로 피드백을 주고

받는다. 또한 학생들이 제출한 탐구 과제, 구술 평가나 서술형 평가, 탐구 노트 등을 통해 다음 수업을 위한 계획을 수립하고 동료 교사와의 논의나 다음 학습을 위한 피드포워드를 계획하는 과정도 모니터링에 포함된다. 즉, 학습 모니터링은 수업 중에 이루어지기도 하고, 수업 후에도 다양한 방법으로 지속적으로 이루어진다.

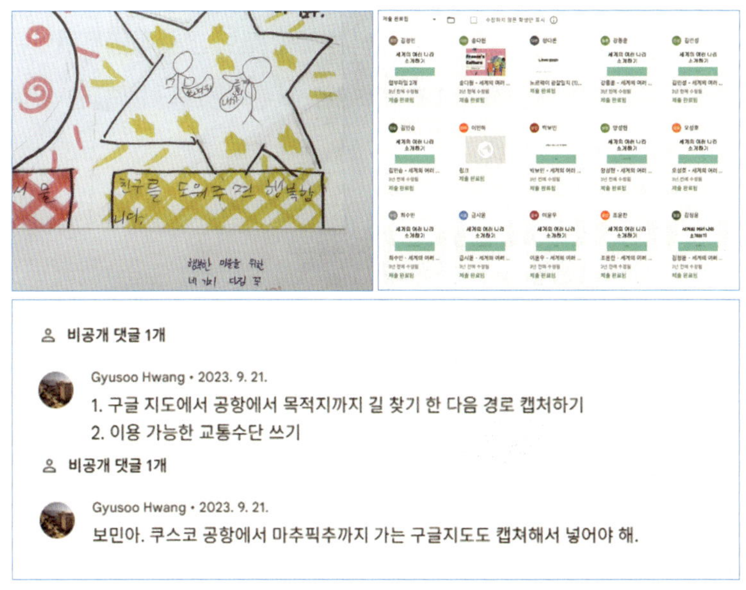

[학습 모니터링 예시]

• 학습 기록 : 학습 기록은 학생들의 탐구 과정과 학습 결과, 그리고 교사의 교수 과정을 문서화하여 보관하는 것을 의미한다. 이렇게 기록된 자료는 학생들이 무엇을 배우고 얼마나 성장했는지에 대

한 증거가 될 뿐 아니라 교사가 자신의 교수 활동을 돌아보고 개선하는 데에도 매우 중요한 역할을 한다. 학생들이 탐구 과정에서 작성한 탐구 일지, 교사가 수업을 돌아보며 기록한 수업 일지, 그리고 학생의 학습 여정을 모아둔 포트폴리오가 대표적인 예시이다. IB 학교에서는 매년 이러한 기록을 남기고 이를 바탕으로 학생과 교사의 성장을 지속적으로 확인하고 성찰하는 것을 중요하게 여긴다. 이 기록들이 오랜 시간 동안 쌓이면 학생들이 걸어온 학습의 여정과 교사들의 교육적 고민을 깊이 있게 이해할 수 있는 소중한 자료가 된다.

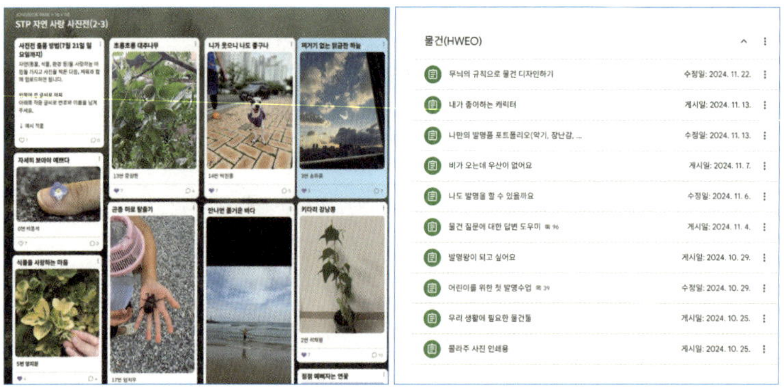

[학습 기록 – 패들렛, 구글 클래스룸]]

- 학습 측정 : 학습 측정은 특정한 시점에 학생들이 학습 목표를 얼마나 성취했는지 확인하는 평가 과정이다. 우리가 흔히 접하는 진단평가나 학업성취도 검사가 대표적인 예시이다. 이런 평가를 통

해 교사는 학생들이 지금까지 학습한 내용을 얼마나 잘 이해하고 있는지 전반적으로 확인할 수 있다. 하지만 모든 학습 내용을 하나의 시험이나 평가로 측정할 수는 없으며 모든 내용을 반드시 평가해야 하는 것도 아니다. 표준화된 시험을 실시할 때는 그 시험이 학생들에게 미칠 수 있는 영향을 신중히 고려해야 한다. 또한 시험 결과만으로 학생의 전체적인 학습 수준이나 능력을 판단하기보다는 그 결과를 어떻게 해석하고 앞으로의 학습에 효과적으로 활용할지를 함께 고민하는 것이 중요하다.

- 학습 보고하기 : 학습 보고는 평가 결과와 학생의 학습 과정을 학생 본인, 학부모, 그리고 교사에게 전달하는 과정이다. 가장 대표적인 예로는 학생 평가 보고서가 있다. 평가 보고서에는 학생이 어떤 과정을 통해 탐구하였는지 어떤 부분에서 강점을 보였고 어떤 부분에서 추가적인 노력이 필요한지를 구체적으로 나타낸다. 하지만 학습 보고가 항상 평가 보고서 형식으로만 이루어지는 것은 아니다. 예를 들어 학부모 상담을 통해 학생의 성장과 학습 상황을 전달하는 것도 효과적인 학습 보고 방법이다. 또한 학생들이 탐구 과정에서 배우고 경험한 내용을 발표회 형태로 부모님이나 학교 공동체와 공유하는 것도 학습 보고의 한 가지 방법이다. 이러한 다양한 학습 보고 방식을 통해 학생들의 학습 과정과 성장의 결과를 보다 잘 이해하고 학생을 함께 지원할 수 있다.

주제: 지역을 선정하고, 지역의 특징과 생활 모습과의 관계에 대해 설명하세요.

(|)반 (6)번 이름:

1. 지역을 선정할 것 (예시: 바닷가, 강가, 덥고 습한 지역, 도시 지역 등)
2. 선정한 지역의 특징이 나타날 것 (2가지 이상)
3. 지역의 생활 모습이 나타날 것 (2가지 이상)
4. 지역의 특징과 생활 모습과의 관계에 대해 설명할 것 (2가지 이상)

제가 선정한 지역은 빙하입니다. 이 지역의 특징은 춥고 주변에 동식물이 살거나 자라지않습니다. 또한 주변에 눈과 얼음이 많습니다. 이 지역에 사는 사람들의 생활모습은 다양합니다. 주변에 나무가 자라지 않다보니 주변에 쉽게 찾을수 있는 눈과 얼음을 통해서 이글루라는 얼음집을 만들어 삽니다. 또한 날씨가 춥기 때문에 두꺼운 털외투와 장갑등으로 몸을 감쌉니다. 그리고 주변에 곡식이 자라지 않기때문에 가끔씩 따뜻한 곳으로 이동해서 먹을거리를 사서 떠납니다. 사람들이 이동할때는 발이 눈에 빠지지않는 장치를 차서 걷거나 개한 끄는 썰매, 개썰매를 타고 이동합니다. 이 사람들은 보통 얼음낚시를 해서 물고기를 잡아서 구워 먹거나 도시로 내려가서 각종 음식들을 사서 요리합니다. 이 지역의 특징과 생활모습의 관계도 많습니다. 한가지는 빙하는 날씨가 춥기때문에 사람들이 두꺼운 옷을 입습니다. 또 눈이 내리면 발이 파여서 걷기 힘들기 때문에 개썰매를 탑니다. (다음장)

학생 소감	학부모 소감 및 피드백
내가 탐구한걸 다른 사람에게 알리니깐 좋았다.	아직 세상에 대한 경험치가 적다고 공부의 길에도 깊지않을것이여 생각한 엄마의 속마음이 부끄러워 졌단다. 우리 서영이의 UOI 탐구 주제는 경제가 아이 됫넓고 깊이또한 깊구나! 서영이가 원하는 지식이 풍부한 학습환경과 가까워지는듯 하다. 어느점 이미 이룬듯한 기쁨도 드는구나. 앞으로 지,점 탐구한것을 경험으로 체득할수 있도록 적극 지원 할께...

[학습 결과 리포트 예시 사진]]

IB PYP에서는 학습의 결과를 평가하는 측정이나 보고보다는, 과정을 이해하고 지원하는 모니터링과 기록을 더 중요한 부분으로 보고 모니터링과 기록을 통해 학생들에게 지속적이고 직접적인 피드백을 제공할 수 있기 때문이다.

평가 방법을 이해했다면, 이제 평가의 유형에 대해 살펴보자. 평가 방식은 목적과 상황에 따라 크게 세 가지로 나눌 수 있다.

- 학습을 위한 평가 : 흔히 형성평가라고 부르며 수업 과정에서 학생들이 학습 내용을 얼마나 이해하고 있는지 수시로 점검하고 적절한 피드백을 제공하는 데 목적이 있다. 이 평가는 교사가 학생들의 학습 과정을 지속적으로 모니터링하여 필요에 따라 학습 방향을 즉시 수정하거나 추가적으로 지원할 수 있도록 돕는다.
- 학습의 평가 : 총괄평가라고 부르며 탐구 단원의 마무리 단계에서 학생들이 학습 목표를 얼마나 달성했는지를 평가하는 방법이다. 여기서는 학생들이 탐구 과정에서 배운 지식, 개념적 이해, 활용한 기능 등을 종합적으로 평가하여 학생들이 학습 목표에 얼마나 도달했는지 확인한다.
- 학습으로서의 평가 : 형성 평가의 일부이기도 하지만 학생이 자신의 학습을 능동적으로 주도하는 것을 의미한다. 학생들이 스스로 학습 계획을 세우고 자신의 학습을 관리하며 학습 과정을 성찰하도록 장려하는 평가이다. 이는 학생들이 스스로 자신의 학습

을 능동적으로 주도하고 관리하는 능력을 키우도록 돕는다. 학생
은 자신의 학습 과정을 성찰하며 스스로 학습을 조정하고 발전시
킬 수 있다.

학습을 위한 평가와 학습으로서의 평가는 수업 중에 지속적으로 이
루어지기 때문에 교사와 학생 모두가 수업의 매 순간 이러한 평가를 염
두에 두고 학습 활동을 진행하게 된다.이 두 가지 평가는 학생들의 학
습 과정을 점검하고 실시간으로 피드백을 주고받으며 학생들에게 맞
춰 학습을 조정하는 데 필수적인 역할을 한다.

학습의 평가, 즉 총괄 평가는 학생들의 학습 목표 도달 여부를 확인
하고 그 결과를 종합적으로 보고하는 데 목적이 있기 때문에 수업 계획
단계에서부터 평가 방법과 기준이 명확히 설정되어야 한다. 이는 학습
의 전반적인 성과를 평가하기 위한 중요한 도구이기 때문에, UOI의 완
료 시점에 맞춰 계획하는 것이 일반적이다.

UOI를 설계할 때 교사들은 총괄 평가가 그 목표에 대한 학생들의 성
취도를 평가할 수 있도록 평가 방법과 기준을 신중하게 설계한다. 이
를 위해 탐구의 초반 단계에서부터 교사들은 학습 목표와 평가 기준을
명확히 설정하고 학생들이 그 목표에 도달할 수 있도록 수업을 계획하
고 실행한다. 이 과정에서 학생들은 학습 목표를 이해하고, 총괄 평가
에서 무엇이 평가될지를 미리 인지하게 되며 학습 과정 전반에 걸쳐 준
비할 수 있다. 특히, 학년에 따라 교사들은 총괄 평가의 방향이나 평가

기준을 학생들과 함께 논의하면서 설정하기도 한다. 이런 방식은 학생들이 평가의 주체로서 더 깊이 참여하게 하고 자신의 학습 목표에 대한 책임감을 키워주는 역할을 한다. 이렇게 교사와 학생들이 함께 목

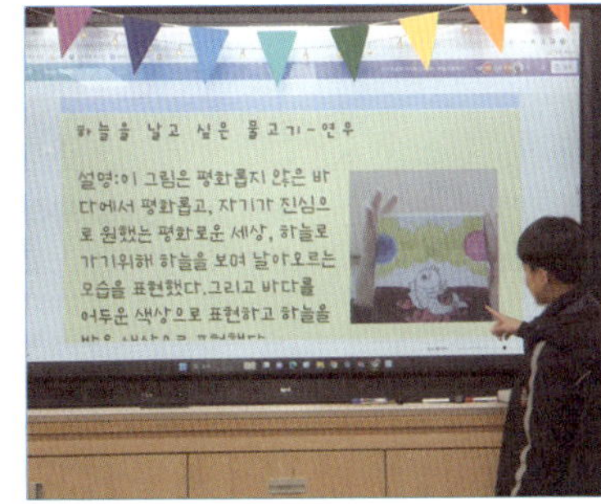

[총괄평가 장면]

표를 설정하고 평가 기준을 논의하는 과정은 학생들이 탐구의 목적을 명확히 이해하고 스스로 학습을 이끌어나가는 데 중요한 기반이 된다.

총괄 평가를 설계할 때는 GRASP 모형을 활용할 수 있다. GRASP는 목표(Goal), 역할(Role), 청중(Audience), 상황(Situation), 결과물(Product 또는 Performance)의 약자를 따서 만든 평가 설계 모형이다. GRASP 모형을 활용하면 학생들이 실생활과 관련된 실제적인 상황 속에서 학습 내용을 적용하고 탐구한 결과물을 구체적으로 평가할 수 있다.

다음은 페이지의 표는 5학년의 '우리가 속한 공간과 시간' 탐구 단원에서 GRASP 모형을 활용한 총괄 평가의 예시이다.

Goal(목표)	역사에서 찾은 교훈을 다양한 방식으로 표현한다.
Role(역할)	학생은 역사가 또는 메시지를 전달하는 사람으로서 역사에서 얻은 교훈을 현재나 미래의 삶과 연결하여 표현한다.
Audience(청중)	급우, 교사, 학부모 등으로 자신이 탐구한 내용을 이해하고 평가할 수 있는 대상이다.
Situation(상황)	학생들은 역사 속에서 나타난 사건이나 변화를 탐구한 후, 그 과정에서 얻은 교훈을 바탕으로 자신 또는 공동체의 미래에 적용할 수 있는 방향을 정리하고 표현하는 상황이다.
Product(결과물)	학생들은 UCC 제작, 포스터, 만화, 노래, 춤, 역할극, 시, 그림, 조형물 등 다양한 표현 방식을 선택하여 역사에서 찾은 교훈을 표현한다.

[총괄평가 예시: 5학년 WWPT]

이 평가 과정에서 학생들은 역사적 사건의 성립과 발전 위기 및 극복 과정에서 얻을 수 있는 다양한 교훈을 성찰한다. 특히 회복탄력성이나 역사적 반복을 통해 얻을 수 있는 교훈에 주목하여 자신의 생각과 깨달음을 구체적으로 정리한다. 또한 활동을 마무리하면서 역사에서 얻은 교훈에 대해 글로 작성하고 탐구 단원의 중심 아이디어와 핵심 요소를 성찰한다.

이와 같은 총괄 평가는 학생들이 탐구 과정에서 얻은 이해를 다양한 방식으로 드러내고 실제 삶과 연계하도록 도와준다.

UOI를 설계할 때 초학문적인 주제나 교육과정의 내용만을 고려하면 다양한 방식으로 구성할 수 있는 것들이 많다. 하지만 앞서 설명한 것처럼 학교 전체의 탐구 프로그램(POI)은 학년 내와 학년 간의 Scope(범위)와 Sequence(순서)를 고려해야 하기 때문에 단순히 내용의 적합성만으로 설계하는 것은 어려울 수 있다. 왜냐하면 각 학년과 주제별로 내용의 범위와 학습 순서가 체계적으로 연결되고 학생들이 점차적으로 더 깊이 있는 학습을 할 수 있도록 설계해야 하기 때문이다.

지금 책에서 제시하는 것은 학교 전체의 POI를 구성하는 사례가 아니라 하나의 UOI 설계 과정을 보여주는 것이니 이러한 점을 염두에 두고 참고해 주시기 바란다. 특히, 우리나라 교육과정의 내용을 바탕으로 초학문적 주제 중심의 탐구 단원을 어떻게 개념적으로 연결하여 계획할 수 있을지를 생각하면서 읽어보면 좋다.

IB 수업의 설계는 기존의 수업과 어떻게 다른가?

IB 프로그램을 처음 접한 교사들은 종종 다음과 같은 질문을 던진다. "기존의 수업과 무엇이 다른가?", "지금까지 해오던 수업을 어떻게 바꾸면 되는가?" 이러한 질문들은 지금까지 실천해 온 교육을 되돌아보고 새로운 방향을 고민하려는 진지한 물음에서 비롯된다.

많은 교사들이 이미 수업 속에서 사고를 자극하고 활동 중심의 탐구를 시도해 왔다. IB에서 제안하는 수업 설계는 이러한 기존의 수업을 완전히 바꾸거나 전혀 다른 방식으로 대체하자는 것이 아니다. 우리가 알고 있는 좋은 수업에 개념 중심의 구조화된 틀을 더해 탐구의 방향과 깊이를 더욱 체계적으로 설계하려는 접근이다. 이는 단순히 수업 활동을 다양화하거나 새로운 기법을 도입하는 데 그치는 것이 아니라 수업의 출발점과 전개 과정을 개념과 질문 중심으로 다시 구성하는 과정이다.

예를 들어 어떤 교실에서 '물 부족 문제'를 주제로 수업을 운영한다고 할 때 IB 설계에서는 자원의 희소성은 공동체 구성원에게 어떤 책임 있는 선택과 행동을 요구하는가? 같은 개념적 질문으로 확장한다. 이때 학습자는 주어진 정보를 받아들이는 데서 그치지 않고 질문을 던지고 의미를 구성하며 스스로 탐구의 방향을 결정하게 된다. IB 설계는 학습자가 주도적으로 사고하고 연결하며 표현하는 과정을 중심에 둔 구조를 지향한다.

이 장에서는 IB 수업 설계가 어떤 원리 위에서 구성되는지를 구체적인 사례를 통해 소개하고자 한다. 단원이 어떻게 설계되는지, 중심 개념과 탐구 질문은 어떤 과정을 거쳐 도출되는지, 평가와 피드백은 어떻게 연결되는지를 살펴보며 교사들이 자신의 익숙한 수업을 새로운 구조 속에서 다시 바라볼 수 있도록 안내하고자 한다.

UOI 설계 사례 1

2학년 How we express ourselves

지금까지 살펴본 내용을 바탕으로 실제 UOI의 설계의 흐름을 살펴보자. 2학년 2학기 '물건' 단원의 성취기준을 가지고 UOI를 구성해보려고 한다.

1) 교육과정 분석(초학문적 주제와 성취기준 연결)

영역	핵심 아이디어	성취기준
우리는 무엇을 하며 살아갈까	우리는 경험하고 상상하며 만들며 생활한다.	[2바04-01] 모두를 위한 생활환경을 만드는 데 참여한다. [2슬04-01] 생활도구의 모양이나 기능을 탐색하고 바꾸어본다. [2즐04-01] 주변의 물건을 활용하여 놀잇감을 만든다.

[2학년 '물건' 단원의 영역, 성취기준, 핵심 아이디어]

'물건' 단원의 내용은 더 나은 삶을 위해 나만의 발명품을 만들어보는 활동을 중심으로 이루어져 있다. 초등학교 2학년이니 발명의 훌륭한 결과물을 만들어 낸다기 보다는 발명을 위한 탐색과 더 나은 아이디어를 통한 개선의 과정에 초점을 두고 지도하면 된다.

'물건' 단원에서는 모두를 도울 수 있는 물건, 더 좋고 편리한 물건, 재미있는 물건을 만들어보면 되겠다. 성취기준들이 생활 환경을 개선하거나 도구의 기능, 창의적 놀이에 대해 다루고 있으니 '우리 자신을 표현하는 방법'이라는 초학문적 주제에 맞춰 자신을 표현하는 다양한 방법을 탐구 주제로 연결할 수 있다.

초학문적 주제
우리 자신을 표현하는 방법
관련 성취기준
[2바04–01] 모두를 위한 생활환경을 만드는 데 참여한다. [2슬04–01] 생활도구의 모양이나 기능을 탐색하고 바꾸어본다. [2즐04–01] 주변의 물건을 활용하여 놀잇감을 만든다.

[2학년 HWEO UOI의 관련 성취기준]

2) 중심 아이디어 만들기

'물건' 단원에서 학생들이 이해해야 하는 가장 중요한 메시지는 무엇일까? 도구(생활도구, 놀잇감 등)를 만들어서 생활환경을 개선하는 것이다. 성취기준을 반영하여 몇 가지 중심 아이디어를 만들어 보려고 한다.

교육과정에서도 '우리는 경험하고 상상하며 만들며 생활한다'라는 핵심 아이디어가 제시되어 있다. 직관적이고 간결한 표현이기도 하고 초등학교 2학년 수준의 학생들에게 경험, 상상, 창의적 활동을 강조하고 있어서 긍정적인 면도 있다. 하지만, 조금 더 구체화하거나 명확하게 학습 목표와 탐구의 방향을 제시해주는 중심 아이디어를 만드는 것이 더 효과적이라고 생각한다.

중심 아이디어를 만드는 방법에 대해 다시 한번 살펴보자.

- 가치 중립적인 문장으로 작성하기

- 한 문장으로 진술하기

- 나, 너, 우리 등과 같은 대명사로 진술하지 않기

① 사람들은 더 나은 생활을 위해 도구를 만든다.

② 사람들은 편리한 삶을 위해 도구를 만든다.

③ 사람들은 주변의 물건을 활용하여 도구를 만든다.

④ 사람들은 경험하고 상상하며 다양한 도구를 만든다.

⑤ 생활 도구는 사람들의 일상을 더 편리하게 만든다.

⑥ 새로운 아이디어는 주변의 물건을 다양하게 변화시킨다.

중심 아이디어를 설정할 때는 탐구 단원이 속한 초학문적 주제와 연결된 성취기준을 꼼꼼히 분석하여 결정해야 한다. 위에서 제시된 여섯 가지 중심 아이디어 후보 중에서 가장 적합한 것을 선정하는 과정을 하나씩 살펴보자.

이 탐구 단원은 초학문적 주제 '우리 자신을 표현하는 방법'과 관련되어 있으므로, 학생들이 자기 생각이나 감정을 어떻게 표현하는지에 중점을 둔 중심 아이디어가 가장 적절하다. 이 점을 고려할 때 ⑤번 '생활 도구는 사람들의 일상을 더 편리하게 만든다.'는 표현보다는 도구의 기능과 편리성에 치중하고 있어 제외하였다.

다음으로 성취기준에서 '생활환경의 개선'과 '놀잇감 제작'을 다루고 있음을 생각해보자. ③번 '사람들은 주변의 물건을 활용하여 도구를 만든다.', ④번 '사람들은 경험하고 상상하며 다양한 도구를 만든다.', ⑥번 '새로운 아이디어는 주변의 물건을 다양하게 변화시킨다.'는 모두 도구의 제작 과정에만 초점을 두고 있다. 이들은 도구 제작의 목적이나 생활환경 개선, 표현의 의미를 충분히 담지 못했기 때문에 제외하였다.

남은 후보는 ①번 '사람들은 더 나은 생활을 위해 도구를 만든다.'와 ②번 '사람들은 편리한 삶을 위해 도구를 만든다.'인데, 성취기준 중 '놀잇감'을 만드는 활동이 포함된다는 점을 고려하면 ②번에서 제시된 '편리한 삶'이라는 표현이 충분하지 않다고 판단하였다. 반면 ①번의 '더 나은 생활'은 생활환경 개선으로 인한 편리함 뿐만 아니라 놀잇감을 제작하고 활용하면서 얻는 즐거움과 만족감까지 포괄적으로 표현할 수 있어 탐구 단원의 성격에 가장 적합하다.

이러한 이유로 ①번 '사람들은 더 나은 생활을 위해 도구를 만든다.'를 최종 중심 아이디어로 결정하였다.

초학문적 주제	중심 아이디어
우리 자신을 표현하는 방법	사람들은 더 나은 생활을 위해 도구를 만든다.
관련 성취기준	
[2바04-01] 모두를 위한 생활환경을 만드는 데 참여한다. [2슬04-01] 생활도구의 모양이나 기능을 탐색하고 바꾸어본다. [2즐04-01] 주변의 물건을 활용하여 놀잇감을 만든다.	

[2학년 HWEO UOI의 중심 아이디어와 관련 성취기준]

3) 명시된 개념과 탐구 목록 구성하기

탐구 목록은 중심 아이디어를 개념적으로 이해하기 위해 탐구해야 할 내용을 구체적으로 목록화한 것이다. 이를 구성할 때는 중심 아이디어를 세부 주제로 나누고, 관련 성취기준을 분석하여 학생들이 무엇을 탐구할지 결정하는 과정을 거친다.

먼저 성취기준 [2슬04-01]에서 제시한 '물건의 모양이나 기능을 탐색하는 과정'과 [2즐04-01]의 '놀잇감을 만들기 위해 주변의 물건을 살펴보는 과정'을 고려하여 첫 번째 탐구 목록으로 '우리 주변의 물건'을 선정하였다. 이 탐구 목록과 연결된 명시된 개념은 '형태'를 주로 활용하였다. 물론 물건의 기능도 함께 탐구할 수 있겠지만 학생들이 물건의 모양이나 재료 등 형태적인 특성에 더 중점을 두고 탐구하도록 계획하였다.

두 번째 탐구 목록은 성취기준 [2슬04-01]에서 언급한 '도구의 모양이나 기능을 변형하는 과정'을 바탕으로 '발명을 하는 방법'으로 정하였다. 이 탐구 목록에서는 기존 도구의 기능을 살펴본 뒤 그 기능을 개선하거나 새롭게 바꾸는 다양한 발명의 방법을 탐구할 예정이다. 따라서 이 단계에서는 명시된 개념 중 주로 '기능'을 활용한다.

마지막 탐구 목록은 성취기준 [2바04-01], [2슬04-01], [2즐04-01]을 모두 포함하여 구성된 '나만의 발명품'이다. 이 탐구 목록에서는 생활 도구의 모양이나 기능을 바꾸거나 주변의 물건을 활용해 자신만의 새로운 도구나 놀잇감을 만든다. 이러한 활동을 통해 학생들은 생활 환경을 개선하고 자신만의 창의적이고 독창적인 아이디어를 발휘하게 된다. 이 탐구 목록은 학생들이 자신만의 생각과 '관점(Perspective)'을 자유롭게 표현하도록 구성하였다.

초학문적 주제	중심 아이디어
우리 자신을 표현하는 방법	사람들은 더 나은 생활을 위해 도구를 만든다.
명시된 개념	**탐구 목록**
형태	우리 주변의 물건
기능	발명을 하는 방법
관점	나만의 발명품
관련 성취기준	
[2바04-01] 모두를 위한 생활환경을 만드는 데 참여한다. [2슬04-01] 생활도구의 모양이나 기능을 탐색하고 바꾸어본다. [2즐04-01] 주변의 물건을 활용하여 놀잇감을 만든다.	

[2학년 HWEO UOI의 명시된 개념과 탐구 목록]

4) 학습 접근 방법과 학습자상

UOI를 진행하는 동안 다섯 가지 학습 접근 방법은 모두 골고루 활용된다. 하지만 각 탐구 목록마다 특별히 강조할 주요 학습 접근 방법한 가지를 선정하는 것이 좋다. 아래에서는 탐구 목록별로 중점적으로 다룰 학습 접근 방법과 그에 맞는 학습자상을 연결하여 살펴보았다.

첫 번째 탐구 목록인 '우리 주변의 물건'은 명시된 개념 중 '형태'의 렌즈로 탐구한다. 이 과정에서 학생들은 생활에 필요한 다양한 도구를 살펴보며 집 안에 숨겨진 발명품을 찾거나 특정 물건을 정해 자세히 관찰하게 된다. 이러한 활동에서 학생들은 물건에 대한 다양한 정보를 수집하면서 '조사 기능'을 기를 수 있다. 또한 국어 교과의 성취기준 '[2국03-03] 주변 소재에 대해 소개하는 글을 쓴다.'와 연결하여 지도하면 조사한 정보를 정리하고 표현하는 능력도 함께 강화할 수 있다. 이러한 탐구 과정에서 학생들이 '지식이 풍부한 사람'으로 성장하기를 기대한다.

두 번째 탐구 목록인 '발명을 하는 방법'은 명시된 개념 중 '기능'의 렌즈로 접근한다. 이 단계에서 학생들은 다양한 발명품들이 생겨난 이유를 생각하고, 관련된 그림책을 보며 발명하는 여러 가지 방법을 익힌다. 이 과정에서 학생들이 서로 의견과 정보를 활발히 주고받도록 하여 '의사소통 기능'을 중점적으로 길러준다. 특히 국어 교과의 성취기준 '[2국01-02] 바르고 고운 말로 서로의 감정을 나누며 듣고 말한다.'와 연결하여 서로 원활하게 소통하는 능력을 강화한다. 이를 통해 학생들이 정보를 논리적으로 전달하고, 서로의 생각을 깊이 나누는 과정에서 '사고하는 사람'으로 성장하기를 기대한다.

마지막 탐구 목록인 '나만의 발명품'은 명시된 개념 중 '관점'의 렌즈를 활용하여 탐구한다. 학생들은 앞서 탐구한 발명 방법을 활용하여 학용품을 더욱 편리하게 개선하거나, 주변 재료를 활용하여 자신만의 독창적인 발명품(예: 장난감, 악기 등)을 만들어본다. 이 과정에서 창의적이고 새로운 아이디어를 만들어내는 사고 기능 함양에 중점을 둔다. 창의적 사고력을 바탕으로 새로운 것을 시도하는 태도를 기르고 이를 통해 학생들이 적극적으로 탐구하고 도전하는 '도전하는 사람)'으로 성장하기를 기대한다.

초학문적 주제		중심 아이디어	
우리 자신을 표현하는 방법		사람들은 더 나은 생활을 위해 도구를 만든다.	
명시된 개념	학습 접근 방법	학습자상	탐구 목록
형태	조사 기능	지식이 풍부한 사람	우리 주변의 물건
기능	의사소통 기능	사고하는 사람	발명을 하는 방법
관점	사고 기능	도전하는 사람	나만의 발명품
관련 성취기준			
[2바04-01] 모두를 위한 생활환경을 만드는 데 참여한다. [2슬04-01] 생활도구의 모양이나 기능을 탐색하고 바꾸어본다. [2즐04-01] 주변의 물건을 활용하여 놀잇감을 만든다. [2국03-03] 주변 소재에 대해 소개하는 글을 쓴다. [2국01-02] 바르고 고운 말로 서로의 감정을 나누며 듣고 말한다.			

[2학년 How we express ourselves UOI]

5) 교사 발문과 학생 예상 질문 생각해보기

초학문적 주제와 중심 아이디어, 명시된 개념, 탐구 목록, 학습 접근 방법, 학습자상을 바탕으로 교사 발문과 학생 예상 질문을 만들어 보았다.

교사 발문	학생 예상 질문
• 다른 사람의 어려움을 해결해 주려면 어떤 물건이 필요할까요? • 어떤 발명 방법을 활용하면 물건을 더 편리하게 바꿀 수 있을까요? • 여러 가지 도구를 어떤 기준에 따라 무리 지을 수 있나요? • 종이의 발견으로 어떤 일이 일어났을까요? • 없는 것을 대신할 물건을 찾아볼 수 있나요? • 물건 캐릭터에 어떤 모습이나 이야기를 담고 싶나요?	• 기발하고 재미있는 발상은 어떤 것이 있나요? • 발명을 잘 할 수 있는 방법에는 어떤 것들이 있나요? • 우리 생활에 꼭 필요한 도구는 무엇인가요? • 우리 집에 있는 최고의 발명품은 무엇일까요? • 종이로 어떤 놀이를 할 수 있을까요? • 만약 우산이 없다면 어떤 일이 일어날까요? • 어떻게 하면 더 튼튼한 다리를 만들 수 있을까요?

[2학년 HWEO UOI의 교사 발문과 학생 예상 질문]

6) 실천(Action)과 총괄평가

① 실천

'물건' UOI에서 할 수 있는 실천은 어떤 것들이 있을까? 이 UOI가 끝난 다음에도 자그마한 발명 수첩에 생활에서 떠오르는 아이디어를 모으는 아이들도 있을 것이다. 학생들은 자신이 만든 발명품을 교실이나 가정에서 실제로 사용하면서 실생활과 연결하여 탐구의 의미를 확장할 수 있다. 자신의 발명품을 학교에서 열리는 전시회나 발명 대회에 출품하여 친구들과 학부모들에게 소개하고 발표할 수도 있다. 쉬는 시간을 활용하여 자신이 만든 장난감을 친구들과 함께 가지고 놀거나 만든 장난감을 1학년 동생들에게 기부하여 서로 교류하는 경험을 쌓는 것도 좋은 실천 방법이다. 더 나아가 발명의 아이디어를 활용하여 교실이나 학교의 불편한 점을 찾아내고 생활 환경 개선을 위한 간단한 프로젝트를 직접 계획하고 진행하는 실천도 의미가 있다.

학생들과 함께할 수 있는 실천의 예시는 다음과 같다.

- 발명 수첩 쓰기
- 교실이나 가정에서 발명품 사용하기
- 전시회나 발명 대회에 출품하기
- 만든 장난감을 함께 가지고 놀거나 기부하기
- 우리 교실, 우리 학교 생활환경 개선 프로젝트 진행하기

② 총괄평가

총괄평가는 계획 단계에서 명확한 학습 목표와 평가 기준을 설정하여 학생들이 이를 성취했는지를 확인하는 데 초점을 둔다. 이번 '물건'

UOI에서는 학생들이 자신이 만든 발명품을 학부모들에게 소개하고 발표하는 활동을 총괄평가로 진행하려고 한다. 이를 GRASP 모형에 따라 다음과 같이 정리해 보았다.

Goal(목표)	더 나은 생활을 위한 발명품 만들기
Role(역할)	창의적인 문제 해결을 위한 발명가
Audience(청중)	교육과정 발표회에 참여한 학부모님 모두
Situation(상황)	발명가로서 더 나은 생활을 위한 발명품을 만들어야 하는 상황
Product(결과물)	학생 스스로 설계한 발명품의 재료, 기능, 용도 등을 발표하고 해결하고자 한 문제를 설명

[2학년 HWEO UOI의 총괄평가(GRASP모형)]

UOI 설계 사례2
4학년 Sharing the planet

1) 교육과정 분석(초학문적 주제와 성취기준 연결)

영역	핵심 아이디어	성취기준
과학과 사회	• 과학 탐구를 통해 얻은 과학기술은 질병의 발생 원인 규명과 예방법 마련 등 인류 복지에 기여하고, 인류가 처한 여러 가지 재난 상황 극복에 활용된다. • 과학기술은 자원과 에너지 등의 효율적 이용 방안을 제공하여 지속가능한 사회에 기여한다. • 과학기술의 발달은 미래 사회의 모습과 직업에 영향을 미치며, 개인은 이러한 미래 사회의 모습과 새로운 진로를 탐색하며 자신의 삶을 준비한다.	[4과16–01] 기후변화 현상의 예를 알고, 기후변화가 인간의 활동과 관련되어 있음을 토의할 수 있다. [4과16–02] 기후변화의 심각성에 관심을 가지고, 기후변화가 우리 생활과 환경에 미치는 영향을 설명할 수 있다. [4과16–03] 기후변화 대응 방법을 조사하고, 생활 속에서 기후변화 대응 방법을 실천할 수 있다.

[4학년 과학과 사회 영역의 핵심 아이디어와 성취기준]

'우리 모두의 지구'는 다른 초학문적 주제에 비해 탐구할 내용과 방향이 명확한 편이다. 이 주제에서는 자연환경, 자원의 분배, 그리고 지구에서 평화롭게 공존하기 위한 방법 등을 다루면서 우리가 지구의 일원으로서 어떤 책임을 지고 행동해야 하는지를 탐구하게 된다. 특히 자연환경과 관련된 주제는 학생들이 현실적으로 중요성을 느끼고 당위성을 이해하기 쉬워 탐구 과정에서 적극적이고 주도적으로 참여하는 경우가 많다.

하지만 이 주제를 다룰 때 주의해야 할 점이 있다. 그것은 교육과정의 취지를 충분히 살펴보고 교육 공동체가 '기후 변화'라는 개념을 이번 탐구 단원에서 어느 범위까지 다룰 것인지 함께 논의해야 한다는 점이다. 기후 변화는 매우 광범위하고 심도 있는 주제이기 때문에, 학년과 학생들의 발달 수준에 맞춰 탐구의 초점과 범위를 신중하게 결정하는 것이 중요하다.

2022 개정 교육과정에서는 '기후 생태환경 변화'가 중요한 개정 배경 중 하나로 제시되었으며 지속가능 발전 교육을 강조하고 있다. 이에 따라 기후 변화는 저학년부터 고학년까지 모든 학년에 걸쳐 단계적으로 다루어지고 있다.

예를 들어, 저학년에서는 바른 생활 교과를 통해 기후 변화에 관심을 갖고 환경 문제에 대한 기초적인 인식을 기른다. 중학년으로 올라가면 과학 교과를 중심으로 기후 변화의 사례들을 과학적 원리와 함께 탐구하면서 대응 방안을 생각하게 된다. 고학년에서는 도덕과 사회 교과와 연계하여 기후 변화 문제에 대한 책임 있는 실천 태도를 더욱 깊이 있게 다룬다.

　주제나 내용뿐만 아니라 교육과정의 취지와 범위를 함께 살펴보는 것이 중요한 이유는 이러한 초점에 따라 개념적 렌즈나 학습 접근 방법, 그리고 학습자상의 연결이 맥락적으로 달라질 수 있기 때문이다. 교육과정의 큰 방향이나 목적을 고려하면 동일한 주제라도 각 학년이나 상황에 맞게 다양한 관점에서 접근할 수 있다. 이렇게 함으로써 IB 학교에서는 학년이 올라감에 따라 계열성과 범위를 고려한 더 깊은 이해를 돕는 탐구를 할 수 있다. 각 학년에서 다루는 주제나 개념이 서로 연계되고, 점차 복잡하고 심화된 방식으로 발전되기 때문에 학생들은 단계별로 주제를 깊이 있게 탐구하게 된다. 이 과정에서 학생들은 개념을 더 폭넓게 이해하고 다양한 맥락에서 적용하며 자신의 학습을 주도적으로 이끌어 갈 수 있게 된다.

　이러한 점을 고려하여 4학년의 '우리 모두의 지구' 탐구 단원에서는 4학년 수준의 학생들이 관찰하고 이해할 수 있는 사례를 중심으로 기후 변화를 살펴보는 것부터 시작할 예정이다. 그다음 기후 변화에 영향을 미치는 우리의 활동과 기후 변화가 우리 생활에 미치는 영향을 파악한다. 마지막으로 우리가 기후 위기에 어떻게 대응해야 하는지를 탐구해 보려고 한다.

초학문적 주제
우리 모두의 지구
관련 성취기준
[4과16-01] 기후 변화 현상의 예를 알고, 기후 변화가 인간의 활동과 관련되어 있음을 토의할 수 있다. [4과16-02] 기후 변화의 심각성에 관심을 가지고 기후 변화가 우리 생활과 환경에 미치는 영향을 설명할 수 있다. [4과16-03] 기후 변화 대응 방법을 조사하고, 생활 속에서 기후 변화 대응 방법을 실천할 수 있다.

[4학년 STP UOI의 관련 성취기준]

2) 중심 아이디어 만들기

앞서 살펴본 바와 같이 4학년의 기후 변화 관련 단원에서 학생들이 이해해야 하는 핵심적인 내용은 기후 변화의 사례를 알아보고 그것이 우리 생활에 미치는 영향과 우리가 기후 변화에 대응하기 위해 가져야 하는 태도를 탐구하는 것이다. 이를 위해 성취기준을 바탕으로 중심 아이디어를 구성하는 과정이 필요하다.

2022 개정 교육과정의 과학과 '과학과 사회' 영역에 제시된 핵심 아이디어 중 하나는 '과학기술은 자원과 에너지의 효율적 이용 방안을 제공하여 지속 가능한 사회에 기여한다.'이다. 하지만 이 핵심 아이디어는 과학 교과의 내용 중심이며 여러 학년에 걸쳐 포괄적으로 제시된 것이기 때문에 초학문적 접근과 학년 간 계열성을 고려해 좀 더 구체적이

고 적합한 중심 아이디어로 재구성할 필요가 있다.

중심 아이디어는 광범위하고 추상적이어야 하며 특정한 시간과 장소에 국한되지 않는 보편적인 문장으로 구성해야 한다. 이 기준에 따라 다음과 같은 중심 아이디어 예시를 제시할 수 있다.

① 사람들은 기후 변화에 대응하며 살아간다.
② 사람들은 기후 변화에 영향을 주고받는다.
③ 기후 변화는 우리 생활과 환경에 영향을 미친다.
④ 사람들은 기후 변화에 영향을 미치고 대응하며 살아간다.
⑤ 기후변화에 대응하기 위한 인간의 노력은 지속 가능한 사회에 기여한다. (더 나은 지구를 만든다.)

중심 아이디어를 설정할 때에는 탐구 단원의 흐름뿐 아니라 초학문적 주제가 담고 있는 큰 개념과 핵심적인 메시지도 함께 고려하는 것이 중요하다. 이번 탐구의 경우 초학문적 주제인 '우리 모두의 지구'가 전달하는 핵심 메시지, 즉 유한한 지구를 다른 사람과 다른 생물과 함께 공유하며 살아가는 노력에 초점을 맞출 수 있다.

위에서 제시한 다섯 가지 모두 중심 아이디어를 구성하는 일반적인 원칙에 어긋나는 경우는 없다. 대신 ①, ②, ③의 경우는 탐구 목록의 일부 내용을 포함하고 있기 때문에 조금 더 포괄적인 ④, ⑤의 중심 아이디어로 구성하면 더 좋겠다고 생각했다. ④번 ⑤번 중심 아이디어도 자세히 살펴보면 뉘앙스가 조금 다르다. ④번은 현재 상황과 인간의 행동에 집중하고 인간의 역할을 기후 변화에 대한 영향을 주고 그에 반응하는 맥락에서 다루고 있다. ⑤번은 기후 변화에 대응하는 노력이 미래 지향적으로 어떻게 사회에 기여하는지를 강조하며 지속 가능한 발전이라는 더 큰 목표를 달성하는 데 초점을 맞추고 있다. 따라서 ④번은 기후 변화에 대한 인간의 상호작용과 대응을 설명하는 데 초점을 두고 있고, ⑤번은 지속 가능한 사회를 만들기 위한 인간의 기후 변화 대응 노력을 더 큰 관점에서 다루고 있다는 차이가 있다.

어떤 중심 아이디어가 가장 적절하다고 생각하는가? 이 단계에서는 동료 선생님들과 협의하여 중심 아이디어를 조금씩 수정해 나가도 되고 학생들과 함께 탐구를 진행하면서 중심 아이디어의 방향을 더 구체화하고 조정할 수도 있다. 계획 단계에서 작성한 중심 아이디어는 교사의 관점에서 설정된 것이므로 실제로 탐구를 실행하고 성찰하는 과정에서 수정하거나 조정할 수 있다. 이러한 방법을 통해 탐구 과정이 더 풍부해지고 학생들의 이해와 참여를 더욱 깊이 이끌어낼 수 있다.

3) 명시된 개념과 탐구 목록 구성하기

중심 아이디어인 '사람들은 기후 변화에 영향을 미치고 대응하며 살아간다.'를 탐구하기 위해 세부 탐구 목록을 구성해 보려고 한다. 탐구 목록은 해당 UOI와 관련된 성취기준의 내용을 충분히 반영하여 설정하며 각 탐구 목록마다 어떤 개념적 렌즈를 사용할지 명확히 연결짓는 것이 좋다.

첫 번째 탐구 목록은 '기후 변화의 사례'이다. 이 탐구 목록은 성취기준 [4과16-01]에서 제시하는 기후 변화 현상의 다양한 예시를 바탕으로 구성하였다. 학생들은 지구 온난화, 홍수, 가뭄, 폭염과 같은 다양한 기후 변화 사례를 통해 기후 변화가 어떤 형태로 나타나고 있으며 각각의 사례들이 가진 특징을 탐구하게 된다. 이 과정에서 기후 변화의 구체적인 모습과 특징을 이해하기 위해 '형태'의 개념적 렌즈를 활용하면 효과적이다.

성취기준 [4과16-01]에서의 기후 변화가 인간의 활동과 관련되어 있음을 토의하기, [4과16-02]의 기후 변화의 심각성에 관심을 가지고 기후 변화가 우리 생활과 환경에 미치는 영향 설명하기는 모두 '기후 변화와 우리 생활'을 다루고 있다. 기후 변화는 우리의 생활과 밀접하게 연결되어 있다. 학생들은 기후 변화가 우리의 주거 환경, 건강, 식량, 교통, 에너지 사용 등과 어떻게 연결되는지를 탐구하게 된다. 이러한 관계를 이해하기 위해서는 '연결'의 렌즈를 활용하는 것이 적절하다.

세 번째 탐구 목록은 '기후 변화에 대응하는 우리의 실천'이다. 이 탐구 목록은 성취기준 [4과16-03]에서 제시하는 기후 변화에 대응하는 방법을 조사하고 이를 실천하는 내용을 바탕으로 구성하였다. 학생들은 기후 변화가 가져오는 문제점을 인식하고 각자 자신이 할 수 있는 실천 방법을 구체적으로 탐구하게 된다. 예를 들어 에너지 절약, 재활용, 탄소 배출 줄이기와 같이 실생활에서 실천 가능한 행동에 대해 알아보며 이를 통해 기후 변화에 대응하는 책임 있는 태도를 길러가게 된다. 이 과정에서 학생들이 개인적으로나 공동체적으로 실천할 수 있는 행동을 탐구하기 위해서는 '책임'의 개념적 렌즈를 활용하면 더욱 효과적인 탐구가 이루어진다.

초학문적 주제	중심 아이디어
우리 모두의 지구	사람들은 기후 변화에 영향을 미치고 대응하며 살아간다.
명시된 개념	**탐구 목록**
형태	기후 변화의 사례
연결	기후 변화와 우리 생활
책임	기후 변화 대응 방법
관련 성취기준	
[4과16–01] 기후 변화 현상의 예를 알고, 기후 변화가 인간의 활동과 관련되어 있음을 토의할 수 있다. [4과16–02] 기후 변화의 심각성에 관심을 가지고 기후 변화가 우리 생활과 환경에 미치는 영향을 설명할 수 있다. [4과16–03] 기후 변화 대응 방법을 조사하고, 생활 속에서 기후 변화 대응 방법을 실천할 수 있다.	

[4학년 STP UOI의 명시된 개념과 탐구 목록]

4) 학습 접근 방법과 학습자상

    저학년(1-2학년)의 경우, 교과목이 세분화되어 있지 않고 교과서 역시 '나', '자연', '상상'과 같은 주제를 중심으로 구성되어 있기 때문에, 통합적이고 자연스러운 학습이 가능하다. 반면 중학년(3-4학년)이나 고학년(5-6학년)의 경우에는 교과가 더욱 세분화되고 성취기준도 구체적으로 제시되므로 다양한 교과의 성취기준을 균형 있게 통합하는 것이 필요하다. 이에 따라 이번 탐구 단원(UOI)에서 활용할 수 있는 성취기준을 국어, 도덕, 미술, 음악 교과에서 선별하여 구성하였다.

[4국01–02] 원인과 결과의 관계를 고려하여 내용을 예측하며 듣고 말한다.

[4국01–06] 주제에 적절한 의견과 이유를 제시하고 서로의 생각을 교환하며 토의한다.

[4국02–02] 문단과 글에서 중심 생각을 파악하고 내용을 간추린다.

[4국02–05] 글이나 자료의 출처가 믿을 만한지 판단한다.

[4국03–04] 목적과 주제를 고려하여 독자에게 마음을 전하는 글을 쓴다.

[4국06–01] 인터넷에서 학습에 필요한 다양한 자료를 탐색하고 목적에 맞게 자료를 선택한다.

[4국06–02] 매체를 활용하여 간단한 발표 자료를 만든다.

[4국06–03] 매체 소통 윤리를 고려하여 매체 자료를 활용하고 공유한다.

[4도04–02] 인간과 자연이 함께 살아야 하는 이유를 이해하고 공생을 위한 구체적인 실천 계획을 세우며 생태 감수성을 기른다.

[4미02–04] 표현 의도를 가지고 작품을 제작하며 자기 작품을 소중히 여길 수 있다.

[4음03–03] 기초적인 음악 요소를 활용하여 소리나 음악으로 표현한다.

[4학년 STP UOI에서 활용할 수 있는 성취기준 예시]

첫 번째 탐구 목록인 '기후 변화의 사례'를 탐구할 때 학생들은 다양한 자료를 인터넷에서 찾아보고 그 내용을 정리한다. 이 과정에서는 학습 접근 방법 중 '조사 기능'을 중점적으로 활용한다. 온라인 자료를 탐색하고 평가한 뒤 탐구의 목적에 맞는 자료를 선택하는 능력을 기르게 된다. 이와 관련하여 국어과의 성취기준인 '[4국06-01] 인터넷에서 학습에 필요한 다양한 자료를 탐색하고 목적에 맞게 자료를 선택한다.'와 '[4국02-05] 글이나 자료의 출처가 믿을 만한지 판단한다.'를 함께 지도하면 탐구 활동의 효과를 높일 수 있다. 이러한 활동을 통해 학생들은 스스로 필요한 정보를 찾아 탐구를 이어가며 IB 학습자상 중 '탐구하는 사람'의 자질을 기른다.

두 번째 탐구 목록인 '기후 변화와 우리 생활'은 과학과의 성취기준 두 가지와 밀접하게 연관되어 있다. 하나는 '기후 변화가 인간 활동과 관련되어 있음을 토의하기'이고, 다른 하나는 '기후 변화가 우리 생활에 미치는 영향을 설명하기'이다. 이 두 가지 성취기준은 국어과의 '[4국01-06] 주제에 적절한 의견과 이유를 제시하고 서로의 생각을 교환하며 토의한다.'는 성취기준과도 자연스럽게 연결된다. 학생들은 기후 변화라는 주제에 대해 서로의 의견을 나누고 타당한 이유를 들어 자신의 주장을 제시하는 과정을 통해 '의사소통 기능'을 기르게 된다. 이러한 과정은 IB 학습자상 중 '소통하는 사람'의 자질을 길러준다.

마지막 탐구 목록인 '기후 변화 대응 방법'은 음악과 미술 교과의 성취기준과 연결하여 구성하였다. 미술과의 '[4미02-04] 표현 의도를 가지고 작품을 제작하며 자기 작품을 소중히 여길 수 있다.'는 성취기준을 활용하면 학생들은 기후 변화 대응을 위한 실천 내용을 자신만의 메시지로 담아 포스터 형식으로 제작하게 된다. 또한 음악과의 '[4음03-03] 기초적인 음악 요소를 활용하여 소리나 음악으로 표현한다.'는 성취기준을 바탕으로 학생들이 기후 변화 대응을 주제로 한 캠페인 송을 만들고 표현해 볼 수도 있다. 이러한 활동은 학생들이 기후 변화에 대한 책임감을 바탕으로 창의적으로 메시지를 구성하고 표현하도록 돕는다. 그 과정에서 학생들은 사고 기능을 기르게 되며 이는 IB 학습자상인 '사고하는 사람'의 자질과도 밀접하게 연결된다.

초학문적 주제		중심 아이디어	
우리 모두의 지구		사람들은 기후 변화에 영향을 미치고 대응하며 살아간다.	
명시된 개념	학습 접근 방법	학습자상	탐구 목록
형태	조사 기능	탐구하는 사람	기후 변화의 사례
연결	의사소통 기능	소통하는 사람	기후 변화와 우리 생활
책임	사고 기능	사고하는 사람	기후 변화 대응 방법
관련 성취기준			

[4과16-01] 기후 변화 현상의 예를 알고, 기후 변화가 인간의 활동과 관련되어 있음을 토
의할 수 있다.
[4과16-02] 기후 변화의 심각성에 관심을 가지고 기후 변화가 우리 생활과 환경에 미치는
영향을 설명할 수 있다.
[4과16-03] 기후 변화 대응 방법을 조사하고, 생활 속에서 기후 변화 대응 방법을 실천할
수 있다.
[4국06-01] 인터넷에서 학습에 필요한 다양한 자료를 탐색하고 목적에 맞게 자료를 선택
한다.
[4국02-05] 글이나 자료의 출처가 믿을 만한지 판단한다.
[4국01-06] 주제에 적절한 의견과 이유를 제시하고 서로의 생각을 교환하며 토의한다.
[4미02-04] 표현 의도를 가지고 작품을 제작하며 자기 작품을 소중히 여길 수 있다.
[4음03-03] 기초적인 음악 요소를 활용하여 소리나 음악으로 표현한다.

[4학년 Sharing the planet UOI]

5) 교사 발문과 학생 예상 질문 생각해 보기

초학문적 주제와 중심 아이디어, 명시된 개념, 탐구 목록, 학습 접근 방
법, 학습자상을 바탕으로 교사 발문과 학생 예상 질문을 만들어 보았다.

교사 발문	학생 예상 질문
• 기후 변화는 어떤 형태로 나타나고 있나요? • 여름이 길어지고 겨울이 짧아진다면 어떻게 될까요? • 여름과 겨울의 길이가 변하면 우리에게 어떤 영향을 미칠까요? • 기후 변화와 인간의 활동은 어떤 관계일까요? • 기후 변화가 인간의 활동과 관련되어 있음을 알려주는 예는 무엇이 있나요? • 전 세계적으로 기후 변화가 심각해지면 어떤 일이 일어날까요? • 해수면 상승은 우리 생활에 어떤 영향을 미칠까요? • 기후 변화는 우리 생활과 환경에 어떤 영향을 미칠까요? • 기후 변화를 어떻게 막을 수 있을까요? • 기후 변화로 인한 자연재해가 자주 일어나면 우리에게 어떤 영향을 미칠까요?	• 기후 변화란 무엇인가요? • 기후 변화를 실제로 본 적이 있나요? • 기후 변화에는 어떤 것들이 있나요? • 날씨와 기후는 어떻게 다른가요? • 우리 나라에서 발생한 기후 변화 현상은 어떤 것들이 있나요? • 사람들이 한 활동 중 기후 변화와 관련 있는 것들은 무엇인가요? • 환경 오염과 기후 변화는 관련이 있나요? • 기후 변화는 사람에게만 영향을 미치나요? • 기후 변화 때문에 우리 생활에서 어떤 불편이 생기나요? • 우리나라의 해수면도 상승하고 있나요? • 기후 변화를 막기 위해 우리가 할 수 있는 일은 무엇일까요? • 기후 변화 대응을 위해 우리는 어떤 자세를 가져야 할까요? • 우리 학교에서 기후 변화에 대응할 수 있는 방법은 무엇이 있을까요?

[4학년 STP UOI의 교사 발문과 학생 예상 질문]

6) 실천(Action)과 총괄평가

① 실천

학생들이 실천할 수 있는 다양한 형태의 실천을 한번 예상해 보자. 설계하고 계획하는 단계에서는 학생들이 어떤 방식으로 실천하고 행

동할 지 예상하고 그에 맞는 피드백 방법을 고려해야 한다. 브레인스
토밍으로 떠오르는 활동을 몇 가지 써 보았다.

[예상되는 학생들의 실천]

• 에너지 절약 캠페인

• 포스터 플래카드 만들기/ 카드뉴스 만들기

• 나만의 기후 변화 대응 실천 체크리스트

• 지역사회 환경보호 실천

• 학교 텃밭 가꾸기 / 가정에서 식용 식물 기르기

탐구 과정에서 실천 활동으로는 미술 교과와 연계한 포스터 제작과
국어 교과와 연계한 카드 뉴스를 제작해 본다. 이 활동을 통해 학생들
은 자신이 탐구한 기후 변화 대응 방안을 시각적 자료로 표현하게 된
다. 단순히 결과물을 꾸미는 데에만 초점을 두기보다는 완성된 자료를
어떤 방식으로 활용할 수 있을지 함께 토의하는 시간이 필요하다. 이를
통해 학생들은 자신이 만든 자료가 실제 사회에서 어떤 영향을 줄 수
있는지 고민하고 학습 내용을 실생활에 적용하는 경험을 한다. 이러한
활동은 학생들에게 보다 의미 있는 탐구 경험을 제공한다.

탐구가 종료된 후에는 학생들이 지속적으로 기후 변화 대응에 관심
을 가질 수 있도록 실천 체크리스트를 제공하려고 한다. 또한 환경과
관련된 기념일이나 단체, 문화 행사 등을 안내하고 참여를 독려함으로

써 학생들이 실제로 행동에 참여할 수 있는 기회를 마련해 줄 수 있다. 이와 같은 연계 활동은 학생들이 탐구한 내용을 일상 속에서 실천하고 지속 가능한 태도를 형성하는 데 기여한다. 아래는 학생들과 함께 살펴볼 만한 기후 관련 단체들의 웹사이트들이다.

기후변화행동연구소:
기후 변화와 관련된 교육 자료, 연구 보고서 등을 제공하며, 기후 변화에 대한 국내외 소식을 전해주는 비영리 단체이다.
http://www.climateaction.re.kr/

녹색연합
기후 변화와 환경 보호에 대한 다양한 캠페인과 활동을 하는 단체로, 기후 문제와 관련된 자료를 제공하며, 한국어로 소통하는 플랫폼을 운영한다.
http://www.greenkorea.org/

기후변화센터
기후 변화 대응을 위한 교육, 정책 제안, 캠페인을 진행하는 비영리단체로, 기후 변화 관련 자료와 정보를 제공하고 있다.
https://www.climatechangecenter.kr/

Greenpeace
환경 보호 및 기후 변화 대응을 위한 활동을 전개하는 단체로, 다양한 캠페인과 자료 제공.
https://www.greenpeace.org/

환경부 기후변화 포털
대한민국 정부의 환경부에서 운영하는 공식 기후 변화 포털로, 국내외 기후 변화 관련 정책, 자료, 뉴스 등을 제공하며, 정부 차원의 대응 방안을 소개한다.
http://www.climate.go.kr/

② 총괄평가

4학년 학생들을 대상으로 기후 변화에 대한 GRASP 모형을 활용한 총괄평가를 계획해 보자. GRASP 모형은 학생들이 실제와 유사한 상황에서 자신이 맡은 역할에 맞춰 문제를 분석하고 다양한 관점을 고려하여 의사결정을 하도록 돕는다. 또한 그 과정에서 자신만의 방식으로 탐구한 내용을 표현하고 결과물을 만들어낸다. 특히 기후 변화와 같이 실천적 책임을 강조하는 주제는 GRASP 모형을 활용하면 학생들이 더 능동적으로 참여하며 효과적으로 학습할 수 있다.

Goal(목표)	기후 변화
Role(역할)	지역 사회에서 활동하는 기후 환경 운동가
Audience(청중)	학교 친구들, 선생님들, 학부모님들
Situation(상황)	우리 학교와 지역사회에서 기후 변화에 대응할 수 있는 방안 홍보하기
Product(결과물)	포스터나 카드 뉴스 형식으로 기후 변화 사례와 대응 방안 알리는 자료 제작하기 친구, 선생님, 학부모님께 기후 변화의 심각성과 대응 방안 설명할 수 있는 발표자료 제작하기

[GRASP로 제작한 4학년 STP UOI 총괄평가]

UOI 설계 사례3

5학년 Where we are in place and time

1) 교육과정 분석(초학문적 주제와 성취기준 연결)

영역	핵심 아이디어	성취기준
한국사	• 각 시대의 모습에는 당시 사람들의 생활상과 사고방식이 반영된다. • 역사 정보나 자료의 분석·해석·판단을 통해 역사 지식을 형성한다. • 역사 문제를 해결하면서 역사적 주체로서 실천하는 태도를 갖는다.	[6사04-01] 선사 시대와 고조선의 유적과 유물을 활용하여 당시 사람들의 생활을 추론한다. [6사04-02] 역사 기록이나 유적과 유물에 나타난 고대 사람들의 생각과 생활을 추론한다. [6사04-03] 다양한 역사 자료를 활용하여 고려 시대 사회 모습과 사람들의 생활을 추론한다.

[2022 개정 교육과정 5학년 한국사 영역의 핵심 아이디어와 성취기준]

'우리가 속한 공간과 시간'은 과거와 현재 그리고 미래를 연결하는 역할을 하는 초학문적 주제이다. 이 주제에서는 역사를 통해 삶의 변화와 발전을 이해하고 시간과 장소의 의미를 다양한 관점에서 탐구하도록 유도한다. 학생들은 과거의 사건과 삶의 흔적을 살펴보며 현재의 삶을 성찰하고 앞으로 어떤 행동을 할지 고민하게 된다.

특히 유물, 유적, 문서 기록 등을 직접 조사하고 해석하는 활동은 학생들에게 실질적인 탐구 경험을 제공한다. 이러한 과정에서 학생들은 자신만의 질문을 생성하고 그 질문에 대한 해답을 찾아가는 능동적인 학습을 경험한다. 이 주제는 탐구 활동을 통해 학생들이 시간의 흐름 속에서 개인과 공동체의 변화를 이해하고 더 넓은 시야로 현재를 바라보도록 도와주는 데 중요한 역할을 한다.

'우리가 사는 공간과 시간'과 해당 성취기준은 모두 과거와 현재의 관계를 이해하고 미래를 상상하는 데 중점을 둔다. 이 주제는 시간과 장소라는 중심 개념을 바탕으로 시대마다 달라지는 삶의 양상과 그에 따른 사고방식의 변화를 탐구한다. 각 시대의 유물, 유적, 기록은 당시 사람들의 삶을 반영하는 중요한 자료로 학생들은 이를 통해 과거를 해석하고 현재와의 연관성을 찾으며 변화와 연속성의 흐름을 이해한다.

2022 개정 교육과정에서 제시된 성취기준은 유물과 유적, 역사 기록을 분석하고 추론하는 능력을 기르도록 요구한다. 이는 '우리가 사는 공간과 시간'의 개념과 밀접하게 연결되며 학생들에게 비판적 사고력과 역사적 사고력을 함께 기를 수 있도록 돕는다. 또한 성취기준에서

강조하는 역사적 주체로서의 실천 태도는 '우리가 사는 공간과 시간'의 궁극적인 목표인 학습을 행동으로 연결하는 과정과도 잘 맞물린다. 이러한 맥락에서 볼 때 성취기준과 초학문적 주제는 서로 유기적인 관계를 가지며 학생들에게 통합적이고 의미 있는 학습 경험을 제공한다.

'우리가 사는 공간과 시간'과 성취기준 간의 연결은 구체적인 탐구 활동을 통해 실현된다. 2022 개정 교육과정의 사회과 성취기준 [6사04-01], [6사04-02], [6사04-03]은 유물과 기록을 바탕으로 과거 생활을 분석하고 추론하는 학습을 요구한다. 이는 '우리가 사는 공간과 시간'에서 강조하는 학생 주도적 탐구와도 부합한다.

학생들은 탐구 활동을 통해 유적과 유물, 다양한 역사 자료를 살펴보고 스스로 질문을 만들어가며 과거의 흔적을 해석하고 의미를 찾아가는 과정을 경험하게 된다. 이러한 경험은 단순히 과거 사실을 암기하는 데 그치지 않고 역사적 관점에서 문제를 바라보고 사고하는 힘을 길러주는 데 목적이 있다. 나아가 이러한 사고는 학생들이 현재를 이해하고 미래에 어떤 행동을 할 것인지 고민하게 한다. '우리가 사는 공간과 시간'은 이와 같은 탐구 경험을 통해 학생들이 과거와 현재, 미래를 연결하며 사고할 수 있도록 지원하는 주제이다.

초학문적 주제
우리가 속한 공간과 시간
관련 성취기준
[6사04–01] 선사 시대와 고조선의 유적과 유물을 활용하여 당시 사람들의 생활을 추론한다. [6사04–02] 역사 기록이나 유적과 유물에 나타난 고대 사람들의 생각과 생활을 추론한다. [6사04–03] 다양한 역사 자료를 활용하여 고려 시대 사회 모습과 사람들의 생활을 추론한다.

[5학년 WWPT UOI의 관련 성취기준]

2) 중심 아이디어 만들기

이번 UOI는 학생들이 과거와 현재의 관계를 이해하고, 시간과 장소의 중요성을 탐구하며, 이를 바탕으로 미래의 행동을 설계할 수 있도록 구성해야 한다. 이를 위해 사회과 성취기준 〔6사04-01〕, 〔6사04-02〕, 〔6사04-03〕을 분석하고 학생들이 탐구를 통해 이해해야 할 개념을 도출하여 중심 아이디어를 구체화해보았다.

'각 시대의 모습에는 당시 사람들의 생활상과 사고방식이 반영된다.'는 한국사 영역의 핵심 아이디어는 이번 단원의 탐구 방향을 설정하는 데 중요한 기준이다. 중심 아이디어는 단원의 핵심 개념을 포괄하는 동시에 학생들이 탐구를 통해 도달해야 할 보편적인 메시지를 담고 있어야 한다. 또한 중심 아이디어는 성취기준에서 제시한 학습 목표와 개

넘을 기반으로 초학문적이고 추상적인 문장으로 구성되어야 하며 학습자가 스스로 질문을 생성하고 탐구를 통해 그 질문에 대한 답을 찾아갈 수 있도록 방향성을 제공해야 한다.

이러한 원칙에 따라 중심 아이디어를 구체화하면 학생들은 과거의 유산을 탐구하며 현재의 삶을 되돌아보고 미래의 시민으로서 어떤 책임 있는 행동을 실천해야 하는지를 자연스럽게 연결하게 된다.

위 내용을 근거로 아래 다섯 가지의 중심 아이디어를 만들어 보았다.

① 사람들은 과거의 흔적을 통해 인간과 사회의 변화를 이해한다.

② 각 시대의 생활상과 사고방식은 사회와 문화를 형성한다.

③ 사람들은 역사적 자료로 과거 사람들의 삶을 추론한다.

④ 유물과 기록은 과거의 삶과 사고를 이해하는 단서를 제공한다.

⑤ 역사는 과거와 현재를 연결하여 미래를 형성하는 기반이 된다.

이번 '우리가 사는 공간과 시간'의 중심 아이디어는 탐구가 진행되는 동안 다양한 교과와 통합될 수 있도록 설계되어야 하며 역사적 사고와 현재 및 미래 행동을 연결하는 역할을 해야 한다. 5개의 중심 아이디어 중 어떤 것이 이번 UOI에 가장 적절할까? 언뜻보면 다섯 개의 중심 아이디어가 모두 비슷한 것처럼 보인다.

① 번 중심 아이디어는 과거의 흔적을 통해 인간과 사회가 어떻게 변화해 왔는지 이해하는 데 초점을 맞추고 있다. 이 문장은 과거와 현재

를 연결하며 특히 시간의 흐름 속에서 인간과 사회의 변화를 탐구하는 과정을 강조한다. 그러나 특정한 자료나 맥락에 국한되지 않고 포괄적으로 구성되어 있어 학습자가 광범위하게 탐구할 수 있도록 유도한다. 다만 과거의 흔적이 구체적으로 무엇인지 언급하지 않아 추상적인 수준에서 이해될 가능성이 있다. 따라서 학습 방향성을 더 명확히 하고 싶다면 유적이나 기록 등 구체적 요소를 언급하는 중심 아이디어와 함께 사용하는 것이 효과적이다.

②번 중심 아이디어는 각 시대의 생활상과 사고방식이 사회와 문화를 형성한다는 점을 강조한다. 이 문장은 특정 시대에 초점을 맞추며 시대의 특성과 그것이 사회와 문화에 미치는 영향을 탐구하는 데 적합하다. 특히 인간의 생활과 사고방식이 역사적, 사회적 변화를 이끄는 원동력임을 설명하는 데 유용하다. 그러나 시공간을 초월한 보편적 성격보다는 각 시대의 특수성을 강조하고 있어 광범위한 탐구로 연결되기 위해서는 추가적인 확장이 필요하다. 이를 보완하려면 시대적 특징을 넘어 더 추상적인 개념으로 접근할 수 있도록 문장을 조정할 필요가 있다.

③번 중심 아이디어는 탐구 단원의 구체성과 초학문적 메시지를 균형 있게 담고 있다. 이 문장은 "역사적 자료"라는 탐구 도구를 명확히 제시하며 학습자들이 자료를 분석하고 해석하는 과정을 통해 과거를 추론하도록 유도한다. 또한 학습 주체로서 학생들의 역할을 강조하며 주도적인 탐구 활동을 가능하게 한다. 다른 중심 아이디어에 비해 구체

적이면서도 보편적인 메시지를 포함하고 있어 시공간을 초월한 사고를 촉진한다. 이러한 이유로 3번 중심 아이디어는 학습 방향성을 명확히 설정하고 효과적인 탐구 활동을 설계하기에 가장 적합하다.

④번 중심 아이디어는 유물과 기록이 과거의 삶과 사고를 이해하는 데 중요한 단서를 제공한다는 점에 초점을 맞춘다. 이 문장은 구체적인 탐구 자료(유물과 기록)를 언급하며 학습자들에게 명확한 탐구 도구와 방향을 제시한다. 특히 과거의 삶과 사고를 이해하는 과정에서 "단서"라는 표현을 사용해 탐구적 접근을 암시하며 이를 통해 학습자들이 자료를 분석하고 의미를 도출하는 과정을 자연스럽게 유도한다. 이 문장은 ③번과 유사해 보이지만 추론보다 자료가 제공하는 단서의 역할을 강조하며 학습 활동이 구체적인 자료 활용에 초점을 맞추도록 설계된 점에서 차별화된다.

⑤번 중심 아이디어는 역사가 과거와 현재를 연결하며 미래를 형성하는 기반이라는 점을 강조한다. 이 문장은 시간의 연속성 속에서 과거와 현재, 미래를 연결하는 더 큰 맥락에서 탐구하도록 유도하며 역사적 사고와 행동의 중요성을 부각한다. 특히 이 문장은 미래 지향적 관점을 포함하며 학습자들이 역사를 단순히 과거를 배우는 것으로 끝내지 않고 이를 바탕으로 미래를 설계할 수 있도록 동기를 부여한다. ④번이 구체적 자료를 통해 과거를 이해하는 데 초점을 맞췄다면, ⑤번은 과거와 현재의 연결을 바탕으로 미래를 형성하는 더 큰 목표를 제시한다는 점이 다르다.

이번 단계에서는 '사람들은 역사적 자료로 과거 사람들의 삶을 추론한다.'로 정한 다음 구체적인 UOI를 설계해보려고 한다. 계획 단계에서 작성된 중심 아이디어는 학생들과 탐구를 실행하는 과정에서 조정 및 발전시켜 나갈 수 있다. 이를 통해 탐구 과정에서의 학생 참여와 탐구의 깊이를 더한다.

3) 명시된 개념과 탐구 목록 구성하기

중심 아이디어인 '사람들은 역사적 자료로 과거 사람들의 삶을 추론한다.'를 탐구하고 이해하기 위해 세부적으로 탐구 목록을 나누어 보려고 한다. 탐구 목록은 UOI의 중심 아이디어에 대한 이해로 나아갈 수 있도록 구성되어야 한다. 탐구 목록을 정한 다음에는 어떤 개념적 렌즈를 활용하여 탐구할지도 생각해보자.

성취기준 3가지를 살펴보면 [6사04-01]은 선사 시대와 고조선, [6사04-02]는 고대 시대, [6사-03]은 고려 시대를 다루고 있다. 이 시대의 유물과 유적, 역사 기록, 다양한 역사자료를 통해 당시 사람들의 생활, 생각, 사회의 모습을 추론하도록 되어 있다.

첫 번째 탐구 목록은 '각 시대의 유물과 유적'으로 '형태'의 렌즈를 활용하여 외형적 특징을 탐구하는 데 초점을 맞추었다. 이 과정에서는 고인돌, 비파형 동검, 고려 청자 등 각 시대를 대표하는 유물과 유적의 형태를 관찰하고 이를 바탕으로 자료의 특징과 시대적 맥락을 이해하는 과정을 탐구한다. 두 번째 탐구 목록은 '역사 자료로 알아보는 시대별 생활 모습'으로 '연결'의 렌즈를 통해 유물과 유적이 당대 사람들의 생활과 사회 구조와 어떤 관계를 맺고 있었는지를 탐구한다. 이 과정에서는 유물과 기록을 통해 당시 사람들의 생각과 행동, 문화적 맥락을 연결하여 이해하는 활동을 포함하며 삼국사기나 삼국유사와 같은 역사 자료를 활용하여 생활 모습과 사회 구조를 추론하도록 유도한다.

마지막으로 세 번째 탐구 목록은 '시대별 생활 방식의 변화'로 생활 방식과 사고방식이 시대의 흐름에 따라 어떻게 변화했는지를 탐구한다. 이는 성취기준 〔6사04-03〕과 연계되어 고려 시대 사회 모습의 탐구를 포함하며 시대적 맥락 속에서 사람들의 삶이 변화하고 발전하는 과정을 이해하도록 돕는다.

탐구 목록은 이러한 명시된 개념(형태, 연결, 변화)을 기반으로 설계되어 학습자들이 중심 아이디어를 단계적으로 심화하여 탐구할 수 있도록 구성하였다. 이러한 구조는 학습자들에게 단순히 과거를 아는 것을 넘어 과거와 현재를 연결하고 사고를 확장할 수 있는 능력을 기르게 하며 탐구 활동이 자연스럽게 논리적인 흐름을 따르도록 돕는다.

초학문적 주제	중심 아이디어
우리가 사는 공간과 시간	사람들은 역사적 자료로 과거 사람들의 삶을 추론한다.
명시된 개념	탐구 목록

형태	각 시대의 유물과 유적
연결	역사 자료로 알아보는 시대별 생활 모습
변화	시대별 생활 방식의 변화
관련 성취기준	
[6사04-01] 선사 시대와 고조선의 유적과 유물을 활용하여 당시 사람들의 생활을 추론한다. [6사04-02] 역사 기록이나 유적과 유물에 나타난 고대 사람들의 생각과 생활을 추론한다. [6사04-03] 다양한 역사 자료를 활용하여 고려 시대 사회 모습과 사람들의 생활을 추론한다.	

4) 학습 접근 방법과 학습자상

이번 UOI에서 활용할 수 있는 국어와 미술 교과의 성취기준을 선정해 보았다. 여러 교과를 억지로 통합하기보다는 역사적 자료와 직접적으로 관련된 탐구에 적합한 교과를 중심으로 성취기준을 선정하는 데 집중하였다. 이를 통해 탐구 활동의 연계성을 강화하고 학생들이 역사 자료를 보다 깊이 있게 탐구할 수 있도록 설계하였다.

[6국01-01] 대화에서 생략된 내용을 추론하며 듣는다.

[6국01-03] 주제와 관련하여 궁금한 내용을 질문하며 적극적으로 듣고 말한다.

[6국01-05] 자료를 선별하여 핵심 정보를 중심으로 내용을 구성하고 매체를 활용하여 발표한다.

[6국01-06] 토의에 협력적으로 참여하며 서로의 의견을 비교하고 조정한다.

[6국02-01] 글의 구조를 고려하며 주제나 주장을 파악하고 글 내용을 요약한다.

[6국02-02] 글에서 생략된 내용이나 함축된 표현을 문맥을 고려하여 추론한다.

[6국02-03] 글이나 자료를 읽고 내용의 타당성과 표현의 적절성을 평가한다.

[6국03-01] 알맞은 내용을 선정하여 대상의 특성이 나타나게 설명하는 글을 쓴다.

[6국03-04] 독자와 매체를 고려하여 내용을 생성하고 표현하며 글을 쓴다.

[6국03-05] 쓰기 과정을 점검·조정하며 글을 쓰고, 글 전체를 대상으로 통일성 있게 고쳐 쓴다.

[6미01-01] 다양한 감각과 매체를 활용하여 자신과 대상을 탐색할 수 있다.

[6미01-02] 자신이나 주변 환경에서 찾은 감각적 특징, 느낌, 생각 등을 관련지어 나타낼 수 있다.

[6미02-01] 다양한 방법으로 아이디어를 연결하여 확장된 표현 주제로 발전시킬 수 있다.

[6미02-05] 미술과 타 교과의 내용과 방법을 융합하는 활동을 자유롭게 시도할 수 있다.

[6미03-01] 미술 작품을 작품이 만들어진 시대적, 지역적 배경 등과 연결하여 이해할 수 있다.

[6미03-02] 미술 작품의 내용(소재, 주제 등)과 형식(재료와 용구, 표현 방법, 조형 요소와 원리 등)을 분석하여 작품의 특징을 설명할 수 있다.

[5학년 WWPT UOI에서 활용할 수 있는 성취기준 예시]

첫 번째 탐구 목록인 '각 시대의 유물과 유적(형태)'에서는 역사적 유물과 유적을 조사하고 분석하는 활동이 이루어진다. 학생들은 [6국01-05] 자료를 선별하여 핵심 정보를 중심으로 내용을 구성하고 매체를 활용하여 발표한다는 국어과 성취기준과 [6미01-02] 자신이나 주변 환경에서 찾은 감각적 특징, 느낌, 생각 등을 관련지어 나타낼 수 있다는 미술과 성취기준을 활용하여 유물과 유적의 형태적 특징을 관찰하고 이를 정리해 시각적으로 표현한다. 이 과정에서 조사 기능을 활용하여 신뢰할 수 있는 자료를 탐색하고 선별하는 능력을 기르고, 지식이 풍부한 사람이라는 학습자상에 가까워질 수 있다.

두 번째 탐구 목록인 '역사 자료로 알아보는 시대별 생활 모습(연결)'에서는 유물과 역사 자료가 당시 사람들의 생활과 사고방식과 어떤 연결을 가지고 있는지 탐구한다. 이 과정에서 〔6국02-02〕 글에서 생략된 내용이나 함축된 표현을 문맥을 고려하여 추론한다는 국어과 성취기준과 〔6미03-01〕 미술 작품을 작품이 만들어진 시대적, 지역적 배경 등과 연결하여 이해할 수 있다는 미술과 성취기준을 활용하여 역사 자료 속 숨겨진 의미를 분석하고 생활 모습을 추론하는 활동을 진행한다. 이를 통해 사고 기능을 발달시키고 자료를 비판적으로 분석하며 사고하는 사람이라는 학습자상을 형성한다.

마지막 탐구 목록인 '시대별 생활 방식의 변화(변화)'에서는 각 시대의 생활 방식이 어떻게 변화해 왔는지를 탐구한다. 학생들은 〔6국03-05〕 쓰기 과정을 점검 · 조정하며 글을 쓰고 글 전체를 대상으로 통일성 있게 고쳐 쓴다라는 국어과 성취기준과 〔6미02-01〕 다양한 방법으로 아이디어를 연결하여 확장된 표현 주제로 발전시킬 수 있다는 미술과 성취기준을 활용하여 시대의 변화를 정리하고 이를 시각 자료나 글로 표현한다. 이 과정에서 의사소통 기능을 활용하여 탐구 내용을 효과적으로 전달하며, 소통하는 사람이라는 학습자상을 형성한다.

초학문적 주제		중심 아이디어	
우리가 사는 공간과 시간		사람들은 역사적 자료로 과거 사람들의 삶을 추론한다.	
명시된 개념	학습 접근 방법	학습자상	탐구 목록
형태	조사 기능	지식이 풍부한 사람	각 시대의 유물과 유적
연결	사고 기능	사고하는 사람	역사 자료로 알아보는 시대별 생활 모습
변화	의사소통 기능	소통하는 사람	시대별 생활 방식의 변화
관련 성취기준			

[6사04–01] 선사 시대와 고조선의 유적과 유물을 활용하여 당시 사람들의 생활을 추론한다.
[6사04–02] 역사 기록이나 유적과 유물에 나타난 고대 사람들의 생각과 생활을 추론한다.
[6사04–03] 다양한 역사 자료를 활용하여 고려 시대 사회 모습과 사람들의 생활을 추론한다.
[6국01–05] 자료를 선별하여 핵심 정보를 중심으로 내용을 구성하고 매체를 활용하여 발표한다.
[6국01–06] 토의에 협력적으로 참여하며 서로의 의견을 비교하고 조정한다.
[6국02–02] 글에서 생략된 내용이나 함축된 표현을 문맥을 고려하여 추론한다.
[6국03–05] 쓰기 과정을 점검 · 조정하며 글을 쓰고, 글 전체를 대상으로 통일성 있게 고쳐 쓴다.
[6미01–02] 자신이나 주변 환경에서 찾은 감각적 특징, 느낌, 생각 등을 관련지어 나타낼 수 있다.
[6미02–01] 다양한 방법으로 아이디어를 연결하여 확장된 표현 주제로 발전시킬 수 있다
[6미03–01] 미술 작품을 작품이 만들어진 시대적, 지역적 배경 등과 연결하여 이해할 수 있다.

[5학년 WWPT UOI]

5) 교사 발문과 학생 예상 질문 생각해 보기

초학문적 주제와 중심 아이디어, 명시된 개념, 탐구 목록, 학습 접근 방법, 학습자상을 바탕으로 교사 발문과 학생 예상 질문을 만들어 보았다.

교사 발문	학생 예상 질문
• 선사 시대와 고조선의 유물과 유적은 어떤 특징을 가지고 있을까요?	• 유물과 유적에서 어떤 정보를 알 수 있을까요?
• 과거의 생활 모습을 유물과 유적으로 어떻게 알 수 있을까요?	• 이 유물은 어떤 목적으로 만들어졌을까요?
• 유물과 유적이 각 시대의 생활을 반영한다는 것을 어떻게 알 수 있을까요?	• 왜 유물은 시대마다 다르게 나타날까요?
• 역사 자료를 통해 당시 사람들의 사고방식을 어떻게 추론할 수 있을까요?	• 사람들은 어떤 방식으로 유물을 만들었을까요?
• 고대의 생활 모습을 나타내는 대표적인 유물은 무엇인가요?	• 고려 시대 사람들은 어떤 도구를 사용했나요?
• 각 시대의 유물과 유적은 어떤 공통점과 차이점을 가지고 있나요?	• 옛날에는 어떤 재료로 생활 용품을 만들었나요?
• 고려 시대 사람들의 생활 모습은 어떤 유물을 통해 알 수 있을까요?	• 유물이 보존되는 데 가장 중요한 조건은 무엇인가요?
• 과거와 현재의 생활 방식을 비교하면 어떤 점이 비슷하고 어떤 점이 다를까요?	• 유물과 유적은 우리 생활에 어떤 교훈을 줄 수 있을까요?
• 역사 자료를 탐구하면서 알게 된 점은 무엇인가요?	• 왜 과거의 유물은 지금과 다른 모습을 가지고 있을까요?
• 유물과 유적이 우리에게 어떤 가치를 전달한다고 생각하나요?	• 어떤 유물이 가장 오래된 것으로 알려져 있나요?
	• 왜 유물마다 쓰인 재료가 다른가요?
	• 유물을 통해 알 수 있는 과거의 모습은 무엇인가요?

[5학년 WWPT UOI의 교사 발문과 학생 예상 질문]

6) 실천(Action)과 총괄평가

① 실천

역사와 관련된 UOI에서 실천은 탐구에서 배운 내용을 실제 삶에 적용하고 이를 통해 학생이 주도적으로 변화에 참여하는 활동으로 이어진다. 이 단원이 끝난 이후에도 학생들은 학급을 넘어 가정이나 지역 사회에서 의미 있는 실천을 이어간다. 예를 들어, 가정에 있는 오래된 물건이나 지역의 유물을 찾아보고 그 가치와 의미를 기록해 가족과 공유하는 활동은 과거와 현재의 연결을 체험할 수 있는 좋은 실천이다.

또한 자신이 조사한 유물이나 유적에 대해 짧은 발표 자료를 만들어 가족이나 친구들에게 소개하는 활동은 역사적 지식을 단순히 아는 데 그치지 않고 다른 사람들과 소통하는 데까지 확장한다. 지역의 유적지나 역사 자료와 관련된 보호 캠페인을 기획하거나 그 장소를 직접 방문해 주변 환경을 정리하는 등의 활동도 기획할 수 있다. 이러한 실천은 역사적 장소의 중요성을 인식하고 사회적 책임을 배우는 계기가 된다.

탐구한 자료를 바탕으로 가상 박물관을 제작하여 친구들과 온라인 또는 교실 내에서 공유하거나 역사 이야기를 바탕으로 창작 작품을 만들어 전시하는 활동도 의미 있다. 이러한 창작 활동은 학생들의 표현력과 상상력을 자극하며 역사적 주제를 보다 깊이 있게 이해하는 데 기여한다. 마지막으로, 학교나 학급의 역사를 조사해 시각적으로 구성하는 프로젝트를 통해 학생들은 자신이 속한 공동체의 정체성과 변화 과

정을 이해하게 된다. 이러한 활동들은 모두 탐구의 결과를 삶과 연결
시키는 실천의 좋은 예다.

유물과 유적의 중요성을 알리는 캠페인 기획 및 진행도 가능하다. 미술 교과와 연계하여 포스터를 제작하거나 국어 교과와 연계하여 카드 뉴스를 만들 수도 있다. 이 과정에서 단순히 시각적 자료를 제작하는 데 그치지 않고 캠페인의 목표와 대상, 메시지를 명확히 정하고 결과물의 실제 활용 방안을 함께 논의한다. 예를 들어, 제작한 포스터를 지역 도서관이나 공공장소에 게시하거나 카드 뉴스를 SNS에 공유해본다.

조사한 유물과 유적에 대한 정보를 모아 온라인 박물관을 만들어 봐도 좋다. 디지털 매체를 활용하여 유물의 사진, 역사적 배경, 관련 이야기를 포함한 가상 전시 공간을 구성할 수 있다. 국어 교과와 연계하여 유물의 설명문을 작성하고 미술 교과와 연계하여 시각적 디자인 요소를 추가한다. 완성된 온라인 박물관은 학교 웹사이트나 클래스룸 플랫

폼을 통해 공유하여 다른 학생들과 학부모들도 관람할 수 있다.

지역 박물관이나 역사 유적지를 방문하여 직접적으로 유물을 관찰하고 역사적 맥락을 살펴볼 수 있다. 방문 전에는 유적지와 관련된 정보를 조사하여 사전 학습을 진행하고 방문 후에는 탐구한 내용을 바탕으로 감상문이나 보고서를 작성하여 공유한다. 이러한 활동은 미술 교과와 연계하여 현장에서 스케치를 하거나 국어 교과와 연계하여 관찰 내용을 글로 정리해 본다.

조사한 유물이나 유적의 디자인과 기능을 현대적으로 재해석하여 작품을 제작해 본다. 미술 교과와 연계하여 조형물, 그림, 또는 디지털 작품으로 표현하고 제작 과정에서 디자인의 의미와 현대적 활용 가능성에 대해 논의한다. 작품 전시회를 열거나, 학급 내에서 친구들과 결과물을 공유한다.

유물과 유적의 가치를 알리는 홍보 영상을 제작할 수도 있다. 국어 교과와 연계하여 대본을 작성하고 영상 제작 과정에서 자료 조사와 편집 기술을 배운다. 완성된 영상은 학교 행사에서 상영하거나 학교 유튜브 채널에 게시하여 더 많은 사람들과 공유한다. 이 활동은 유물과 유적의 중요성을 스스로 전달해 보고, 영상 제작 과정에서 협력과 창의적 사고를 함께 기른다.

아래는 학생들이 UOI를 진행하며 살펴볼 만한 문화재 관련 사이트들이다.

국가유산청:

국내 유물과 유적지에 대한 상세 정보, 사진 자료, 국가 지정 문화재 리스트 확인 가능. 각 시대별 유물, 유적지를 조사하거나 문화재 관련 뉴스와 보존 활동 정보를 탐구할 때 활용.

www.cha.go.kr

국립중앙박물관:

국립중앙박물관에 소장된 유물 데이터베이스, 전시 내용, 디지털 박물관 탐방 제공. 특정 유물을 탐구하거나, 박물관의 온라인 전시를 통해 자료를 시각적으로 이해하는 데 도움.

www.museum.go.kr

한국민족문화대백과사전:

한국의 역사, 문화, 유물에 대한 깊이 있는 백과사전식 정보 제공. 조사 중 모르는 개념이나 자료의 배경 지식을 보완할 때 참고.

encykorea.aks.ac.kr

국가유산채널:

대한민국의 문화유산을 다룬 영상 자료, 다큐멘터리, 인터뷰 제공. 유물과 유적의 의미를 쉽게 전달하며, 시청각 자료로 활용.

https://www.k-heritage.tv/

구글 아트 앤 컬처:

전 세계 유물, 유적, 박물관 전시를 온라인으로 탐험하고 3D 모델로 감상 가능. 유물과 유적을 직접 탐구하거나, 가상 박물관 제작을 위한 참고 자료로 사용.

https://artsandculture.google.com/

② 총괄평가

5학년 WWPT UOI에서 GRASP 모형을 활용한 총괄평가를 아래와 같이 계획하였다. 학생들이 탐구한 내용을 바탕으로 역사적 사고력과 창의적 표현력을 발휘할 수 있는 평가 활동이다.

Goal(목표)	유물, 유적, 역사적 자료를 분석하고 그 시대의 생활 모습 이해하기
Role(역할)	역사 탐구가, 유물 보존 홍보가
Audience(청중)	학교 친구들, 선생님들, 학부모님들
Situation(상황)	학생들은 가상의 박물관 큐레이터가 되어, 각 시대를 대표하는 유물을 조사하고 그 유물이 전하는 메시지를 관람객들에게 설명합니다. 또한 유물 보존과 활용 방안을 고민하여 구체적인 실천 아이디어를 제안합니다.
Product(결과물)	유물의 역사적 의미와 현재의 가치에 대한 해설 자료, 유물과 유적 보존의 필요성을 강조하는 홍보 포스터, 과거 유물을 현대적으로 재해석한 작품, 유물과 시대적 배경에 대한 프레젠테이션, 온라인 박물관 사이트 등

[GRASP로 제작한 5학년 WWPT UOI 총괄평가]

탐구 단원(UOI) 운영의 실제

익숙한 수업을
새롭게 바라보기

학교 현장에서 수업은 끊임없이 발전하고 있다. 교사들은 학생의 참여와 사고를 이끌어 내기 위해 다양한 방법으로 고민해 왔고 그 과정에서 수업은 의미있는 방향으로 바뀌었다. 익숙함을 유지하되 그 안에 새로운 시선을 더함으로써 수업은 더욱 의미 있는 방향으로 나아갈 수 있다.

IB 프로그램은 이러한 변화의 시도에 구조적인 틀을 제공한다. 특히 개념 중심의 탐구 수업은 학생이 스스로 질문을 만들고 지식을 탐색하는 방향으로 나아가는 데 도움을 준다. 단원 설계 시 중심 개념과 탐구 질문을 기반으로 학습의 구조를 짜는 방식은 교사에게는 수업의 방향성과 깊이를 동시에 고려하게 하고 학생에게는 학습에 대한 주도성을 높여준다.

예를 들어, '마을'을 주제로 한 수업을 정보 전달에 그치지 않고 마을 속 사람들의 역할과 책임, 공동체의 의미를 탐구하는 과정으로 바꾼다면 학생들은 그 안에서 스스로의 위치와 역할을 생각한다. 이러한 변화는 수업의 의미를 확장하고 재구성하는 데서 시작된다. 또한 수업의 변화는 작고 익숙한 질문 하나에서 시작된다. "우리가 살고 있는 마을은 어떤 모습일까요?"라는 질문이 아이들의 경험을 불러일으키고, "행복한 마을이란 무엇일까?"라는 더 깊은 질문으로 확장된다. 이러한 흐름 속에서 수업은 살아 있는 탐구의 과정으로 바뀐다.

이 장에서는 IB의 수업이 실제 교실에서 어떻게 구현되는지를 다양한 사례를 통해 소개한다. 계획한 탐구가 어떻게 시작되었고 학생의 참여 속에서 어떻게 발전해 나갔는지, IB 수업이 지향하는 탐구 중심 구조가 교실 현장에서 어떻게 실현되는지를 구체적으로 살펴보자.

2학년 How we organize ourselves
나는야 우리 마을 지킴이!

탐구 단원 소개

탐구 단원: 우리 자신을 조직하는 방식(How we organize ourselves)
탐구 주제: 나는야 우리 마을 지킴이!
중심 아이디어: 사람들은 마을을 위해 자신이 맡은 역할에 책임을 다한다.
중심 성취기준
[2바02-01] 공동체에서 내가 할 수 있는 일을 찾아보고 실천한다. [2슬02-01] 우리가 살고 있는 마을과 사람들이 생활하는 모습을 살펴본다. [2즐02-01] 내가 참여할 수 있는 문화예술을 향유한다. [2국02-04] 인물의 마음이나 생각을 짐작하고 이를 자신과 비교하며 글을 읽는다. [2국05-02] 작품을 듣거나 읽으면서 느끼거나 생각한 점을 말한다. [2국05-03] 작품 속 인물의 모습, 행동, 마음을 상상하여 시, 노래, 이야기, 그림 등으로 표현한다. [2수03-02] 쌓기나무를 이용하여 여러 가지 입체도형의 모양을 만들고, 그 모양에 대해 위치나 방향을 이용하여 말할 수 있다. [2수03-03] 교실 및 생활 주변에서 여러 가지 물건을 관찰하여 삼각형, 사각형, 원의 모양을 찾고, 이를 이용하여 여러 가지 모양을 만들 수 있다.

'마을'에 대한 탐구는 학생들의 경험에서 출발한다. "우리가 살고 있는 마을은 어떤 모습일까요?" 학생들에게 이 질문을 던졌을 때 자신의 경험 속 마을 이야기를 꺼내며 눈을 반짝이는 모습을 보았다. 어떤 학생은 집 앞 공원을 떠올리고, 어떤 학생은 동네 가게와 사람들의 이야기를 전했다. 그들의 관심은 마을의 모습에 머물지 않고 '행복한 마을이란 무엇일까?'라는 질문으로 이어졌다. 이번 탐구는 바로 이 호기심에서 시작되었다.

학생들은 마을의 모습을 탐구하며 사람들이 하는 일을 깊이 이해했다. 자신이 좋아하는 장소를 그림으로 표현하거나 마을을 직접 탐험하며 마을의 구성 요소를 관찰하고 기록했다. 이 과정에서 마을이 단순한공간이 아니라 서로의 역할과 협력으로 이루어진 복합적인 공동체임을 깨달았다. 그다음으로 학생들은 마을 사람들의 역할이 공동체에 미치는 영향을 탐구했다. 인터뷰와 놀이 활동을 통해 마을에서 사람들이 서로 협력하며 살아가는 모습을 이해하고 더 나은 마을을 만들기 위해 필요한 노력을 고민했다. 이 활동은 공동체의 중요성과 각자의 기여가 공동체의 발전에 미치는 영향을 배우는 계기가 되었다. 마지막으로 학생들은 행복한 마을을 위한 자신의 역할을 고민하며 실천으로 연결했다. 자신이 할 수 있는 작은 실천 계획을 세우고 행복한 마을을 만들기 위한 아이디어를 그림과 글로 표현했다. 탐구의 최종 결과물로 제작된 '우리 마을 그림책'은 마을의 모습과 역할, 그리고 학생들이 스스로 고민한 책임과 실천을 담아낸 작품이다. 이번 탐구는 단순히 마을에 대한 지식을 배우는 데 그치지 않고 학생들이 공동체의 일원으로서 자신의 역할을 고민하며 행동으로 옮길 수 있는 계기를 제공하였다. 또한, 마을과 자신이 어떻게 연결되어 있는지를 이해하며 더 나은 공동체를 만들어가는 데 기여할 수 있기를 기대한다.

1) 탐구 들어가기

2학년 '우리 자신을 조직하는 방식'에서는 '마을'에 대해서 탐구한다. UOI 탐구의 도입 단계에서 학생들의 흥미를 유발하고 학습 주제에 대해 사고를 확장하여 탐구에 몰입할 수 있도록 몇 가지 활동을 진행하였다.

가) 마을 마인드맵 그리기

첫 번째 활동은 '마을' 마인드맵 그리기다.

학생들이 각자 마을에 대해 떠올린 내용을 최대한 많이 써 보았다. 어떤 친구는 표로 정리하기도 하고 어떤 친구는 생각나는대로 단어를 마구 쓰기도 했다. 바로 마인드맵으로 그려도 되지만 쓸 내용을 미리 다른 종이에 정리해 둔 다음 마인드맵으로 작성해 보았다.

['마을' 마인드맵 그리기]

학생들은 자기 나름대로의 기준을 활용해서 마인드맵을 작성하였다. 가게, 식당(건물), 사람, 자연 같은 기준도 있고, 학원이 많은 곳에 사는 아이들은 '학원'이라는 기준을 세워 분류하기도 하였다. 마을에서 하는 놀이, 아파트들, 친구들을 기준으로 분류하기도 하고, 1학년 때 배운 '가족'의 개념을 마을 안에 넣어 분류하기도 하였다. 이렇게 학생들이 작성한 마인드맵을 통해 학생들이 마을에 대해 어느 정도 알고 있는지 배경지식을 파악하였다.

나) 함께 읽는 그림책('나만 아는 우리 동네')

그림책은 복잡한 개념을 단순하고 시각적으로 전달할 수 있는 강력한 도구이다. 그림책을 통해 '마을'이라는 개념에 대해 직관적으로 접근할 수 있다. 그림책은 단순히 정보나 지식을 전달하는 데 그치지 않고 상상력과 창의력을 자극하여 학생들이 주제에 대해 더 깊이 생각하고 스스로 아이디어를 떠올리는데 도움을 준다. 2학년 학생들은 아직 긴 글에 집중하는 것이 어렵다. 그래서 글로만 이루어진 자료보다 그림과 글이 함께 있는 그림책이 더 높은 학습 참여를 이끌어낸다.

아이디어 노트

그림책을 함께 읽는 과정에서 자연스럽게 질문과 대답이 오가면 학생들이 더 깊이 있게 탐구한다. 등장인물에 대해 질문과 답변을 주고받으며 책을 읽으면 더욱 효과적이다.

"수첩을 잃어버린 지윤이는 어떤 마음이었을까요?"

"숙제를 해야 하는데 수첩이 없어져서 당황했을 것 같아요." 

"속상하고 슬펐을 것 같아요." 

"어디에 놔뒀을지 계속 생각하고 고민했을 것 같아요." 

"지윤이의 수첩에 그려진 그림 중에 가장 마음에 드는 장소는 어디인가요?"

"지윤이의 수첩에 그림을 그린 사람들 중 가장 만나보고 싶은 사람은 누구인가요?"

책을 읽은 후, 학생들은 책 속에서 본 것, 알게 된 것, 느낀 점, 궁금한 점을 포스트잇에 정리하여 이젤패드에 붙이고 함께 공유하였다. 이젤패드와 포스트잇을 활용하면 학생들의 생각을 시각적으로 정리하고,

[독후 활동을 포스트잇으로 정리(본 것/ 알게 된 것, 느낀 것/ 궁금한 것)]

서로의 의견을 나누며 협력하고 소통하는 데 도움이 된다. 발표를 어려워하는 학생들도 포스트잇에 자신의 생각을 자유롭게 적으면서 수업에 자연스럽게 참여하게 된다. 또한 다른 친구들의 생각을 읽어보면서 새로운 아이디어를 떠올리기도 한다. 전시된 포스트잇은 수업이 끝난 후에도 학생들이 내용을 다시 떠올리거나 활동을 정리하는 데 유용하게 활용된다.

"책 속에서 어떤 것들을 보았나요?"

"무엇을 알게 되었나요? 어떤 것을 느꼈나요?"

"이 책을 읽고 어떤 점이 궁금해졌나요?"

다) 우리 마을 살펴보기

이번 활동을 위해 사전에 알림장을 통해 과제를 안내하였다. 과제는 '내가 사는 마을의 모습을 사진으로 찍어 올리기'이다.

과제: 다음 탐구단원(HWOO)을 위한 개인별 사진 준비

*내가 사는 우리 마을(동네)의 모습 사진 10장 클래스팅에 19일(금)까지 올리기

1. 부모님과 함께 우리 마을(동네)을 둘러보고 사진을 찍어 주세요.

2. 한 사진에 하나의 장소만 담기도록 찍어 주세요.(학생 얼굴이 들어가지 않아도 됩니다.)

3. 학생이 직접 찍고 싶은 장소를 찍을 수 있도록 해 주세요.

4. 안전을 위해 부모님과 학생이 함께 다니며 사진을 찍을 수 있도록 해 주세요.

[탐구 단원 준비를 위한 알림장 기재 내용]

대부분의 학교는 같은 마을에 사는 학생들이 함께 다니는 경우가 많
다. 그렇지만 우리 학교는 다양한 마을에 사는 학생들이 모여 있다. 그
래서 여러 마을의 모습을 함께 관찰할 수 있었다. 학생들은 각기 다른
마을의 사진을 보며 마을에 있는 도로, 건물, 공공 시설 등을 살펴보았
다. 이를 통해 '마을'이라는 공동체가 어떻게 구성되고 운영되는지 자

[학생들이 촬영한 우리 마을의 사진]

연스럽게 느껴보았다. '우리 자신을 조직하는 방식'이라는 초학문적 주제와도 관련성이 높은 중요한 활동이다.

마을의 모습을 충분히 살펴본 뒤 마을의 가게들이 문을 닫은 모습을 사진으로 보여주고 질문을 던졌다. 학생들은 이 질문에 답하면서 마을 사람들의 역할에 대해 생각해 보게 된다.

활동 속으로

 우리 마을 사람들이 모두 일을 하지 않는다면 어떻게 될까요?

불편할 것 같아요.아무것도 못해요. 

사고 싶은 것을 못 살것 같아요. 

다른 마을로 이사가야 해요. 

돈을 못벌어서 힘들어져요. 

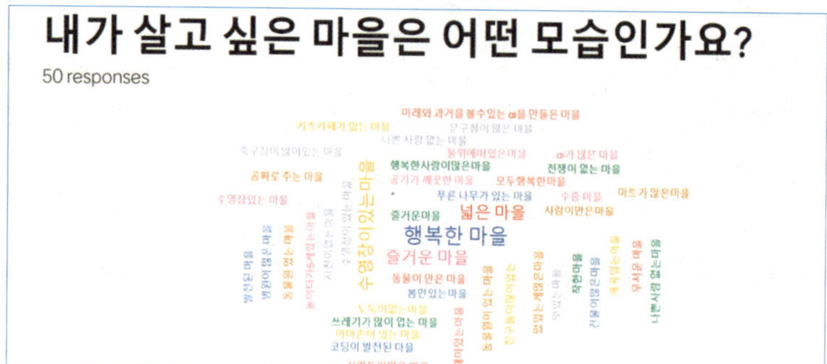

[내가 살고 싶은 마을의 모습(멘티미터)]

그런 다음, "내가 살고 싶은 마을은 어떤 모습인가요?"라고 질문하였다. 멘티미터를 활용하여 학생들이 생각하는 '살고 싶은 마을의 모습'을 정리하였다.

아이디어 노트

'내가 살고 싶은 마을의 모습'에 대해 고민하고 답을 생각하는 과정에서 학습 주제인 '마을'과 '나' 사이의 연결을 느끼게 된다. 이 경험은 이후의 탐구 활동에 더 적극적으로 참여하고 몰입하도록 한다. 또한 학생들은 자신이 바라는 마을의 모습을 이야기하면서 마을이 어떻게 구성되고 운영되는지에 자연스럽게 관심을 가진다.

2) 탐구 계획 세우기

가) I notice, I wonder 활동으로 탐구에 대한 생각 넓히기

I notice, I wonder는 탐구 과정에서 관찰과 질문을 통해 사고를 확장할 수 있도록 돕는 사고 도구이다. I notice는 명확한 관찰을 통해 눈에 띄는 점에 주목하게 하며, I wonder는 이러한 관찰을 바탕으로 질문을 만들고 궁금한 점을 표현하도록 이끈다. 이 활동은 단순히 보이는 것을 말하고 그것에 대한 호기심을 떠올리는 과정을 통해 사고력을 키우

는 데 유용하다.

앞서 진행한 도입 활동과 질문에 대한 학생들의 답변을 바탕으로 본 활동에서는 학생들이 보고 생각한 점과 궁금한 점을 학습지에 정리했다. 이때 I notice, I wonder 전략을 활용하여 관찰력을 기르고 호기심을 자극하였다. 학습지를 작성한 후에는 친구들과 함께 내용을 공유하고 서로의 생각을 나누었다.

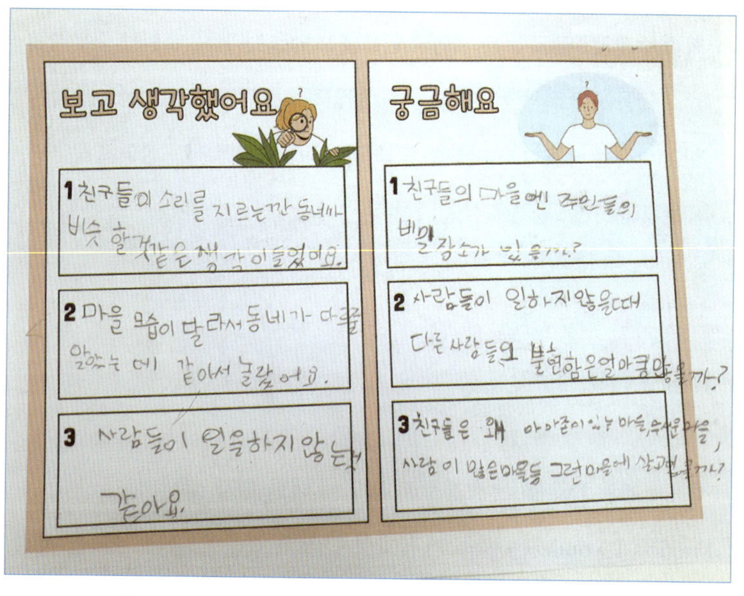

[학습지 – 보고 생각했어요, 궁금해요(I notice, I wonder)]

아이디어 노트

I notice 단계에서는 색깔, 형태, 패턴, 크기 등 구체적인 특징에 집중하여 세부적인 요소를 명확하게 표현하도록 한다. I wonder 단계에서는 정답이 정해져 있지 않은 열린 질문을 만들어 보도록 유도하면 더 확장적인 탐구가 가능하다.

나) 탐구 질문 만들기

앞서 진행한 활동들과 I notice, I wonder 학습지를 바탕으로 학생들은 자신이 탐구하고 싶은 질문을 만들어 보았다. 질문을 만들 때에는 예/아니오로 답변할 수 없는 개방형 질문이 되도록 안내하였다. 또 친구들과 함께 오랫동안 고민하고 깊이 있게 탐구할 수 있는 질문을 만들어보라고 하였다.

아직 2학년 학생들은 명시된 개념에 익숙하지 않기 때문에 질문을 만들기 전에 예시를 제공하였다. 하지만 예시에 제시된 질문이 아니어도 괜찮으며 다양한 질문을 만들어도 된다는 점도 함께 이야기해 주었다.

명시된 개념	질문 만들기	
형태	어떤 모습일까요? 어떤 색깔일까요?	어떤 모양일까요? 크기가 어떤가요?
기능	어떤 역할을 하나요? 어떻게 ~ 했을까요?	어떻게 작동할까요? 어떻게 작용하나요?

인과관계	왜 그런가요? 왜 그런 일이 생겼나요?	~ 때문에 어떤 일이 일어났나요? 이유는 무엇일까요?
변화	어떻게 변화되고 있나요?	무엇이 바뀌었나요?
연결	어떤 관계가 있나요?	어떤 영향을 주고받나요? 어떻게 연결되나요?
관점	어떻게 생각하나요?	어떤 눈으로 볼 수 있나요?
책임	~ 위해 우리는 무엇을 해야 하나요?	~ 위해 나는 어떻게 해야 할까요?

[저학년을 위한 명시된 개념으로 질문 만들기]

질문을 포스트잇에 쓸 때에는 멀리서도 질문 내용이 잘 보이도록 컴퓨터용 사인펜, 네임펜, 또는 진한 볼펜을 사용하였다. 작성된 질문 포스트잇은 교사와 학생이 함께 명시된 개념에 따라 분류하여 만다라트 표에 붙였다.

어떤 질문은 명시된 개념 중 어디에 해당하는지 명확하지 않은 경우도 있었다. 이럴 때에는 질문을 만든 학생과 직접 이야기를 나누며 그 질문이 어떤 내용을 탐구하고자 하는 것인지 초점을 함께 찾아보았다. "정말 궁금한 것이 무엇이야?", "왜 그런지(인과관계) 궁금한 것이 무엇이야?", "어떻게 바뀌는지(변화) 알고 싶은 거야?"와 같은 질문을 던지며 생각을 정리하도록 도왔다.

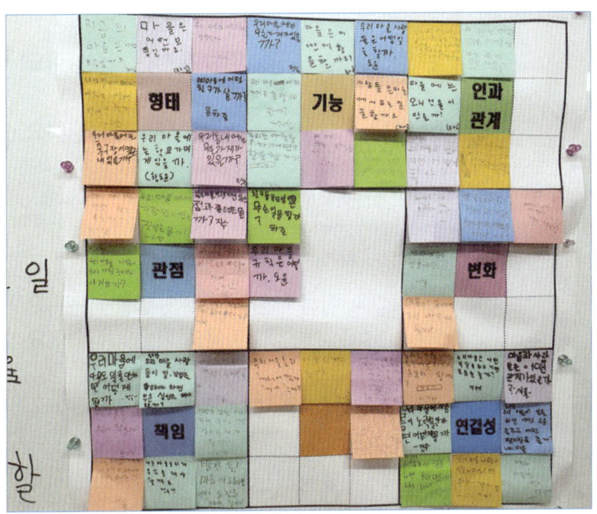

[명시된 개념별로 질문 분류하기(만다라트)]

다) 키워드 뽑아내기

이제 학생들이 만든 질문을 바탕으로 이번 UOI의 키워드를 뽑았다.

활동 속으로

 여러분들이 만든 질문을 다시 한번 살펴볼게요.
무엇에 대해서 탐구하는 질문이죠?

마을이요. 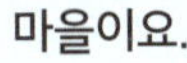

 마을의 무엇에 대해 탐구하는 질문이죠?

마을의 모습이요. 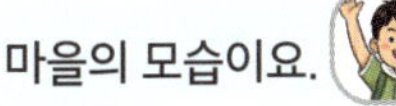

학생들과의 이야기를 바탕으로 이번 단원에서 탐구해야 할 4가지 주제를 선정하여 정리하였다. 이 키워드들은 칠판에 항상 붙여두고 UOI 탐구 활동이 진행되는 동안 학생들이 필요할 때마다 확인하고 참고할 수 있도록 하였다.

라) 탐구 목록과 명시된 개념 정하기

앞에서 만든 탐구 질문과 키워드를 바탕으로 탐구 목록을 만들었다.

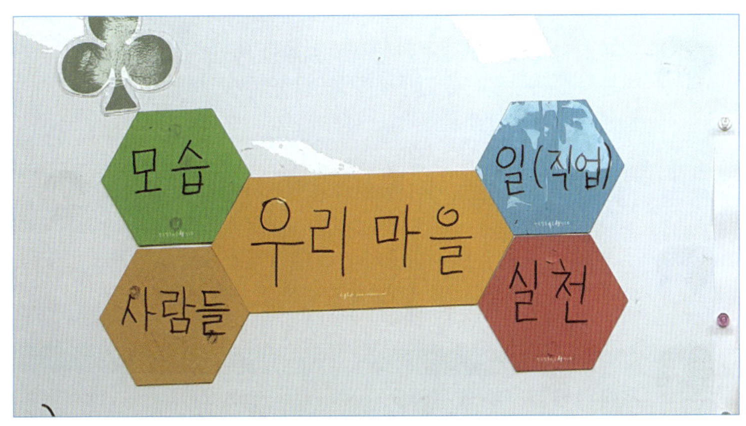

[이번 UOI의 핵심 키워드]

활동 속으로

 지난 시간에 만든 탐구 질문과 키워드를 바탕으로 탐구 목록을 만들어 봅시다. 우리는 무엇에 대해서 탐구하나요?

우리 마을이요. 마을의 모습이요. 마을 사람들이요. 

마을 사람들이 하는 일이요.
마을을 위해 우리가 실천할 일이요. 

 마을의 모습과 마을 사람들이 하는 일은 어떤 렌즈로 탐구하면 좋을까요?

"형태요.", "기능이요." 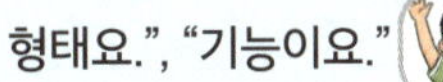

 첫 번째 탐구 목록은 '마을의 모습과 사람들이 하는 일'로 정하고, 기능의 렌즈를 활용하여 탐구해 볼게요.

이 과정을 통해 이번 UOI의 세 가지 탐구 목록과 그에 따른 명시된 개념이 정해졌다.

명시된 개념	탐구 목록
기능	마을의 모습과 사람들이 하는 일
연결	사람들의 일이 우리에게 주는 도움
책임	행복한 마을을 위한 나의 역할

[2학년 HWOO UOI의 명시된 개념과 탐구 목록]

아이디어 노트

이번 UOI는 사람들이 서로 도움을 주고받는 공간으로서의 마을이라는 '연결'의 개념에 초점을 두어 구성하였다. 이 구성 외에 교과서의 내용을 중심으로 탐구 목록을 구성하고자 한다면, 아래와 같은 형태의 탐구 목록과 명시된 개념을 활용하여 단원을 설계해도 좋다.

명시된 개념	탐구 목록
형태	마을의 모습
기능	사람들이 하는 일
책임	행복한 마을을 위한 나의 역할

[2학년 HWOO UOI의 명시된 개념과 탐구 목록 다른 예시]

마) 탐구 계획하기(배움 지도 만들기)

2022 개정 교육과정의 통합교과 교과서는 모듈식으로 구성되어 있다. 교사와 학생은 교과서를 함께 살펴보며 배움 지도를 만들고 활동과 순서를 정해 수업을 진행하게 된다. 교과서의 '함께 골라요' 코너에 제시된 주제 수업, 놀이 수업, 안전 수업 중에서 활동을 선택하여 배움 지도를 구성한다.

2022 개정 교육과정에서는 배움 지도를 만들 때 학생들의 흥미와 관심을 중심으로 활동을 구성하도록 안내하고 있다. 그러나 우리 학교 1-2학년의 UOI 배움 지도는 개념 기반으로 구성하여 UOI 버블 맵 대

신 사용할 수 있도록 하였다.

　배움 지도에 어떤 내용이 들어가는지 살펴보자.

　UOI의 제목은 탐구 목록 3의 명시된 개념인 '책임'을 바탕으로 '나는야 우리 마을 지킴이!'로 정하였다. 학생들은 '마을' 교과서 내용을 함께 살펴보고 각 탐구 목록에 해당하는 키워드를 찾아 분홍색 포스트잇에 정리하였다. 이후 모둠별로 탐구 목록과 명시된 개념, 키워드를 살펴본 다음, 각 탐구 목록을 대표할 수 있는 탐구 질문을 토의하여 만들고 포스트잇에 정리하였다.

　마지막으로 이 탐구 목록에서는 어떤 활동이 적절할지 생각해보고

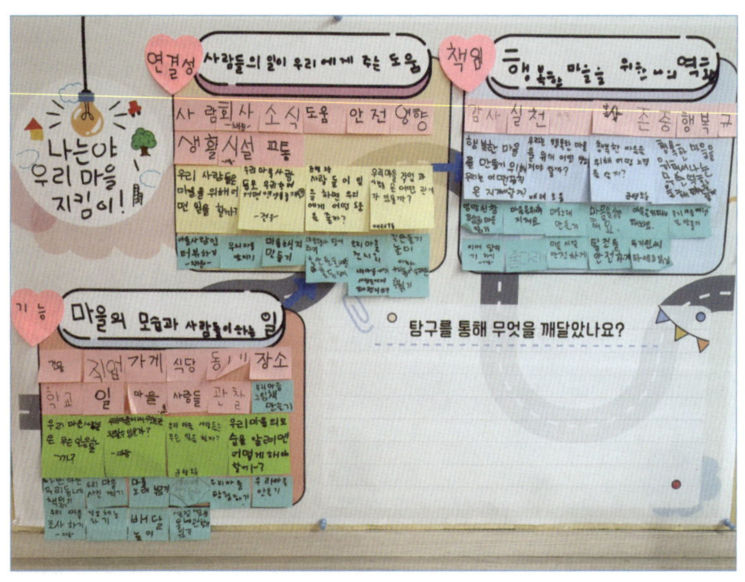

[학급 게시판에 전시된 탐구 계획(배움 지도)]

활동 아이디어를 민트색 포스트잇에 적어 붙여 배움 지도를 완성했다.

배움 지도 하단의 '탐구를 통해 무엇을 깨달았나요?' 부분은 UOI

마지막 단계에서 학생들이 중심 아이디어를 만들어 채워가려고 한다.

명시된 개념	학습 접근 방법	학습자상	탐구 목록
기능	조사 기능	탐구하는 사람	마을의 모습과 사람들이 하는 일
연결	의사소통 기능	소통하는 사람	사람들의 일이 우리에게 주는 도움
책임	대인관계 기능	원칙을 지키는 사람	행복한 마을을 위한 나의 역할

[2학년 우리 자신을 조직하는 방식 UOI]

3) 탐구 활동하기

가) 탐구 목록1: 마을의 모습과 사람들이 하는 일

탐구 질문

1. 우리 마을에는 어떤 장소가 있고, 각각의 장소는 어떤 역할을 할까?

2. 우리 마을 사람들은 어떤 일을 하고 있을까?

명시된 개념: 기능

(1) 우리 마을을 다양한 방법으로 표현하기

탐구 목록 1을 시작하며 그림책 『어슬렁어슬렁 동네 관찰기』를 함께 읽었다. 학생들은 그림책 속 관찰 장면을 살펴보며 우리 마을에서는 어떤 것들을 관찰하면 좋을지 생각해 보았다. 이후 인상 깊은 장면을 글과 그림으로 표현하며 마을의 구체적인 모습을 관찰하는 방법을 배웠다.

[기억에 남는 장면(그림, 글)]

이어 "우리 마을을 한 단어로 표현한다면?"이라는 질문에 대한 대답을 비주얼싱킹 기법을 활용해 표현하였다. 학생들의 아이디어를 한 곳에 모아 전시한 뒤 재미있는 생각들을 함께 공유하며 마을에 대한 이해를 넓혔다.

이후에는 우리 마을에서 좋아하는 장소를 그려오는 사전 과제를 제시하였다. 학생들은 직접 동네를 돌아다니며 마음에 드는 장소를 관찰하고 선택하여 그림으로 표현하였다. 16절 도화지의 오른쪽에는 장소를 그림으로 표현하고 왼쪽에는 장소를 소개하는 글을 작성하여 장소의 특징과 선택한 이유를 구체적으로 정리하였다. 또한 학생들은 『어

[우리 마을을 한 단어로 표현하기]

슬렁어슬렁 동네 관찰기』처럼 흥미로운 제목을 붙이며 창의적으로 표현하였다.

완성된 작품은 교실에 전시하고 학생들은 서로의 그림과 글을 친구들에게 소개해보았다. 친구들의 이야기를 들으며 각 마을만의 매력을 느끼고 가장 기억에 남는 장소에 대해 이야기하면서 자신의 생각을 확

[우리 마을에서 내가 좋아하는 장소 소개하기]

장하였다. 이 활동을 통해 학생들은 관찰력과 표현력을 기르고 마을과 장소의 역할에 대해 새롭게 이해하였다.

수학 교과와 연계하여 삼각형, 사각형, 원 등 평면도형을 활용해 마을의 모습을 표현하고 이후 쌓기나무를 이용해 입체적으로 마을을 만들어 보았다. 학생들은 평면도형 활동에서 도형을 배치하며 창의적으로 마을을 구상했고 쌓기나무 활동에서는 마을을 실제로 구성해 보았다.

[마을의 모습 표현하기(평면도형, 쌓기나무)]

아이디어 노트

'마을의 모습'에 대한 탐구라는 동일한 주제를 글, 그림, 평면, 입체 등 다양한 방식으로 표현함으로써 여러 관점에서 사고하고 탐구할 수 있도록 활동을 설계하였다. 이는 학생들의 창의성과 문제 해결력을 동시에 키울 수 있는 효과적인 접근법이다.

『어슬렁어슬렁 동네 관찰기』의 그림들을 보니까 우리 마을 도 구석구석 관찰하고 싶어졌어요. 

친구들마다 좋아하는 장소가 달라서 신기했어요. 

평면도형으로 만든 마을은 그림 같아서 예뻤고, 쌓기나무로 만든 마을은 진짜 같아서 더 생생했어요. 

(2) 우리 마을 탐험하기

학교 주변 마을을 탐험하기 위해 탐험 계획을 세웠다. 학생들은 마을에서 관찰하고 싶은 대상을 정하고, 탐험에 필요한 준비물과 안전 수칙을 모둠별로 논의하며 계획을 세웠다. 이 과정을 통해 마을 탐험에 대한 기대감을 높일 수 있었다.

마침내 학생들이 기다리던 마을 탐험 날이 되었다. 마을과 관련된 노

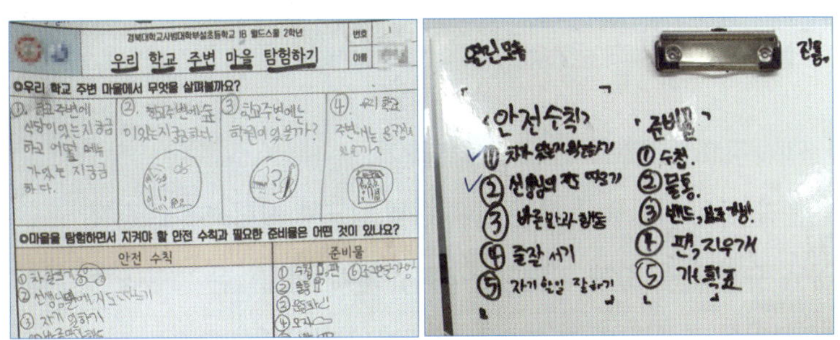

[마을 탐험 계획 세우기]

래를 부르며 탐험에 대한 기대감을 한껏 높였고, 지난 시간에 세운 탐험 계획과 안전 수칙을 다시 확인하며 탐험 준비를 마쳤다. 탐험 시간에는 학교 주변의 마을을 걸으며 다양한 장소를 직접 관찰하였다. 노래에서 들었던 장소를 실제로 확인하거나, 새롭게 발견한 장소를 통해 즐거움을 느끼는 모습도 볼 수 있었다. 탐험을 마친 후에는 마을 지도를 활용해 새롭게 알게 된 장소를 표시하고, 알게 된 점, 느낀 점, 그리고 새롭게 생긴 궁금한 점 등을 정리하였다. 이 활동을 통해 학생들은 마을에 대한 이해를 한층 더 넓힐 수 있었다.

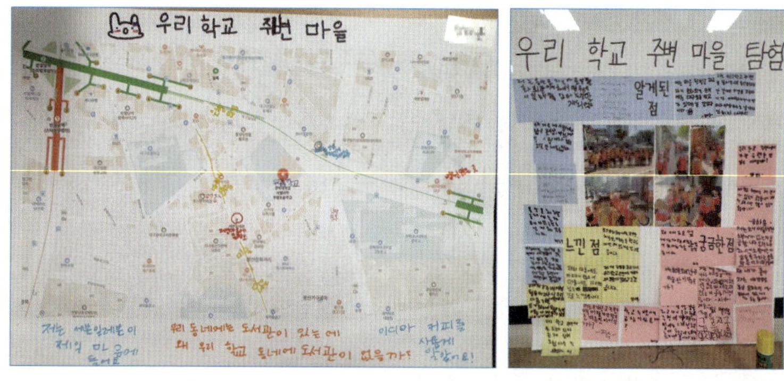

[마을 탐험 후 결과 정리하기]

(3) 우리 마을 사람들이 하는 일 알아보기

우리 마을 사람들이 하는 일에 대해 탐구를 시작하며 그림책 『우리 동네 슈퍼맨』을 함께 읽었다. 이 책을 통해 학생들은 마을 안에 다양한 직업이 존재하며, 그 직업들이 각자의 자리에서 중요한 역할을 하고 있다는 것을 깨달았다. 또한 각 직업의 의미와 가치를 새롭게 이해

◎ 내가 생각하는 우리 동네 슈퍼맨은 누구인가요?

[’우리 동네 슈퍼맨’ 독후 활동]

하였다.

이제 '우리 마을의 슈퍼맨'을 직접 찾아보기 위해 학생들은 인터뷰할 대상을 정하고 질문을 준비하였다. 이 과정에서 마을 사람들의 역할에 대해 깊이 있게 탐구하였으며 인터뷰 방법도 함께 연습하였다. 준비물을 챙긴 뒤 실제로 인터뷰를 진행하고 그 내용을 각자 학습지에 정리

[우리 마을 슈퍼맨 인터뷰하기]

하였다. 발표 시간에는 인터뷰 사진과 내용을 공유하며 마을 사람들이 수행하는 다양한 역할과 노력을 이해하는 시간을 가졌다. 학생들은 발표를 통해 직업이 단순한 일이 아니라 마을을 유지하고 돕는 중요한 역할을 하고 있다는 점을 자연스럽게 인식하게 되었다.

이후에는 학교 진로 체험 행사에 참여하여 반려동물 지도사, 파티시에, 푸드 아티스트, 방송 댄스, 가죽공예 등 다양한 직업을 직접 체험해 보았다. 이를 통해 학생들은 이전 탐구에서 배운 직업의 역할과 중요성을 더욱 깊게 이해할 수 있었다.

[진로 체험 행사]

아이디어 노트

이번 탐구 활동을 통해 학생들이 발견한 직업의 기능적 중요성은 다음 탐구 목록인 '마을 사람들이 하는 일이 미치는 영향'으로 자연스럽게 확장될 수 있다. 이는 탐구의 흐름이 유기적으로 이어지도록 한다.

나) 탐구 목록2: 마을 사람들이 하는 일이 미치는 영향

(1) 마을 사람들이 우리에게 주는 도움

이번 탐구는 우리 마을의 문화예술 공연을 관람하며 마을 속 다양한 활동이 사람들에게 어떤 영향을 미치는지 탐구하는 것으로 시작하였다. 세계적인 피아니스트의 공연을 감상하며 마을의 문화예술 활동이 공동체의 삶에 가져다주는 의미와 가치를 느낄 수 있었다.

[마을에서 열리는 문화예술공연 관람하기]

이후에는 마을 축제를 주제로 한 놀이 활동을 통해 마을 사람들의 역할을 직접 체험해 보며 마을과 개인의 상호작용을 탐구했다. 학생들은 인터뷰 활동을 통해 탐구한 내용을 바탕으로 마을 사람 역할을 맡아 직업 카드를 활용해 서로 이야기를 나누었다. 대화 예시와 상황을 함께 살펴보며 마을 사람들과 우리가 어떤 도움을 주고받는지 구체적으로 이해할 수 있었다. 이 과정을 통해 학생들은 다양한 직업의 가치를 배우고 공동체 안에서 각자의 역할이 어떻게 연결되어 있는지를 깨달았다. 친구들과 대화를 나누고 각자의 역할을 연기하는 활동을 통해 마을 사람들 간의 협력과 상호작용의 중요성을 자연스럽게 탐구하였다.

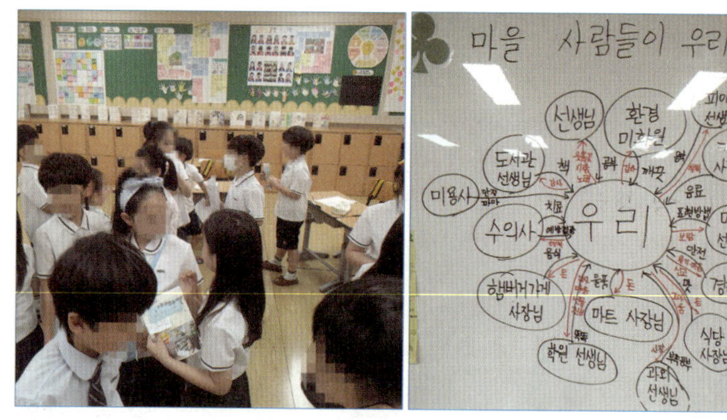

[마을 축제 놀이]

아이디어 노트

나만의 한 문장

학생들이 탐구 내용을 한 문장으로 정리하는 활동은 자신만의 언어로 학습의 본질을 파악하고 표현하는 과정을 통해 사고를 심화시킨

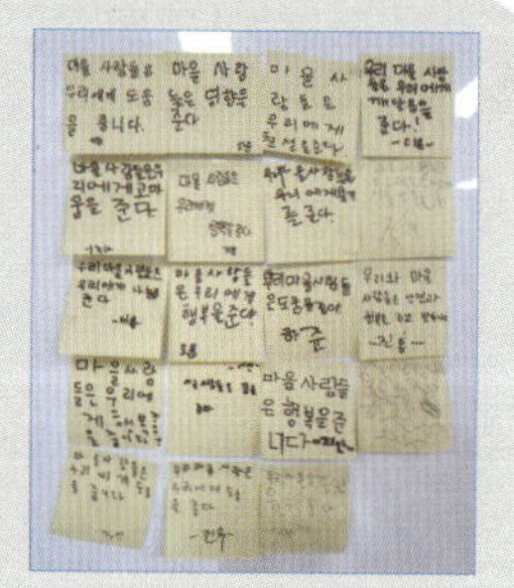

다. 이는 학생들 각자의 독창적인 시각을 드러내는 동시에 교사가 학습의 결과와 과정을 깊이 들여다볼 수 있는 창을 제공한다.

활동 속으로

안녕하세요, 환경미화원님! 오늘도 마을을 깨끗하게 만들어 주셔서 감사합니다. 일이 많이 힘드시진 않으세요?

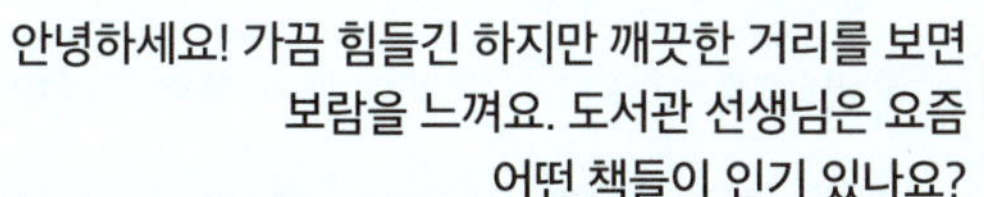
안녕하세요! 가끔 힘들긴 하지만 깨끗한 거리를 보면 보람을 느껴요. 도서관 선생님은 요즘 어떤 책들이 인기 있나요?

요즘엔 동화책이 많이 대출되고 있어요. 환경미화원님 덕분에 아이들이 깨끗한 환경에서 책을 읽을 수 있답니다!

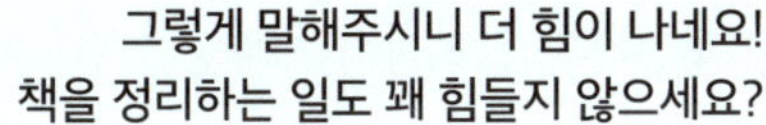
그렇게 말해주시니 더 힘이 나네요! 책을 정리하는 일도 꽤 힘들지 않으세요?

가끔 정리할 책이 많으면 조금 힘들지만, 아이들이 책을 좋아하는 모습을 보면 보람을 느껴요!

(2) 더 살기 좋은 우리 마을 만들기

자신이 살고 싶은 마을을 상상하며 제한된 자원 내에서 마을을 설계하고 제작해보았다. 모둠별로 마을의 방향성을 정한 후 꼭 필요한 시설

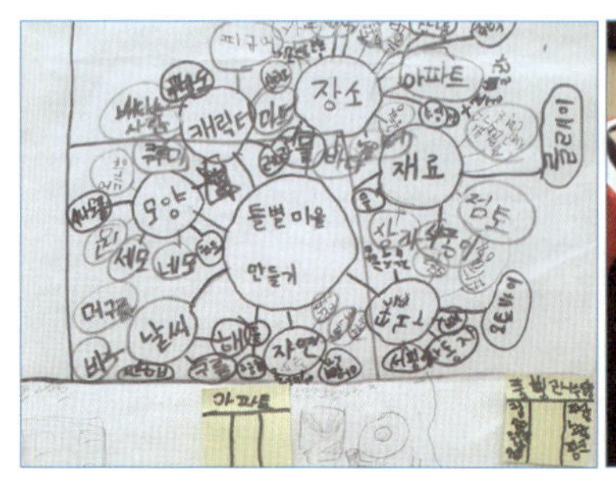

[내가 살고 싶은 우리 마을 만들기]

을 고민할 수 있도록 건물을 4개만 만들 수 있는 제한을 두었다. 이 과정을 통해 학생들은 어떤 시설이 가장 중요한지 판단하고 건물의 이름, 재료, 제작 방법 등을 구체적으로 계획하며 창의적으로 제작하였다.

마을을 완성한 뒤에는 자신들이 만든 마을에서 불편한 점이나 부족한 시설을 살펴보고 이를 보완할 수 있는 아이디어를 모둠 안에서 함께 토의하였다. 병원, 공원, 도서관 등 추가로 필요한 시설을 고민하면서 마을을 개선하고 발전시키는 과정을 경험하였다. 이러한 활동을 통

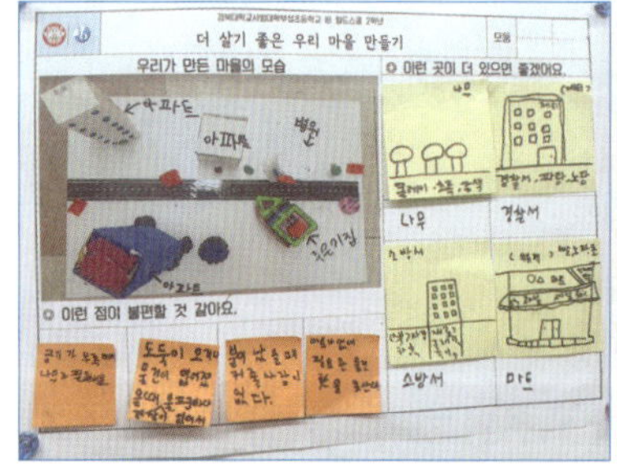

[더 살기 좋은 우리 마을 만들기]

해 마을의 기능적인 요소들이 어떻게 연결되고 조화를 이루는지를 탐
구해보았다.

　마지막으로, 자신들이 만든 마을을 소개하는 자료를 준비하고 '둘 남
고 둘 가기' 활동을 통해 친구들에게 마을을 소개하였다. 이 활동은 학
생들에게 마을의 기본적인 구성 요소를 이해하게 하는 것은 물론 더 나
은 공동체를 만들기 위해 무엇이 필요한지를 고민할 수 있도록 도와주
는 의미 있는 시간이었다. 이 탐구는 다음 탐구 목록인 '행복한 마을을
위한 사람들의 역할과 협력'으로 자연스럽게 이어지는 기반이 되었다.

[우리가 만든 마을 소개하기]

아이디어 노트

이 활동은 단순히 마을을 설계하고 만드는 데서 끝나는 것이 아니라 초기
설계, 평가, 개선의 과정을 반복하면서 단계별 사고를 발전시킨다. 이러
한 순차적인 사고 과정은 학생들이 문제를 체계적으로 접근하고 해결할
수 있는 능력을 기르는 데 효과적이다.

다) 탐구 목록3: 행복한 마을을 위한 나의 역할

탐구 질문

1. 행복한 마을을 만들기 위해 나는 무엇을 할 수 있을까?
2. 행복한 마을을 위해 나는 어떤 태도를 가져야 할까?

명시된 개념: 기능

(1) 행복한 마을의 모습에 대한 생각 나누기

세 번째 탐구 목록은 UOI의 시작부터 함께 해온 동화 『목기린 씨, 타세요!』를 중심으로 진행하였다. 학생들은 목기린 씨가 마을 사람들과 협력해 모두가 탈 수 있는 버스를 완성해 나가는 과정을 통해 행복한 마을을 만들기 위해 협력과 배려가 얼마나 중요한지를 탐구하였다. 이 이야기는 차이가 차별이 되지 않도록 노력해야 한다는 메시지와 함께 사회적 약자를 위한 용기와 협력의 가치를 자연스럽게 전달해 주었다.

[『목기린 씨, 타세요!』 마음 흐름도]

이 차시는 IB 월드스쿨 공개수업으로 운영되었다. 학생들은 목기린 씨의 마음을 흐름도로 정리하고 '행복한 마을을 만들기 위해 내가 할 수 있는 일'을 비주얼싱킹으로 표현하였다. 발표 시간에는 서로의 이야기를 경청하며 다양한 의견을 나누었고 활동을 마무리하며 자신이 느낀 점을 '나만의 한 문장'으로 정리하였다 이 활동을 통해 학생들은 '다름'을 이해하고 존중하는 마음을 키웠으며 각자의 역할과 특별함

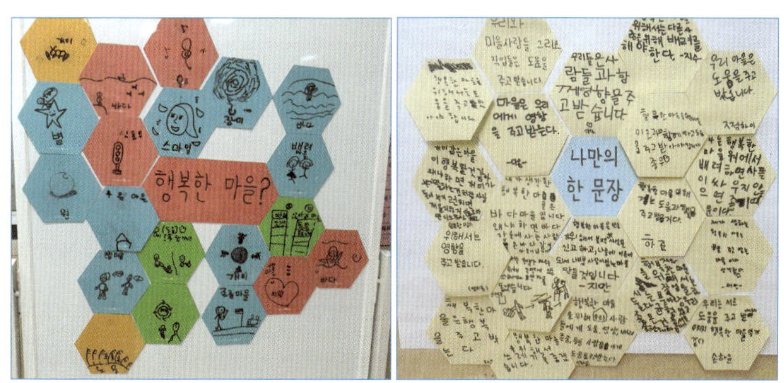

[행복한 마을에 대한 내 생각(왼), 나만의 한 문장(오른)]

이 공동체에 긍정적인 기여를 할 수 있다는 사실을 깨닫는 소중한 경험을 하였다

아이디어 노트

슬로 리딩은 학생들이 책의 메시지와 감정을 깊이 있게 이해하도록 도와주는 읽기 방법이다. 이 과정을 통해 학생들은 등장인물의 마음과 행동을 공동체의 모습과 연결 지으며 이야기 속에서 협력과 배려의 가치를 자연스럽게 배울 수 있다.

(2) 행복한 마을을 위해 내가 할 수 있는 일 계획하고 실천하기(액션)

이 활동은 학생들이 행복한 마을을 만들기 위해 구체적인 액션을 계획하고 실행하는 데 초점을 두었다. 학생들은 친구들과 함께 토의하며 쓰레기 줍기, 분리수거, 플로깅, 마을 불편 사항 알리기 등 자신이 실천할 수 있는 활동을 선택하고 구체적인 방법을 계획하였다. 이 과정을 통해 학생들은 자신의 작은 노력이 마을에 어떤 긍정적인 영향을 줄 수 있는지를 직접 경험해 볼 수 있었다.

학생들은 일주일 동안 각자 선택한 활동을 실천하며 작은 실천들이 공동체의 변화를 이끌어낼 수 있다는 사실을 몸소 느꼈다. 실천이 끝난 후에는 활동 결과를 정리하고 친구들과 공유하면서 책임 있는 행동과 협력의 가치에 대해 다시 한번 생각해 보았다.

[행복한 마을을 위한 실천 계획 세우기]

이후 마을을 위해 노력하는 분들께 감사 편지 쓰기 활동을 진행하였다. 이 경험은 학생들이 나눔과 배려의 의미를 되새기고, 행복한 마을을 위한 실천이 얼마나 중요한지를 깨닫는 뜻깊은 시간이었다.

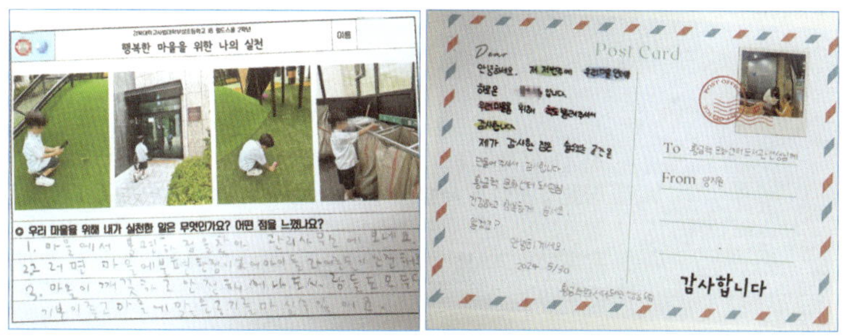

[행복한 마을을 위한 실천 결과 공유하기]

아이디어 노트

실천 계획을 세우고 이를 공유하는 활동은 학생들이 배운 내용을 실제 행동으로 연결하도록 도울 수 있다. 일상 속에서 실천 가능한 작은 행동을 탐구하고 그 결과를 친구들과 나누는 경험은 공동체의 변화 가능성을 느낄 수 있게 해준다. 이는 UOI에서 '액션'을 구체화하고 지속 가능한 학습으로 확장시키는 데 매우 효과적이다.

(3) 우리 마을 그림책 만들기(평가)

이번 UOI에서는 각 탐구 목록마다 관련된 그림책을 함께 읽으며 개념과 주제를 탐구하였다. 학생들은 그림책을 통해 마을의 모습과 사람들의 역할을 다양한 관점에서 이해하고, 배움을 점차 확장해 나갔다. 단원의 마지막에는 마을에 대해 탐구한 내용을 바탕으로 새로운 그림책을 만들어보았다.

이 활동은 학생 평가와 연계하여 이루어졌다. 평가 계획은 다음과 같다.

구분	내용
Goal (목표)	학생들은 협업하여 우리 마을 그림책을 제작하고, 이를 통해 마을의 모습과 사람들이 하는 일, 사람들의 도움이 주는 역할, 행복한 마을을 위한 자신의 역할을 탐구한다. 완성된 그림책은 유튜브에 게시하며, 음성 녹음을 통해 이야기를 생동감 있게 전달한다.
Role (역할)	학생들은 마을 탐구자이자 이야기 작가, 삽화가, 성우로서 협력하여 그림책을 제작하고 발표한다.

Audience (청중)	학부모님, 친구들, 선생님, 그리고 유튜브를 통해 시청할 모든 사람들.
Situation (상황)	학생들은 마을의 다양한 모습과 역할을 담은 그림책을 제작하기 위해 협력한다. 각자 한 페이지씩 삽화와 내용을 제작하고, 그림책을 완성한 뒤 음성 녹음을 통해 유튜브에 게시한다. 이 과정에서 각자의 역할과 협력을 바탕으로 행복한 마을의 모습을 구체화한다.
Performance/ Product (성과/산출물)	① 그림책: 학생들이 만든 삽화와 내용으로 구성된 <우리 마을 그림 책> ② 음성 녹음: 그림책 내용을 생동감 있게 표현한 녹음 파일 ③ 유튜브 영상: 완성된 그림책과 음성 녹음을 결합한 영상 ④ 피드백 포스트잇: 다른 반 친구들이 영상을 보고 써준 피드백 포스트잇
Standards (평가기준)	① 마을의 모습과 사람들이 하는 일을 구체적이고 명확하게 설명했는가? ② 사람들이 하는 일이 우리에게 주는 도움을 잘 표현했는가? ③ 행복한 마을을 위해 자신이 할 수 있는 역할을 명확히 나타냈는가? ④ 그림책과 삽화가 탐구 주제를 창의적이고 효과적으로 전달했는가? ⑤ 반 친구들과 협력하며 자신의 역할을 책임감 있게 수행했는가?

[GRASP로 제작한 2학년 HWOO UOI 총괄평가]

학생들은 '우리 마을 그림책'을 만드는 과정에서 마을의 모습, 사람들의 역할, 그리고 행복한 마을을 위한 자신의 역할에 대해 생각하고 표현해 보았다. 각자 한 페이지 분량의 삽화와 글을 작성하였으며 각자의 개성과 배움을 담아냈다. 완성된 그림책은 음성 녹음과 함께 유튜브에 게시하였고 학생들은 큰 성취감을 느꼈다. 또한 자신들의 작품을 통해 공동체에 기여하는 기쁨과 보람을 느끼는 소중한 경험을 할 수 있었다.

다음은 평가 활동의 결과물인 그림책의 일부이다.

[우리 마을 그림책 만들기]

최종 결과물은 유튜브(우리 마을 그림책 – 우리 마을의 비밀)에 탑재되어 있다.

(우리 마을 그림책 – 우리 마을의 비밀)

아이디어 노트

2학년 각 반마다 만든 개성이 담긴 그림책과 영상을 공유하였다. 친구들의 작품을 감상한 후에는 댓글로 칭찬과 응원의 메시지를 남기는 활동도 함께 진행하였다. 이 과정은 학생들에게 상호 피드백의 중요성을 자연스럽게 익히게 하고, 학습 성과를 함께 나누는 기쁨을 느끼게 하였으며, 서로의 아이디어에 긍정적인 자극과 영감을 주는 계기가 되었다.

그림책 칭찬 댓글 나누기

활동 속으로

우리 마을 탐험 이야기는 어떻게 시작할까? 처음에는 학교에서 탐험 계획을 세우는 장면이 좋지 않을까? 

응! '학생들이 지도를 보며 탐험할 장소를 정하는 모습'으로 시작하면 재미있을 것 같아. 

그럼, 다음은 친구들이 마을을 돌아다니며 사진을 찍고, 노트를 쓰는 장면을 그리면 좋겠다! 

좋아, 마트 앞에서 사람들이 장을 보는 장면이나, 공원에서 아이들이 뛰어노는 장면도 넣자. 

4) 성찰 및 전이하기

가) 성찰하기

UOI를 마무리하며 성찰 활동을 진행하였다. 학생들은 단원 시작 시 작성한 초기 마인드맵과 마지막에 완성한 마인드맵을 비교하며 탐구 과정에서 새롭게 배운 점과 변화된 생각을 살펴보았다. 마인드맵은 시각적으로 생각의 변화를 정리하는 데 도움을 주었다. 이를 통해 학생들은 전체 탐구 활동의 흐름과 연결을 보다 명확히 이해하고 각 활동의 의미를 다시 한번 되새겨보았다.

학생들은 자유롭게 성찰 일지를 작성하며 자신이 배운 점, 느낀 점,

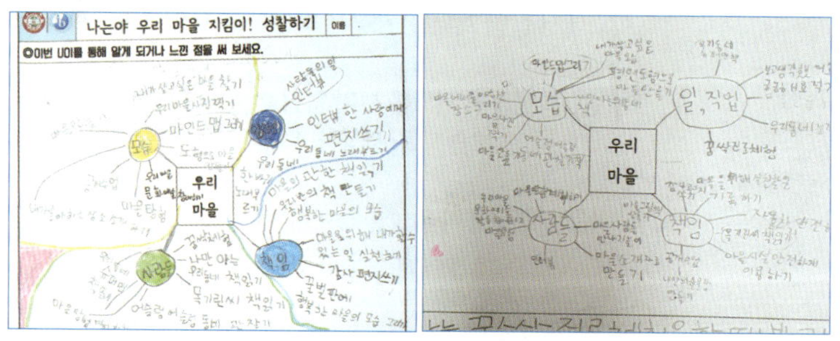

[탐구 활동 돌아보기(마인드맵)]

그리고 앞으로 실천하고 싶은 계획을 구체화하였다. 모둠을 이루어 성찰을 나누는 과정에서 협력의 중요성을 다시 한번 확인하였다. 또한, 행복한 마을을 위해 자신이 할 수 있는 작은 행동들이 공동체에 어떤 영향을 줄 수 있는지를 떠올렸다. 이번 성찰 활동은 탐구를 마무리하는 데 있어 학생들에게 성취감을 주었고 배운 내용을 다음 학습으로 자연스럽게 연결할 수 있는 의미 있는 시간이었다.

학생들의 성찰 예시는 아래와 같다.

"우리 마을을 위해 내가 할 수 있는 일은 숙제로 시작했지만, 마을 사람들께서 칭찬을 하니 이제는 그게 습관이 돼서 운동하러 갈 때마다 쓰레기를 매일 줍게 되었다. 그러니 마을도 깨끗해지고 나도 행복해졌다."

"마을 사람들은 우리에게 도움을 주면서 행복한 마을을 만들기 위해 일을 한다는 걸 알았다."

"우리 동네 슈퍼맨에 나오는 사람처럼 우리 마을에서도 사람들이 그 일을 해주니 우리가 행복하게 산다."

"마을 사람들은 우리들에게 도움을 주고, 나도 사람들에게 도움을 준다."

"나는 이번 UOI를 하고 나니 배려심이 생겼다."

아이디어 노트

2학년 학생들에게 성찰 활동이 다소 어려울 수 있어 예시 문장을 함께 제공하였다. 예시는 참고용일 뿐이며 생각과 느낀 점을 자유롭게 표현하는 것이 더욱 가치 있고 의미 있는 성찰이 될 수 있음을 강조하였다.

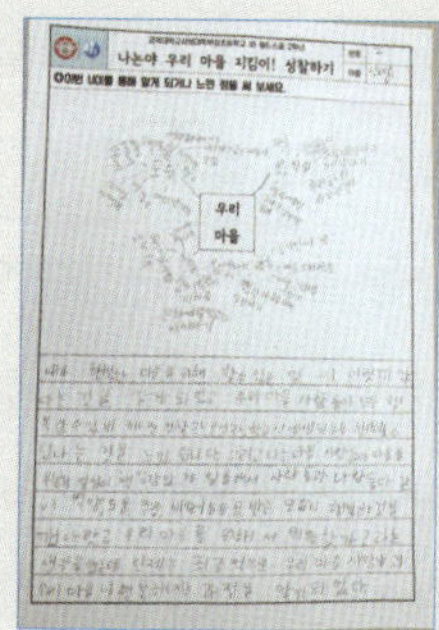

[성찰 일지]

1. ~활동을 통해서 ~을 알게 되었다.
2. 처음에는 ~를 잘 몰랐는데 ~를 통해서 ~를 더 잘 알게 되었다.
3. ~를 더 잘할 수 있게 되었다.
4. 이번 UOI에서 가장 기억에 남는 활동은 ~다. 왜냐하면 ~때문이다.
5. ~활동을 할 때 ~가 이렇게 했는데 그것이 기억에 남는다. 왜냐하면 ~ 때문이다.
6. UOI를 끝내고 나니 ~점이 궁금하다. 왜냐하면 ~때문이다.
7. ~ 활동을 하면서 ~가 어려웠지만, ~를 통해 해결하였다.
8. 이번 UOI를 통해서 ~에 대해 새롭게 알게 된 점은 ~이다.
9. 다음에 같은 주제로 탐구한다면 ~을 더 잘해보고 싶다.
10. UOI 활동 중 ~가 가장 재미있었다. 왜냐하면 ~때문이다.
11. ~활동을 통해 ~와 ~가 서로 연결된다는 것을 깨달았다.
12. 이번 UOI를 통해 내가 가장 성장한 부분은 ~이다. 왜냐하면~때문이다.

UOI 성찰 작성 문장 예시

나) 나만의 한 문장(중심 아이디어) 만들기

2학년 학생들에게 중심 아이디어를 작성하는 것은 쉽지 않은 과정이다. 그래서 '나만의 한 문장'이라는 이름으로 활동을 안내하고 탐구의 핵심을 단순화하여 주제에 집중할 수 있도록 도왔다. 학생들은 UOI의 탐구 목록과 대표 키워드인 '마을의 모습', '사람들이 하는 일', '행복한 마을을 위한 실천'을 바탕으로 자신의 문장을 작성하며 탐구결과를 정리하였다.

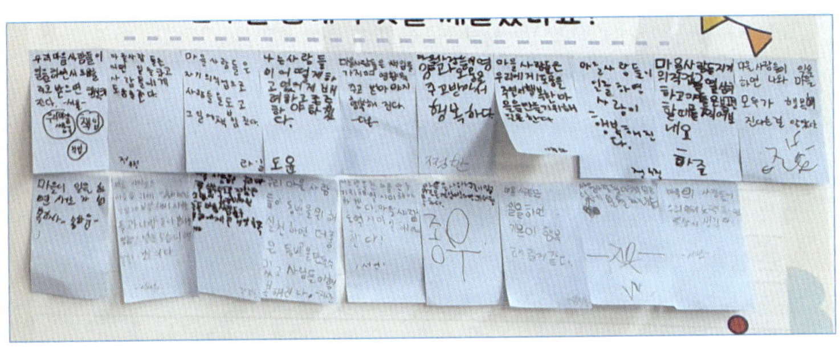

[나만의 한 문장 만들기]

처음에는 여러 문장으로 생각을 표현해 보고 그중 가장 중요한 내용을 한 문장으로 나타내도록 지도하였다. 학생들이 작성한 문장은 어색하기도 했지만 탐구가 깊어지면서 더 의미 있는 통찰을 담은 문장들도 보였다. 예를 들어, "마을 사람들은 일을 하며 서로에게 도움을 주고받아 행복해진다."와 같은 문장은 이번 UOI의 탐구 내용을 잘 반영한 예였다.

활동의 마지막에는 교사가 준비한 중심 아이디어, "사람들은 마을을 위해 자신이 맡은 역할에 책임을 다한다."를 학생들과 함께 공유하였다. 이를 참고하여 자신의 문장을 다시 다듬어 보며 학생들은 배움의 핵심을 스스로 정의하고 탐구의 의미를 되새겼다.

학생들이 만든 중심 아이디어의 예시는 아래와 같다.

"우리 마을 사람들이 일을 하면서 도움을 주고 받으면 행복해진다."

"마을이 일을 하면 서로가 행복하다."

"마을 사람들은 어떤 일을 하고 사람들에게 도움을 준다."

"마을 사람들은 자기의 직업으로 사람들을 돕고 그 일에 책임진다."

"나는 배려하고 존중해야겠다."

"우리 마을 사람들이 동네를 위해 실천하면 더 좋은 동네를 만들 수 있고 사람들이
 행복해진다."

"마을 사람들은 책임을 가지며 영향을 주고 받아야지 행복해진다."

"나는 행복한 마을을 만들기 위해 열심히 해야겠다."

"마을 사람들이 영향과 도움을 주고받아서 행복하다."

"마을은 사람들이 많고, 열심히 일하면 마을이 행복하다."

"마을 사람들은 우리에게 도움을 주면서 행복한 마을을 만들기 위해 일을 한다."

"마을 사람들은 일을 하면 기분이 행복해질 것 같다."

"마을 사람들이 일을 하면 사람이 행복해진다."

"마을 사람들이 책임감 있게 일을 한다."

"마을 사람들이 자기의 직업을 열심히 하고, 아이들은 불편할 때를 찍어보내요."

"마을의 사람들이 우리를 위해 노력하면 영향이 생긴다."

"마을 사람들이 일을 하면 나와 마을 모두가 행복해진다."

[2학년 HWOO UOI 중심 아이디어 학생 작성 예시]

아이디어 노트

중심 아이디어를 탐구 도입 단계에서 학생들이 스스로 만들어보는 것은 탐구의 방향을 설정하고 몰입을 높이는 데 효과적이다. 그러나 2학년 학생들에게는 다소 어려운 과정이다. 그래서 이번 UOI에서는 탐구를 마친 후 배운 내용을 바탕으로 중심 아이디어를 작성하도록 구성하였다.

탐구 단원 돌아보기

'나는야 우리 마을 지킴이!' 탐구 단원을 통해 학생들은 '마을'이라는 주제를 중심으로 다양한 배움과 경험을 쌓았다. 탐구는 마을의 모습과 사람들이 하는 일에서 출발하여 마을 사람들이 주는 도움과 행복한 마을을 위한 자신의 역할로 점차 심화되었다. 학생들은 각 활동을 통해 마을과 자신 사이의 관계를 탐구하고 이를 실천적 행동으로 연결하며 의미 있는 배움을 경험하였다. 특히 마을 탐험, 인터뷰, 그림책 제작과 같은 활동은 학생들이 학습 내용을 삶의 맥락에서 바라볼 수 있도록 새로운 시각을 열어주었다.

마을 탐험 활동은 학생들에게 주변 환경을 관찰하고 마을 사람들의 역할을 이해하는 실제적인 기회를 제공하였다. 그림책 제작 활동에서는 각자의 개성을 살려 마을에 대한 이야기를 표현하고 협력과 창의력을 발휘하는 과정을 경험하였다. 완성된 그림책을 유튜브에 공유하고 칭찬 댓글을 주고받는 과정은 학생들에게 학습에 대한 성취감을 심어주는 중요한 순간이 되었다. 이러한 활동을 통해 학생들은 자신이 공동체의 일원으로서 마을에 어떤 기여를 할 수 있는지를 자연스럽게 깨달았다.

탐구를 진행하면서 개선할 점도 함께 발견되었다. 특히 학생들이 실천 계획을 세우는 과정에서 더 구체적인 사례와 자료를 제공하여 활동의 깊이를 더할 필요가 있었다. 또한 탐구 초기에 활동과 탐구 주제 간의 연관성을 명확히 안내함으로써 학생들의 참여도를 높일 수 있는 방안에 대해서도 고민이 필요했다.

이번 UOI는 학생들이 단순히 지식을 배우는 데 그치지 않고 배운 내용을 행동으로 실천하며 성장할 수 있었던 탐구단원이었다. 학생들이 탐구를 통해 공동체와 연결되고 자신이 세상에 긍정적인 영향을 줄 수 있음을 체감하는 모습을 보며 교사로서 큰 보람을 느낄 수 있었다. 앞으로도 학생들이 배움과 행동을 통해 더 나은 세상을 만들어가는 경험을 지속해 나가기를 기대한다.

3학년 – Sharing the Planet
동물과 함께 살아가는 우리

탐구 단원 소개

1 탐구 단원: 우리 모두의 지구(Sharing the Planet)
2 탐구 주제: 동물과 함께 만드는 지구의 미래
3 중심 아이디어: 동물에 대한 이해는 공존을 가능하게 한다
4 중심 성취기준
[4과02–01] 여러 가지 동물을 관찰하여 특징에 따라 동물을 분류할 수 있다. [4과02–02] 다양한 환경에 서식하는 동물을 조사하여 동물의 생김새와 생활 방식이 환경과 관련되어 있음을 설명할 수 있다. [4과02–03] 동물의 특징을 이용하여 일상생활에서 활용할 수 있는 생활용품을 설계하여 협력적으로 소통할 수 있다. [4과04–01] 동물의 한살이를 직접 관찰하고, 관찰한 내용을 글과 그림으로 표현할 수 있다 [4과04–03] 생물의 한살이 과정을 조사하여 생물에 따라 한 살이의 유형이 다양함을 소개하는 자료를 만들어 공유할 수 있다. [4도04–01] 생명 경시 사례를 조사하고 문제 해결 방법을 탐구함으로써 생명의 소중함을 이해한다. [4도04–02] 인간과 자연이 함께 살아야 하는 이유를 이해하고 공생을 위한 구체적인 실천 계획을 세우며 생태 감수성을 기른다.

학생들은 동물에 대해 큰 관심을 가진다. 동물과 관련된 이야기를 나눌 때는 평소에 수줍음이 많은 학생들도 활발하게 참여하며 자신의 생각을 적극적으로 표현한다. 이번 탐구 단원은 학생들의 이러한 관심이 단순한 호기심에 그치지 않고 동물과 우리가 함께 살아갈 수 있는 방법을 고민하고 실천하는 데까지 이어지기를 바라는 마음에서 시작되었다.

먼저 학생들은 동물의 특징을 관찰하고 이를 분류하는 활동을 통해 동물의 서식지와 특징이 서로 밀접하게 연결되어 있음을 깨닫게 된다.

이 과정을 통해 자연 속에서 동물이 살아가는 방식을 이해하게 된다. 다음으로 동물과 인간의 관계를 탐구한다. 이 과정에서는 좀 더 깊이 있는 사고가 필요하다. 인간은 동물의 도움으로 삶을 풍요롭게 만들어 왔지만 동시에 인간의 활동으로 인해 많은 동물이 서식지를 잃거나 고통받고 있다는 경우도 있다. 이런 사실을 함께 알아보며 우리는 동물과 어떤 관계를 맺고 살아가야 하는지 생각해 볼 필요가 있다. 이러한 주제를 다루는 것은 쉽지 않다. 하지만 다양한 관점에서 이야기를 나누며 그 속에서 진정한 공존의 의미를 찾는 것은 매우 중요하다. 이를 위해서 동물을 단순히 아는 것을 넘어 동물을 이해하는 것이 필요하다.

동물에 대한 지식이 아닌 동물에 대한 이해는 우리가 함께 살아가는 세상을 더 나은 방향으로 변화시킬 수 있는 첫걸음이다. 이번 탐구 단원을 통해 학생들이 그런 이해에 한 걸음 더 가까이 다가갈 수 있기를 바란다.

1) 탐구 들어가기

가) 탐구 환경 조성을 위한 학부모 편지 보내기

탐구 단원을 시작하기에 앞서 학부모님께 탐구 단원에 대한 소개가 담긴 편지를 보냈다. 이 편지를 통해 탐구 단원의 목표와 방향을 공유하고 학부모님이 교육 공동체의 일원으로 함께 참여해 주시기를 안내드렸다.

편지에서는 탐구 활동이 더욱 풍부해질 수 있도록 다음과 같은 탐구 지원 활동을 안내하였다.

- 반려동물이 있는 경우, 반려동물의 특징과 생활에 대해 이야기 나누기
- 자녀와 함께 동물 관련 영상을 시청하거나 책을 읽으며 의견을 공유하기
- 동물을 위한 학생들의 실천 활동 지원하기

UOI 프로그램 안내

이번 단원에서는 「동물에 대한 이해는 동물과 공존을 가능하게 한다.」는 중심 아이디어를 바탕으로 탐구를 진행합니다. 학생들은 동물의 특징과 서식지를 관찰하며 자연 속에서 동물이 살아가는 방식을 이해하고, 인간과 동물의 관계 및 공존의 중요성을 탐구하게 됩니다. 이번 탐구는 동물을 단순히 아는 것을 넘어 이해하는 태도를 기르는 데 중점을 둡니다. 학생들이 더 나은 공존의 방식을 찾아갈 수 있도록 학부모님께서도 관심과 응원을 보내주시기를 부탁드립니다.

3학년 1반 담임 ○○○ 드림

학생들의 탐구를 지원해주세요

※ 학부모님들의 학생 탐구에 대한 관심과 지원은 학생들의 탐구학습을 더욱 풍부하게 합니다.
▷ 반려동물이 있다면 반려동물의 특징에 대해 이야기해 주세요.
▷ 학생이 선정한 동물에 대해 함께 탐구해 주세요.
▷ 신문이나 주변에서 볼 수 있는 동물 관련 소식을 학생에게 들려주세요.
▷ 동물을 위해 학생이 선정한 행동을 함께 실천해주세요.
▷ 기타 등등.

※ 운영 시기 및 탐구 내용은 학생들과 탐구과정에서 수정될 수 있습니다.

[학부모님께 보내는 탐구 안내 편지]

나) 반려동물과 함께하는 한 달

탐구에 대한 몰입도와 실천성을 높이기 위해 '반려동물과 함께하는

한 달' 활동을 운영하였다. 한 달이라는 기간은 비전문가인 학생과 교사가 동물과 함께 생활하며 탐구하기에 적절한 기간이라고 판단하였다. 탐구 기간이 끝난 후에는 반려동물을 전문가에게 돌려보내는 것이 동물을 위한 더 나은 선택임을 학생들과 함께 이야기하고 약속하였다.

먼저 학생들과 함께 교실에서 생활할 반려동물을 선택하였다. 다음은 반려동물을 고를 때 고려한 기준이다.

- 학생 수준에서 함께 생활할 수 있는 동물
- 탐구에 도움이 될 수 있는 동물
- 인간과 함께 생활이 가능한 동물

이 기준에 따라 학생들은 설문 조사를 진행하였고 가장 많은 표를 받은 도마뱀이 반려동물로 선정되었다. 학생들은 도마뱀에게 '마배미'라는 이름을 지어주었다. '마배미'와 함께한 한 달 동안 학생들은 먹이 주기, 사육장 청소, 관찰하기 등의 활동을 경험하였다. 이 활동은 학생들이 탐구에 더 몰입할 수 있도록 도와주었으며 자연스럽게 동물과 함께 살아가는 태도에 대해 생각해 볼 수 있는 기회를 제공하였다.

활동 속으로

 도마뱀은 어떤 특징이 있을까요?

발바닥에 작은 털이 엄청 많아요. 

잠을 잘 때 몸을 동그랗게 모아서 자요.

저는 밝은 곳이 좋은데, 도마뱀은 어둡고 구멍이 있는 곳을 좋아하는 것 같아요.

[반려동물 먹이 주기 활동]

[반려 동물 선택 조사지]

아이디어 노트

탐구와 자연스럽게 이어지도록 동물의 특징이 잘 드러나고 관찰과 사육
이 쉬운 동물을 몇 가지 제안한 뒤 학생들과 함께 선택하였으며 이러한
과정이 탐구를 깊이 있게 하는 데 도움이 되었다.

다) 탐구 준비의 마지막, 학생들과 함께 쓰는 이야기

이 활동은 탐구를 시작하기 전에 학생들이 경험한 다양한 활동과 생
각을 하나의 이야기로 엮는 과정이다. 이야기에는 학생들의 궁금증, 경

험, 대화 등이 담기며 완성된 이야기는 교실 게시판에 게시되어 탐구가 진행되는 동안 지속적으로 참고할 수 있다. 이를 통해 학생들은 탐구 중에도 준비 기간의 경험을 떠올리며 탐구에 몰입감을 유지하고 방향성을 잃지 않게 된다.

9월 25일부터 10월 2일까지 약 7일 동안의 다양한 탐구 준비 활동을 돌아보며 대화를 나누었다. 학생들은 학교에서 도마뱀을 키웠던 일과 책에서 알게 된 내용, 집에서 반려동물을 키운 경험 등을 자유롭게 이야기했다. 교사는 이 이야기들을 하나로 엮어 '우리 반의 탐구 준비 이야기'를 완성하였다. 학생들은 이 이야기를 함께 읽으며 자신들의 경험이 하나의 탐구로 이어진다는 점을 느끼고 본격적인 활동에 대한 기대를 키워나갔다.

[탐구 준비 이야기]

아이디어 노트

탐구 준비 동안 있었던 경험을 이야기로 만드는 활동은 탐구의 본격적인 시작을 위한 중요한 활동이다. 탐구 준비 과정에서의 경험을 UOI 설계 의도와 연결함으로써 탐구의 의미와 목적을 더욱 명확히 할 수 있다.

라) STW 활동으로 탐구에 대한 생각 넓히기

STW(See-Think-Wonder) 활동은 학생들이 호기심을 자극하고 탐구를 준비하는 데 효과적인 방법이다. 이 활동은 관찰, 사고, 질문이라는 세 단계를 통해 학생들의 사고를 활성화하고 탐구에 대한 동기를 높이는 데 도움이 된다.

STW 방법을 활용하여 물에 사는 동물 중 하나인 '베타'를 함께 관찰하였다. 베타는 유선형 몸, 지느러미, 꼬리와 같은 물속 동물의 대표

적인 특징을 살펴보기에 적절한 동물이다. 학생들은 베타의 생김새와
움직임을 관찰하며 동물의 특징에 대해 이야기 나누며 동물에 대한 관
심과 이해를 높일 수 있었다.

본 차시에서 활용한 STW 활동의 예시는 다음과 같다.

See(관찰하기)	· 꼬리가 부채 같이 커. · 비늘이 몸을 감싸고 있어.
Think(생각하기)	· 꼬리가 커서 수영을 잘할 것 같아. · 비늘이 있어서 몸을 보호할 수 있을 것 같아.
Wonder(질문하기)	· 수영을 잘하려면 왜 꼬리가 커야 할까? · 왜 비늘이 몸을 감싸야 할까?

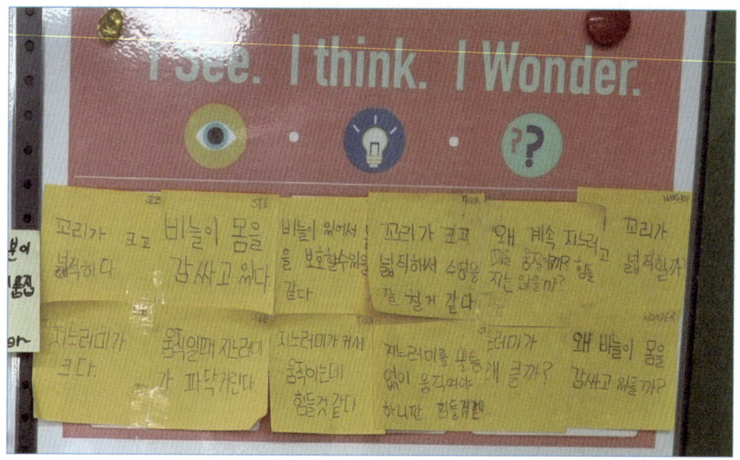

[STW활동으로 탐구에 대한 생각 넓히기]

아이디어 노트

STW 활동에서는 See 단계에서 관찰한 내용을 바탕으로 Think와 Wonder 단계의 활동이 이루어질 때 연계성이 있는 STW 활동으로 발전할 수 있다.

2) 탐구 계획 세우기

가) 개념 지도 만들기

(1) 개념 선정하기

이 활동은 탐구에 필요한 개념을 선정하고 분류하는 과정이다. 학생들은 앞서 진행한 탐구 준비 활동을 돌아보며 중요하다고 생각되는 개념들을 떠올려 포스트잇에 적고 교실에 게시하였다. '특징', '동물', '환경', '생활' 등 다양한 개념이 제시되었고 학생들은 유사한 개념끼리 묶는 활동을 통해 개념 간의 관계를 정리해 보았다. 이 과정에서 '생김새', '특징', '동물의 특징'이 하나의 묶음으로 정리되었으며 토의를 거쳐 '동물의 특징'을 가장 핵심적인 개념으로 판단해 주요 개념으로 선정하였다. 이러한 활동은 단원의 주요 내용을 파악하고 이후 탐구 설계를 위한 기초를 다지는 데 도움이 되었다.

[개념 선정 모습]

활동 속으로

선생님, '동물의 특징'과 '특징'을 같이 분류할 수 있어요.

'동물의 특징'과 '특징'을 묶고 어떻게 표현하면 좋을까요?

'동물의 특징'이 좋을 것 같습니다. 특징은 여러 곳에서
사용될 수 있지만 이번 탐구에서는 동물의 특징이
우리가 탐구할 내용이기 때문입니다.

(2) 개념 연결하기

선정한 개념들을 서로 연결하며 개념 간의 관계를 시각화하는 활동

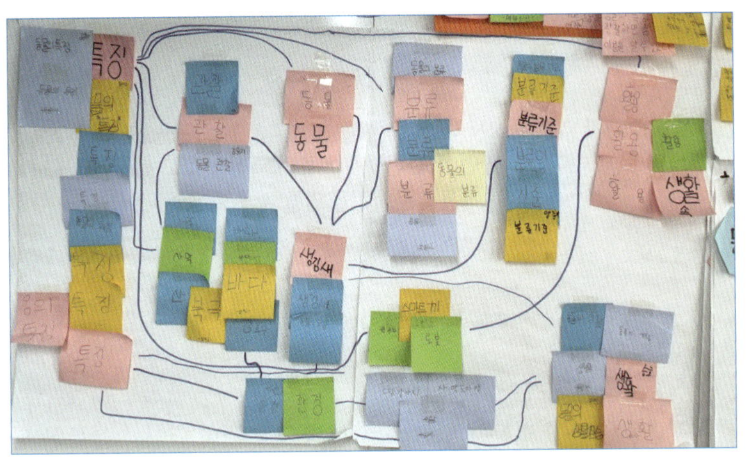

[개념 지도]

이다. 개념을 개별적으로 다루기보다 통합적으로 이해하고 개념 간의 연관성을 파악하는 데 도움이 된다. 이 활동은 중심 아이디어를 설정하고 탐구의 방향을 정하는 데 도움을 준다.

학생들은 다양한 개념들을 관계있다고 생각한 것끼리 연결한다. 결과를 살펴보면, '동물의 특징'을 '환경', '분류 기준', '생활'과 연결했다. 학생들은 개념을 개별적으로 이해하는 것이 아니라 '환경에 따른 동물의 특징', '동물의 특징에 따른 분류', '동물의 특징과 생활의 활용'과 같이 개념 간의 연관성을 복합적으로 사고하고 있음을 확인할 수 있었다.

활동 속으로

선생님, 동물의 특징과 생활을 연결할 수 있어요.

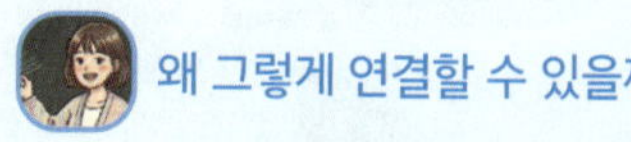

나) 중심 아이디어 만들기

학생들은 앞서 만든 개념 지도를 바탕으로 개념 단어를 분류한 뒤 중심 아이디어를 만드는 활동을 진행하였다. 이때 만들어진 중심 아이

[중심 아이디어 구성 모습]

디어는 탐구가 끝난 후 도달하는 최종적인 이해가 아니라 앞으로의 탐구 방향을 이끌어줄 수 있는 출발점이 되는 초기 단계의 중심 아이디어이다.

학생들이 제안한 중심 아이디어의 예시는 다음과 같다.

- 동물의 생활은 고유한 특징이 있으며, 그것을 존중해야 한다.
- 동물의 서식지가 변화하면 이에 따라 동물의 생태와 특징도 변한다.
- 동물의 특징과 생활은 자연 환경에 따라 달라지며, 이를 존중해야 한다.

이러한 다양한 의견들 속에서 공통적으로 나타난 생각은 "동물은 저마다 고유한 특징이 있다"는 점과 "그 특징을 존중해야 한다"는 점이었다. 그러나 '왜 존중해야 하는가' 또는 '존중하면 어떤 점이 좋은가'와 같은 이유나 목적이 명확하지 않았기 때문에 이에 대해 함께 이야기하며 부족한 부분을 보완하였다.

이러한 이야기를 바탕으로 학생들과 함께 정한 중심 아이디어는 다음과 같다.

"동물의 생활은 특징이 있고, 그것을 존중하면 동물과 함께 살아갈 수 있다."

학생들이 만든 중심 아이디어가 탐구의 방향에 부합하는 중심 아이디어라면 의견을 존중하며 함께 정하는 것이 중요하다. 예시에서 등장한 "동물과 함께 살아갈 수 있다."는 표현은 이번 탐구를 바라보는 학생들의 방향성과 의미를 담고 있다. 교사는 앞으로의 탐구 과정에서 '공존'이라는 개념을 발견하고 이를 중심 아이디어에 반영할 수 있도록 탐구를 진행할 필요가 있다.

다) 탐구 질문 만들기

학생들은 개념 지도와 중심 아이디어를 바탕으로 탐구 질문을 작성했다. 이 과정에서 명시된 개념으로 형태, 책임, 연결을 선정했다. 중심 아이디어의 "동물의 생활은 특징이 있다."는 부분에서 '형태'라는 개념이 도출되었고, "동물의 특징을 존중하면 동물과 함께 살아갈 수 있다."는 부분에서는 '책임'이라는 개념이 선정되었다. 또한 개념 지도에 나타난 '동물의 특징', '환경', '생활' 등의 다양한 관계를 고려하여 '연결'을 명시된 개념으로 선택하였다.

각 명시된 개념을 바탕으로 탐구를 위한 질문을 작성했으며 질문의 시각화를 위해 Y차트를 활용했다. 활동 결과는 다음과 같았다.

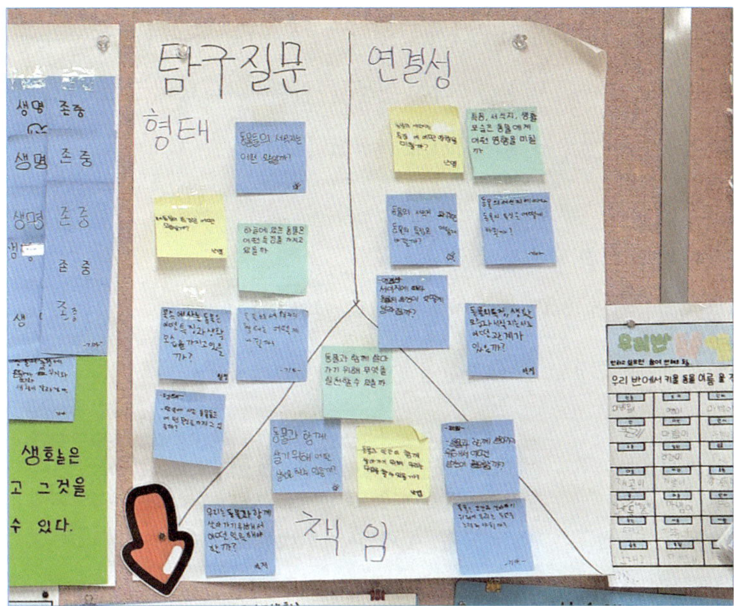

[탐구 질문판]

형태
· 하늘, 땅, 물에 사는 동물은 어떤 특징을 가지고 있을까?
· 동물의 서식지는 어떤 모습일까?

연결
· 서식지는 동물의 특징에 어떤 영향을 미칠까?
· 동물들의 특징은 우리 생활에 어떤 도움을 줄까?

책임
· 동물과 함께 살아가기 위해 무엇을 실천해야 할까?
· 동물과 인간이 함께 살아가기 위해 우리는 무엇을 할 수 있을까?

[탐구 질문 만들기 활동 결과]

이후 학생들과의 토의를 통해 연결에서는 동물과 인간과의 관계에 대해 초점을 맞추어 탐구하기로 했다. 이에 따라 '서식지는 동물의 특징에 어떤 영향을 미칠까?'라는 질문을 '연결'에서 '형태'로 옮기고 특징에 초점을 맞추어 탐구하기로 결정했다.

라) 탐구 계획 세우기

앞에서 정한 중심 아이디어, 명시된 개념, 탐구 질문을 바탕으로 탐구 목록, 학습기능, 학습자상을 선정했다.

탐구 목록	· '형태'를 명시된 개념으로 한 시간과 서식지에 따른 동물의 모습 · '연결'을 명시된 개념으로 한 동물과 인간 생활의 관계 · '책임'을 명시된 개념으로 한 동물과 함께 살아가는 우리의 자세
학습 접근 방법	· 사고 기능　　· 조사 기능　　· 자기관리 기능
학습자상	· 지식이 풍부한 사람　　· 탐구하는 사람　　· 사고하는 사람

[학급 게시판에 전시한 탐구 계획판]

마) 개념 정의하기

이번 탐구에서 다룰 기타 개념으로 '동물의 특징', '한살이', '공존' 등을 선정하고, 이 개념들을 이해하는 시간을 가졌다. 특히 '동물의 모습'이 곧 '동물의 특징'이라는 오개념을 바로잡기 위해 '동물의 특징'을 함께 살펴보았다.

프레이어 모델을 사용하여 '동물의 특징'을 정의한 과정은 다음과 같았다.

① 예인 것, 예가 아닌 것 기록하기

② 예인 것, 예가 아닌 것을 살펴보고 공통된 특징 기록하기

③ 공통된 특징을 바탕으로 '동물의 특징' 정의하기

④ 정의를 바탕으로 예인 것, 예가 아닌 것 중에 검토하기

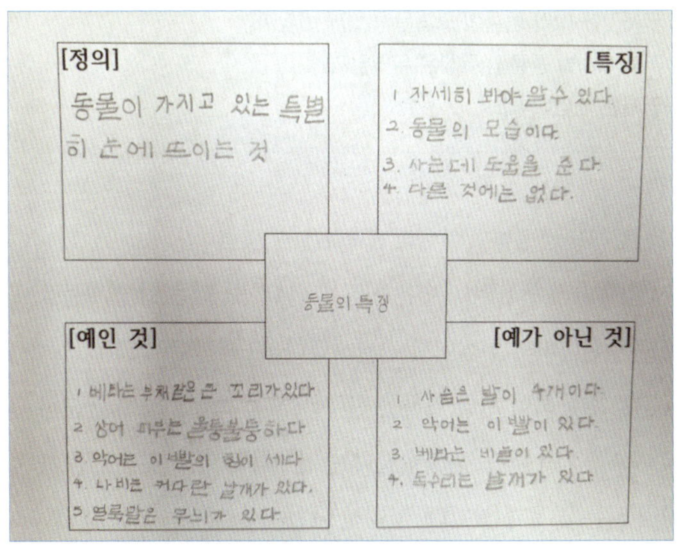

[프레이어 모델을 활용하여 동물의 특징을 정의한 모습]

프레이어 모델의 활용은 일반적으로 [정의]-[특징]-[예인 것, 예가 아닌 것] 순으로 활용할 수 있지만 수업의 설계 의도나 학생들의 이해 수준에 따라 유연하게 변형하여 활용할 수 있다. 이 모델은 개념을 정확하게 이해하고 구체적인 사례를 통해 정리하는 데 효과적인 도구로 사용된다.

3) 탐구 활동하기

가) 탐구 목록1: 시간과 서식지에 따른 동물들의 특징

탐구 질문
1. 시간에 따라 동물의 모습은 어떻게 변할까?
2. 서식지별 동물의 특징은 무엇일까?
명시된 개념: 형태

(1) 시간에 따른 동물의 한 살이 관찰하기

"시간에 따라 동물의 모습은 어떻게 변할까?"라는 탐구 질문을 바탕으로 배추흰나비의 한살이를 관찰하였다. 이 과정에서 STW(See-Think-Wonder)를 활용하여 관찰 기록을 진행하였다. 관찰 기록이 단순히 관찰한 것(See)을 기록하는 것에서 끝나는 경우가 많아서 깊은 사고가 이루어지지 않는 경우가 있었다. 그래서 이번 탐구에서는 Think와 Wonder

단계를 통해 관찰한 내용을 분석하고 배추흰나비의 한 살이 과정에 대해 깊이 사고할 수 있도록 하였다.

다음은 학생들이 작성한 STW 활동 내용의 예시이다.

SEE	· 알의 색깔이 노란색이다. · 알의 크기는 약 1mm이다. · 줄기에는 알이 붙어있지 않다.
THINK	· 줄기 부분에 알이 붙어있지 않는 것은 천적들의 눈을 피하기 위해서 인 것 같다.
WONDER	· 알이 세워져 있는 이유는 무엇일까? · 알의 색은 왜 노란색일까?

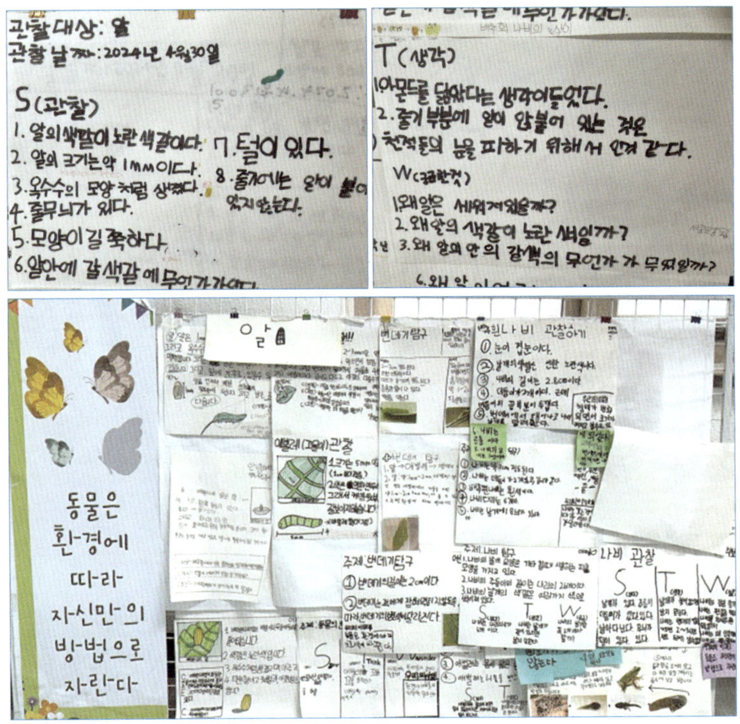

[알을 관찰한 후 작성한 STW 기록지]

탐구 결과를 바탕으로 개념적 이해에 이르도록 내용을 정리하고 확장하기 위한 활동을 진행하였다.

먼저 학생들은 '배추흰나비'의 한살이를 관찰한 내용과 자신이 선택한 동물의 한살이를 조사한 보고서를 살펴보았다. 학생들은 각자 이해한 내용을 공유하고 모둠별로 포스트잇에 적어서 제출하였다. 교사는 학생들의 포스트잇에서 반복적으로 등장한 핵심 개념인 '시간'과 '동물'을 중심으로 정리하였다. 이 과정을 통해 학생들은 "같은 동물이어도 시간에 따라 모습이 달라진다."라는 개념적 이해를 담은 문장을 만들었다.

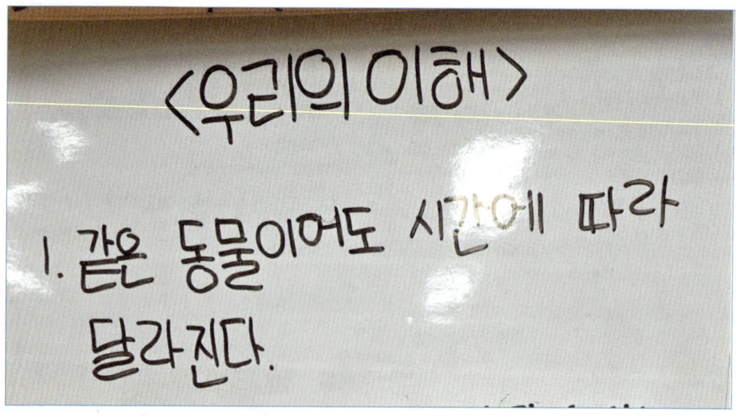

[게시판에 기록한 개념적 이해]

(2) 서식지별 동물의 특징 탐구하기

"서식지별 동물의 특징은 무엇일까?"라는 탐구 질문을 바탕으로 학생들은 물, 땅, 하늘로 서식지를 나누어 각 서식지에 사는 동물들의 특징을 조사하였다. 이번 활동은 다음과 같은 순서로 이루어졌다.

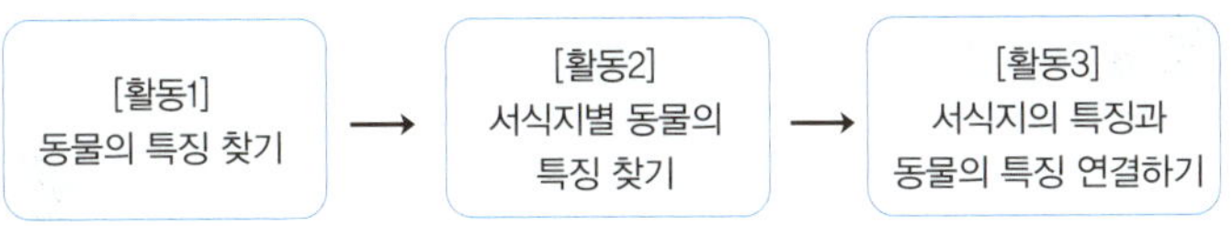

[활동1] 동물의 특징 찾기

서식지와 관련된 동물의 특징이 잘 드러난 사진을 모아 전시판에 붙이고 학생들과 함께 어떤 동물인지, 어떤 특징이 있는지를 찾아보는 활동을 진행하였다. 이 활동을 통해 학생들은 서식지에 따라 동물에게는 다양한 특징이 있음을 이해하고 배경지식을 넓힐 수 있었다.

[동물의 특징 전시판]

이 사진에서는 어떤 모습이 보이나요?

발톱이 단단하고 길어요. 발톱에 흙이 있어요.

어떤 동물일까요?

두더지 일 것 같아요. 두더지는 땅을 파기 위해 발톱이 단단해야 하기 때문이에요.

[활동2] 서식지별 동물의 특징 찾기, [활동3] 서식지의 특징과 동물의 특징 연결하기

학생들은 서식지를 땅, 물, 하늘로 나누고, 각 서식지에 사는 동물을 선정하여 그 동물의 특징을 조사하였다. 이때 조사한 동물의 특징은 서식지와 관련된 부분에 초점을 맞추어 정리했다. 다음은 학생들이 물에서 사는 동물의 특징을 조사한 활동 내용의 예시이다.

고래	해달	고등어
· 지느러미가 있다. · 넓은 꼬리가 있다. · 몸이 유선형이다.	· 발이 크다. · 발에 물갈퀴가 있다. · 털이 있다.	· 몸이 유선형이다. · 등이 푸른색이다. · 아가미가 있다.

[물에 사는 동물 특징 조사표]

이후 동물의 특징과 서식지 간의 관계를 명확히 이해하기 위해 서식지의 특징과 동물의 특징을 연결해보았다. 이러한 과정을 통해 학생들은 동물의 특징과 서식지 사이의 연관성을 더 깊이 있게 이해할 수 있었다.

물에 사는 동물의 특징을 조사한 모둠에게 "물에 사는 동물들은 왜 이런 특징이 있을까?"라는 질문을 하였다. 단순한 동물의 모습이 아닌 왜 이 동물은 이런 모습을 가지고 있어야 하는지에 대해 알려주고 싶었다.

다음은 학생들이 물에서 사는 동물의 특징을 서식지의 특징과 연결하여 정리한 탐구 결과 예시이다.

[학생들 탐구 결과 예시]

물의 특징	동물의 특징
· 움직이기 힘들다.	· 고래는 빠르게 헤엄치기 위해 지느러미가 있다. · 해달은 발이 크고 물갈퀴가 있다. 등.
· 물살이 세다.	· 해마는 지느러미로 균형을 잡는다. · 전복은 바위에 붙을 수 있는 힘이 있다. 등.
· 물의 색이 푸르다.	· 거북이의 등이 물표면의 무늬와 비슷하다. · 고등어의 등은 푸른색을 띠고 있다. 등.

[목적에 따른 동물의 특징 분류표]

탐구 결과를 바탕으로 학생들은 헤드라인(Headline) 활동을 통해 개념적 이해를 정리하였다.

헤드라인 활동은 다음과 같은 순서로 진행되었다.

① 탐구를 되돌아보며 기억에 남거나 중요한 부분 떠올리기

② 간결하면서도 핵심적인 문장으로 표현하기

• 서식지가 달라지면 그에 따라 동물의 특징이 달라진다.

• 동물의 서식지에 따라 동물의 특징이 다르다.

• 동물들은 서식지에 따라 자신만의 방법으로 살아간다.

③ 헤드라인 결정하기

• 서식지에 달린 동물 특징들의 운명

헤드라인 활동 이후 학생들은 이해한 내용을 포스트잇에 정리해 제출하였으며 그 결과 '서식지'와 '특징'이 주요 개념으로 반복적으로 드러났다. 이를 토대로 학생들은 다음과 같은 개념적 이해를 담은 문장

[헤드라인 활동 결과물]

을 완성하였다.

"동물은 서식지에서 살아갈 수 있는 특징이 있다."

"서식지에 따라 동물의 특징이 다르다."

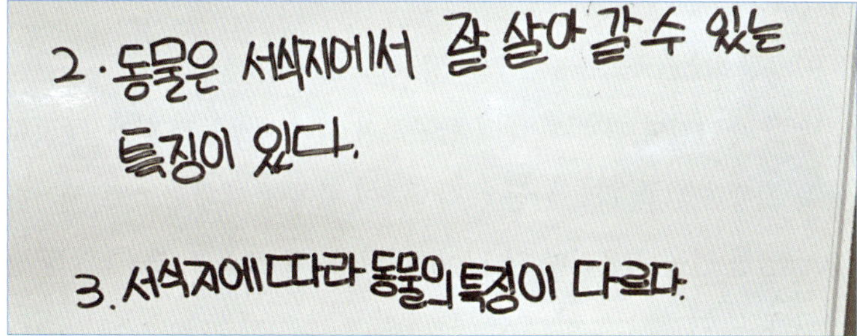

[개념적 이해를 기록한 게시판]

아이디어 노트

헤드라인 활동은 학생들이 탐구한 내용을 짧고 핵심적으로 표현하도록 돕는 효과적인 방법이다. 이 활동을 진행할 때 중요한 점은 학생들이 작성한 문장이 단순한 표현이 아니라 학습한 개념을 정확하게 반영하고 있어야 한다는 것이다.

나) 탐구 목록2: 동물과 인간 생활의 관계

탐구 질문

1. 동물은 인간에게 어떤 영향을 미칠까?
2. 인간은 동물에게 어떤 영향을 미칠까?

명시된 개념: 연결

(1) 동물과 인간과의 관계 탐구를 위한 TPE 활동하기

'동물과 인간의 관계'에 대해 탐구하기 위해 학생들과 함께 TPE 활동을 진행하였다. TPE 활동은 학생들이 주제에 대해 스스로 생각하고 궁금한 점을 떠올리며 더 깊이 탐구하는 데 도움을 줄 수 있는 방법이다.

학생들이 실천한 TPE 활동 결과는 같았다.

Think (생각하기)	· 닭은 우리에게 계란을 준다. · 독수리 발의 모습을 집게에 활용했다.
Puzzle (궁금해하기)	· (긍정 / 직접적 관계) 강아지는 안내견 말고 다른 역할이 있을까? · (긍정 / 간접적 관계) 물고기 꼬리를 생활에 활용할 수 있을까? · (부정 / 직접적 관계) 왜 멧돼지는 사람들이 사는 마을에 내려올까? · (부정 / 간접적 관계) 질문 없음.
Explore (탐구하기)	· 인터넷에 동물의 도움으로 검색할 것이다. · 동물을 잘 아는 친구와 인터뷰를 할 것이다.

[동물과 인간과의 관계에 대한 TPE 활동]

아이디어 노트

TPE 활동은 탐구 시작 시 학생들이 스스로 자신만의 배경지식과 경험을 넓히는 데 도움을 준다. TPE 활동에서는 '~라고 생각하나요?'와 같은 형태의 발문이 효과적이다. 학생들은 정답을 찾는 데서 벗어나 자신의 생각을 자유롭게 표현할 수 있으며 그 과정에서 창의적이고 다양한 아이디어를 도출할 수 있다.

(2) 동물의 특징이 인간의 생활에 미치는 영향 탐구

동물들의 특징이 인간 생활에 어떻게 활용되는지를 주제로 탐구를 진행하였다. 이 탐구 활동의 목적은 동물의 특징이 인간의 생활과 어떻게 연결되는지를 이해하는 데 있다. 이를 위해 동물의 특징과 목적을 살펴보고 이를 인간의 생활과 연결지어 보았다.

학생들의 탐구 결과 예시는 다음과 같다.

동물의 특징	목적	인간 생활의 활용
오리의 물갈퀴	물에서 빠르게 이동할 수 있다.	수영할 때 사용하는 오리발
북극곰 발의 털	추운 지방에서 체온을 유지할 수 있다.	털 신발

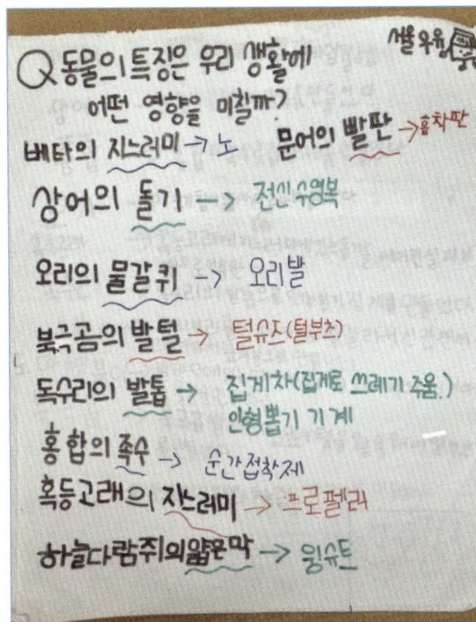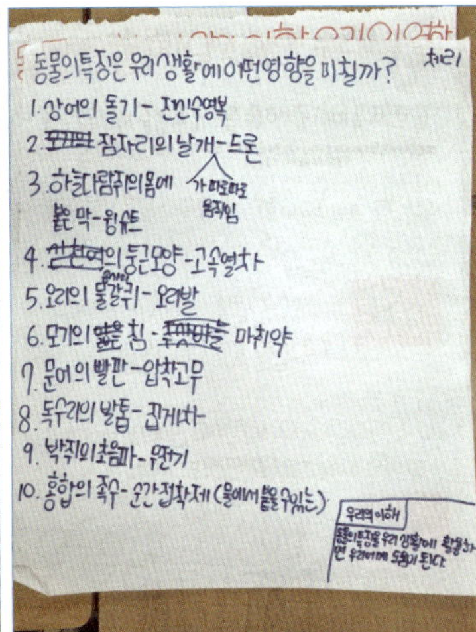

[동물의 특징이 인간의 생활에 미치는 영향 탐구 결과]

활동 속으로

 오리는 왜 물갈퀴가 있을까요?

물 위에서 빠르게 이동하거나, 잠수했을 때 바르게 이동하기 위해서입니다. 

 이런 목적을 가진 물갈퀴를 우리가 활용한다면 언제 활용할 수 있을까요?

수영할 때 활용하면 좋을 것 같습니다. 

 우리 생활에 활용할 수 있는 또 다른 동물의 특징을 찾아볼까요?

이 활동을 통해 학생들은 동물의 특징이 단지 '관찰 대상'에 그치는 것이 아니라 실제 인간의 생활과 깊이 연결되어 있다는 점을 구체적으로 이해할 수 있었다. 탐구의 마지막 단계에서 학생들은 "동물의 특징을 활용하면 우리에게 도움이 된다."는 결론을 이야기하며 동물의 특징이 가지는 의미와 목적이 인간의 삶과 밀접하게 관련되어 있음을 깨달았다.

[게시판에 기록한 개념적 이해]

(3) 공존의 삶에서 동물이 인간의 생활에 미치는 영향 탐구

이번 활동에서는 동물이 인간 생활에 어떤 영향을 미치는지를 중심으로 탐구하였다. 학생들은 '공존'이라는 관점에서 동물과 인간이 함께 살아가는 다양한 사례를 중심으로 탐구를 확장해 나갔다. 특히 동물의 행동을 깊이 이해하기 위해 '3번의 왜 질문하기' 활동을 활용하였다.

3번의 왜 질문하기란, 특정 현상에 대해 세 차례의 "왜" 질문을 통해 원인을 깊이 탐구하는 방법이다. 이 활동을 통해 동물들은 인간의 생활에 왜 그런 영향을 미쳤는지에 대해 이해하는 데 집중하였다.

학생들의 탐구 결과 예시는 다음과 같았다.

[질문1] 고라니는 왜 도시로 내려왔을까?	[질문2] 왜 먹이가 없었을까?	[질문3] 왜 환경을 파괴했을까?
[대답1] 먹이가 없어서 내려왔을 것 같아.	[대답2] 사람들이 환경을 파괴 해서 먹이가 없어졌을 것 같아.	[대답3] 편안한 생활을 위해서 환경을 파괴했을 것 같아.

[3번의 왜 질문하기 활동]

이 활동을 통해 학생들은 단순히 동물이 인간에게 미치는 영향만 살펴보는 것이 아니라, 동물의 생활을 이해하고 그 이면에 있는 원인까지 탐구하는 사고력을 기를 수 있었다. 나아가 인간과 동물이 함께 살아가

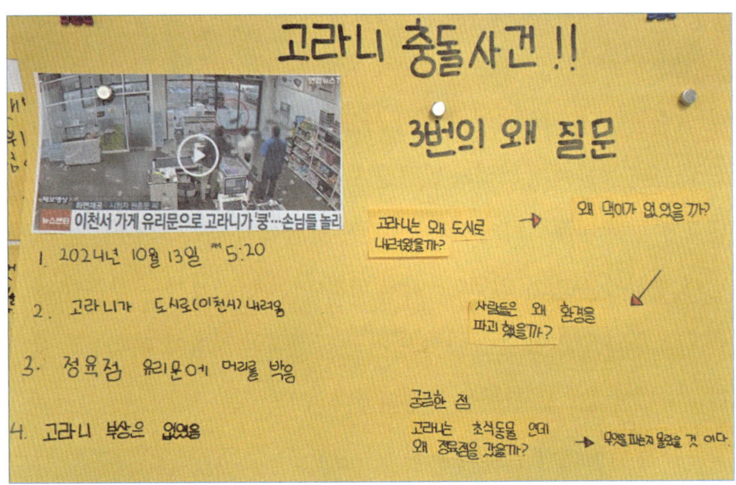

[3번의 왜 질문하기로 탐구한 고라니 충돌 사건 결과물]

는 공존의 삶에 대해 더 깊이 있게 이해하게 되었다.

아이디어 노트

3번의 왜 질문하기 활동에서 가장 중요한 것은 질문의 방향이다. "왜 그렇게 생각하나요?" 또는 "다른 이유가 있을까요?"와 같은 개방형 질문을 통해 학생들이 문제의 원인을 깊이 탐구하고 자신의 생각과 관점을 자유롭게 표현할 수 있도록 돕는 것이 중요하다. 교사는 질문의 흐름을 유도해 주되 학생 스스로 사고의 과정을 만들어 가도록 돕는 것이 중요하다.

(4) 공존의 삶에서 인간이 동물의 생활에 미치는 영향 탐구

이번 탐구에서는 인간이 동물의 생활에 어떤 영향을 미치는지에 대해 살펴보았다. 학생들이 조사한 사례는 대부분 인간의 개발이나 활동으로 인해 동물에게 피해가 발생한 사례에 집중되어 있었다. 하지만 이대로 탐구를 마무리하게 되면 "인간은 동물에게 해를 끼친다."는 오개념이 형성될 우려가 있었다. 이에 따라 이번 탐구에서는 공존의 관점을 강조하며 인간이 동물에게 미치는 긍정적인 영향에 대해서도 함께 탐구하는 방향으로 활동을 구성하였다.

다음은 학생들의 탐구 결과의 일부이다.

긍정적 사례	부정적 사례
· 카페 사장이 길고양이에게 캣타워를 설치해 준 사례 · 공원에 새들을 위한 먹이통 설치 사례 · 야생동물 보호를 위한 생태다리 건설 사례	· 해양 동물의 플라스틱 오염 피해 사례 · 유리창 설치로 인한 새 충돌 사례 · 고속도로에서 로드킬 사례

[인간이 동물의 생활에 미치는 영향 탐구 결과]

이번 탐구를 통해 인간이 동물의 생활에 미치는 긍정적 영향과 부정적 영향을 균형 있게 이해할 수 있었다. 특히 인간과 동물이 서로 영향을 주고받는 관계를 깊이 있게 이해하고 단순한 피해 사례를 넘어 공존을 위한 긍정적인 노력과 그 중요성을 인식하게 되었다.

다) 탐구 목록3: 동물과 함께 살아가는 우리의 자세

탐구 질문

동물과 함께 살아가기 위한 우리의 역할은 무엇인가?

명시된 개념: 책임

(1) 공존을 위한 다양한 액션 사례 찾기

탐구 목록 3에서는 학생들이 실제로 실천 가능한 액션을 계획하고 동물과 공존하기 위한 책임감을 바탕으로 긍정적인 변화를 이끌어낼 수 있는 능력을 기르는 것을 목표로 하였다. 이를 위해 실제 사회에서 실천된 동물과의 공존 사례를 깊이 있게 분석하며 각 실천 행동이 가

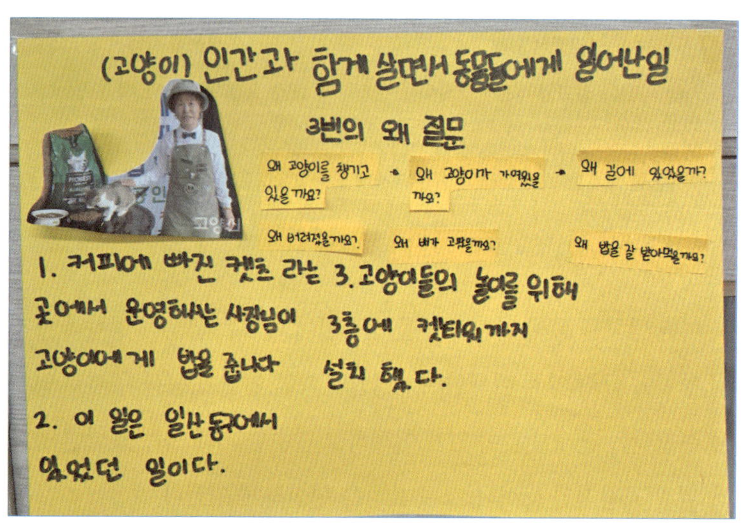

[3번의 왜 질문하기로 탐구한 인간과 동물의 공존 조사 결과물]

지는 의미와 영향을 탐구하였다. 이러한 활동은 학생들이 앞으로 구체적인 액션 계획을 세우는 데 자연스럽게 연결될 수 있도록 도와주었다.

학생들의 탐구 결과 예시는 다음과 같았다.

공존을 위한 실천 사례	학생 두꺼비 포스터 그리기 행사
조사 방법	3번의 왜 질문하기
탐구내용	· 사람들이 두꺼비가 멸종위기종임을 잘 알지 못한다는 점을 발견했습니다. · 두꺼비 포스터 그리기 행사를 열면 많은 사람들이 참여하게 되고, 이를 통해 두꺼비 보호의 중요성을 알릴 수 있다고 생각했습니다. · 특히 학생들이 참여하면 부모님도 함께 오게 되어 더 많은 사람들에게 메시지를 전달할 수 있음을 깨달았습니다.

새롭게 알게 된 내용	· 동물과 공존의 중요성을 알리는 데 있어 단순히 메시지를 전달하는 것뿐만 아니라 액션 방법에 따라 효과가 달라질 수 있음을 배웠습니다. 따라서 액션 방법에 대한 고민도 함께 필요하다는 점을 알게 되었습니다.

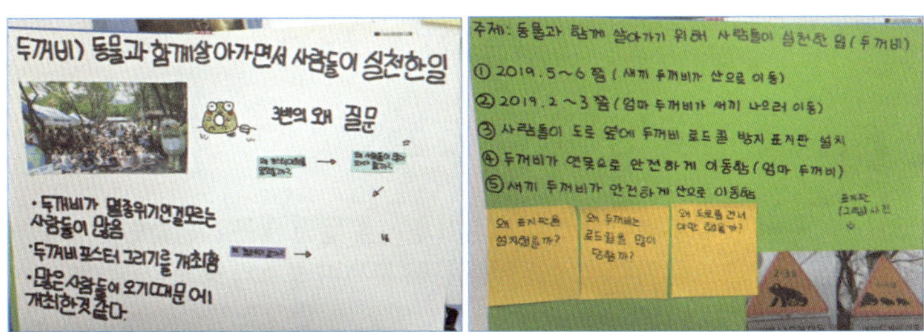

[공존을 위한 실천 사례 조사 결과물]

[공존을 위한 실천 사례 발표(핫시팅) 장면]

학생들은 탐구 결과를 바탕으로 핫시팅을 진행하였다. 핫시팅을 통해 학생들은 조사한 실천 사례의 주인공이 되어 그들의 입장에서 질문에 답하며 실천의 의미를 깊이 이해하고 내면화할 수 있었다. 특히 탐구 주제와 관련된 실천적 행동을 구체적으로 이해하고 이를 자신의 경험으로 연결하는 데 효과적이었다.

다음은 학생들이 핫시팅 중에 나온 대화의 장면이다.

이와 같은 활동을 통해 학생들은 실천적 행동의 중요성과 방법을 구체적으로 탐구하며 공존을 위한 실천의 의미를 스스로 정리하였다. 학생들은 탐구를 바탕으로 "동물과 함께 살기 위해 책임지어 생활한다."라는 개념적 이해를 담은 문장을 만들었다.

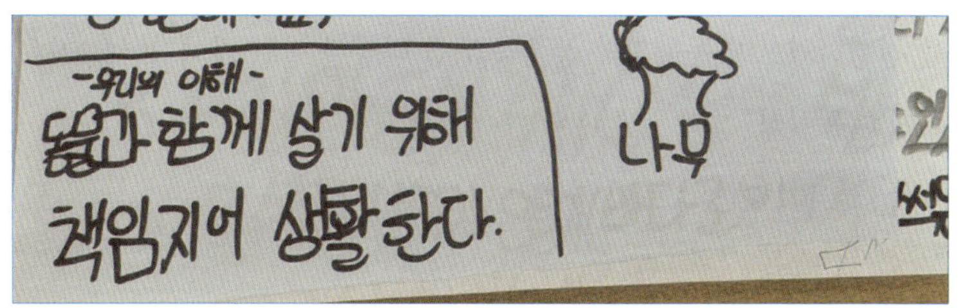

[개념적 이해를 기록한 게시판]

아이디어 노트

핫시팅 기법은 특정 인물이나 역할을 맡아 그 입장에서 질문에 답하며 깊이 있는 이해와 공감을 이끌어내는 활동이다. 핫시팅 활동을 할 때에는 학생들이 맡은 역할에 몰입할 수 있도록 사전 정보와 탐구 시간을 충분히 가지는 것이 필요하다. 본 탐구에서는 이 몰입을 돕기 위해 '3번의 왜 질문하기' 활동을 먼저 진행하여 사고의 깊이를 더하고 학생 스스로 실천의 의미를 생각할 수 있도록 유도하였다.

(2) 공존을 위한 액션(Action)에 대해 생각 떠올리기

학생들에게 다양한 관점에서 공존을 위한 액션을 탐구할 기회를 제공하기 위해 IB PYP에서 제시하는 액션의 범주를 활용하였다. 이 범주는 옹호 및 지지, 참여, 사회 기업가 정신, 생활 방식의 선택, 사회 정의로 구성되어 있다. 학생들은 이 범주를 바탕으로 브레인스토밍 활동을 진행하였으며 동물과의 공존을 위한 다양한 실천 아이디어를 자유롭게 떠올렸다.

학생들의 브레인스토밍 사례는 다음과 같다.

액션 범주	브레인스토밍 예시
참여	두꺼비 행사에 참여하기 길고양이 봉사활동 참여하기 등.
옹호 지지	새 보호 포스터 붙이기 길고양이 괴롭힘 방지 표시판 설치하기 등.
사회기업 정신	두꺼비 과련 책 쓰기 동물 보호 스티커 제작하기 등.
생활 방식의 선택	도로에서 두꺼비 발견하면 안전한 곳으로 옮기기 길고양이 괴롭히지 않기 등.
사회 정의	브레인스토밍된 사례 없음.

[액션의 범주를 활용한 브레인스토밍 사례]

학생들은 브레인스토밍에서 나온 다양한 액션 활동을 아래의 3가지 기준에 따라 분석하였다. 이 활동을 통해 학생들은 다양한 관점에서 공존을 위한 행동을 탐구하고 실천 가능성 있는 아이디어를 발전시켜 나갔다. 특히 실천적이고 구체적인 아이디어를 통해 책임감을 키우는 데 도움을 주었다.

• 실현 가능성: 실제로 실천할 수 있는가?

• 지속성: 일회성에 그치지 않고 꾸준히 좋은 영향을 미칠 수 있는가?

• 공익성: 목표에 부합하고 사회에 좋은 영향을 미치는가?

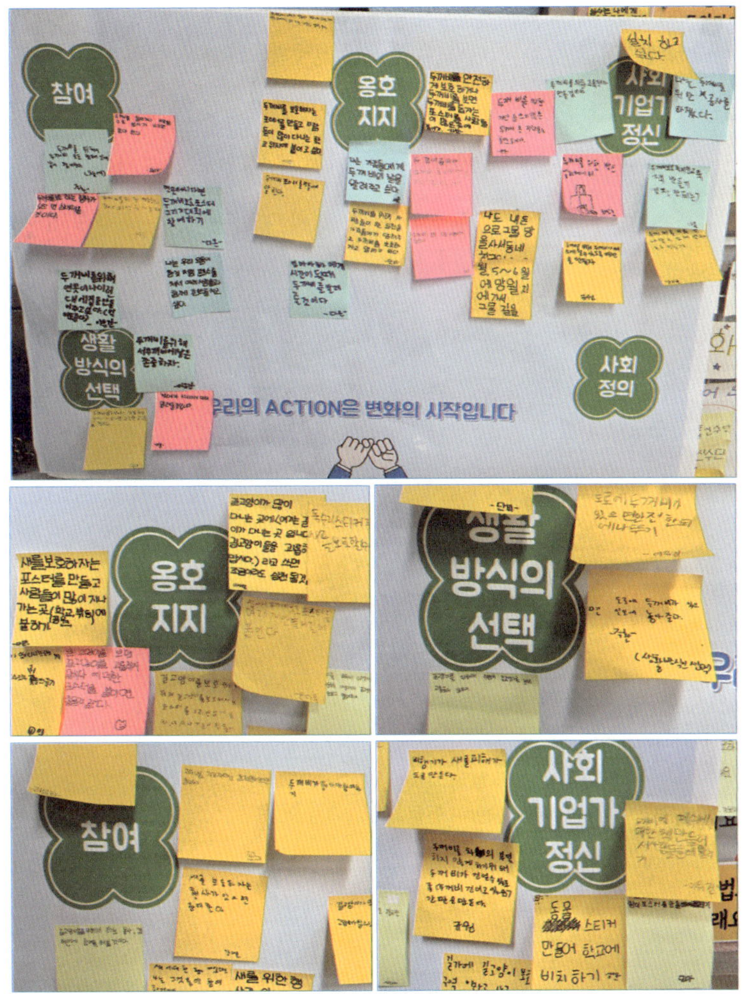

[공존을 위한 다양한 실천 사례 브레인스토밍 결과물]

(3) 동물과의 공존 역할 보고서 제작하기

학생들과 함께 동물과의 공존을 위한 역할을 담은 보고서를 제작하였다. 이 활동은 인간의 입장에서 공존을 위한 방법을 찾는 것이 아니라 동물에 대한 깊은 이해를 바탕으로 공존을 위한 인간의 역할을 고민하는 데 중점을 두었다.

이 활동은 학생들의 평가와 연계하여 이루어졌다. 보고서에 들어갈 내용으로는 동물의 특징, 동물과 우리 생활과의 관계, 우리 생활이 동물에게 미치는 영향, 공존을 위한 역할 제안이다.

평가 계획은 다음과 같다.

구분	내용
Goal (목표)	특정 동물에 대한 연구를 통해 공존을 위한 역할 제안하기
Role (역할)	환경 실천가
Audience (청중)	학교 구성원, 지역 사회 주민
Situation (상황)	동물에 대한 이해를 동물과 공존하기 위한 실현 가능한 역할을 제안하는 보고서를 작성하기
Performance/ Product (성과/산출물)	보고서 작성하고 제안하기 보고서에 포함될 내용 동물의 특징 동물과 우리 생활과의 관계 우리 생활이 동물에게 미치는 영향 공존을 위한 역할

| **Standards**
(평가기준) | · 조사의 구체성: 동물에 대한 조사와 분석이 구체적인가?
· 관계에 대한 이해: 인간과 동물의 관계 및 영향에 대한 이해가 깊은가?
· 실천 가능성: 공존을 위한 역할 제안이 실현 가능하고 실행 가능한가?
· 구성의 논리성: 보고서가 체계적이고 논리적으로 작성되었는가?
· 메시지 전달력: 보고서가 청중에게 효과적으로 메시지를 전달하는가? |

[동물과의 공존 역할 보고서 평가 계획(GRASPS)]

평가는 2인 1팀으로 구성하여 진행되었다. 학생들은 환경 실천가의 역할로 활동하며 자신들이 연구한 동물에 대해 공존을 위한 역할을 제안하는 보고서를 작성하고 이를 발표하였다. 각 팀은 보고서 작성과 발표 과정에서 조사의 구체성, 관계에 대한 이해, 실천 가능성, 구성의 논리성, 메시지 전달력을 기준으로 평가받았다. 이 과정에서 학생들은 서로의 보고서를 평가하며 피드백을 주고받아 학습 내용을 심화시켜 나갔다.

다음은 평가 활동 중 두꺼비와의 공존을 위한 역할을 제안하는 팀의 결과물이다.

이 활동을 통해 학생들은 동물과 인간의 관계를 깊이 이해하며 공존을 위한 실천적 아이디어를 제안하고 공유하는 경험을 쌓을 수 있었다.

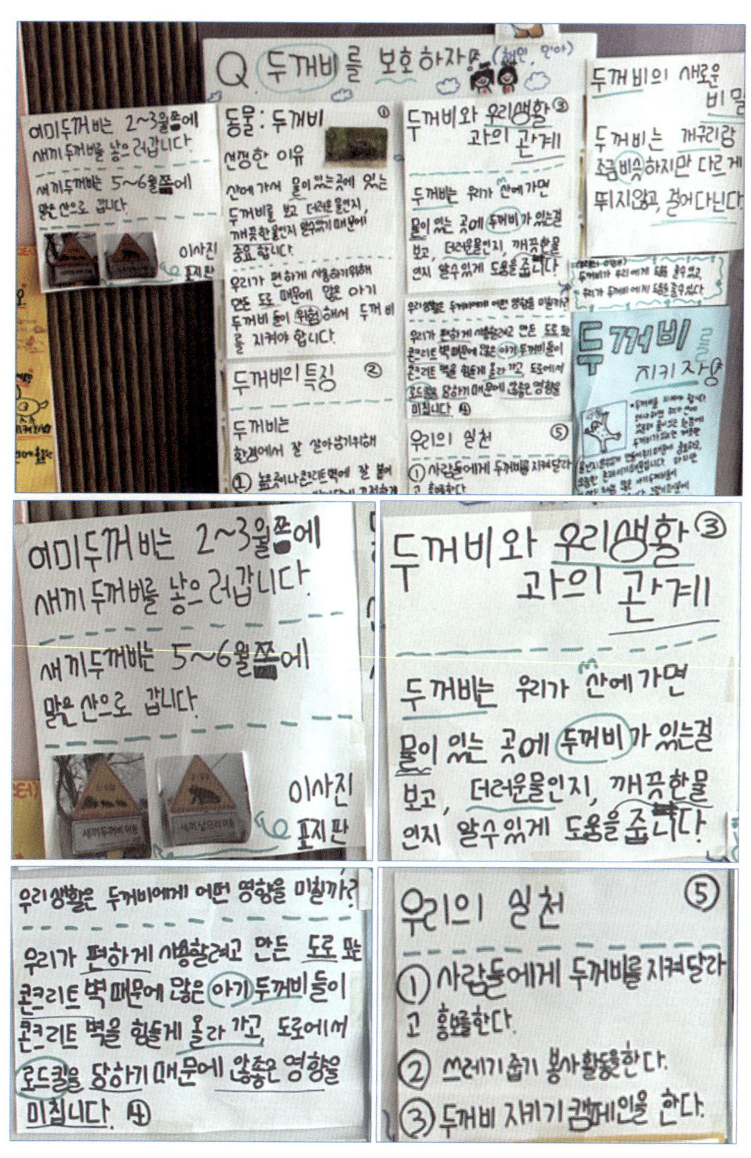

[공존을 위한 역할 보고서 산출물]

4) 성찰 및 전이하기(IB PYP 발표회 연계 운영)

(1) 액션 실천하기

학생들은 개인 또는 팀으로 나뉘어 동물과의 공존을 위한 액션 활동을 선정하고 2주 동안 이를 실천하였다. 이 활동은 동물과 함께 살아가기 위한 책임감과 실천력을 기르는 것을 목적으로 진행되었다.

학생들이 계획한 액션 예시는 다음과 같다.

액션 범주	액션 활동	구분(개인/집단)
사회 기업가 정신	버드스트라이크 방지를 위한 스티커 제작하기	개인
사회 기업가 정신/ 옹호지지	두꺼비 보호를 알리는 책 제작하기	집단(3명)
옹호지지	두꺼비 보호 포스터 붙이기	집단(4명)
…	…	…
생활방식의 변화	길고양이를 위한 깨끗한 골목길 만들기	개인

[액션 계획 예시]

학생들의 액션 실천 예시는 다음과 같다.

세 명의 남학생이 팀을 이루어 두꺼비 보호를 알리는 책을 제작하고 이를 홍보하는 액션을 실천하였다. 이 팀은 책 제작을 통해 두꺼비 보호의 중요성을 알리고 1-2학년 학생들에게 공존의 가치를 전달하였다.

이 외에도 다양한 팀들이 포스터 만들기, 캠페인 영상 제작, 지역 사회에 알리기 활동 등을 통해 공존의 메시지를 실천으로 이어갔다.

각 액션의 산출물에는 실천 활동을 선택한 이유, 실천 과정, 결과, 그리고 성찰 내용이 포함되었다.

액션 활동	1-2학년 학생용 두꺼비 보호를 소개하는 책 만들기
액션 목적	1-2학년 학생들이 이 책을 읽고 두꺼비 보호를 실천하는 사람으로 성장하도록 돕기 위함.
액션 실천 과정	두꺼비 보호를 소개하는 책 제작 내용 검토 도서관 선생님 협조 요청(1-2학년 학생들이 책을 읽을 수 있도록 안내) 독자 인터뷰하기(책의 효과와 느낀 점 확인)
성찰	두꺼비 보호에 작은 도움을 준 것 같아 기쁩니다.

[액션 실천 활동 내용]

(2) 액션 공유하기

실천 활동이 끝난 후 학생들은 IB PYP 발표회를 통해 학부모 앞에서 자신의 액션 활동의 과정과 결과를 발표하였다. 이 발표회는 단순히 결과를 보여주는 자리를 넘어 학부모님들에게도 실천에 함께 참여할 것을 요청하는 실천의 장으로 운영되었다.

동물 보호 책을 제작한 학생들은 학부모님 앞에서 직접 책을 읽어주었고 공존의 메시지를 담은 서명 운동을 함께 진행하며 학부모님의 동참을 이끌어냈다. 이를 통해 학생들은 자신이 실천한 행동이 공동체에

[액션 실천 결과 산출물]

의미 있는 변화를 일으킬 수 있음을 체감하고 학부모님과 함께 공감대를 형성하며 실천의 의미를 확장시켰다.

[자신들이 만든 책을 읽어주고 있는 모습]

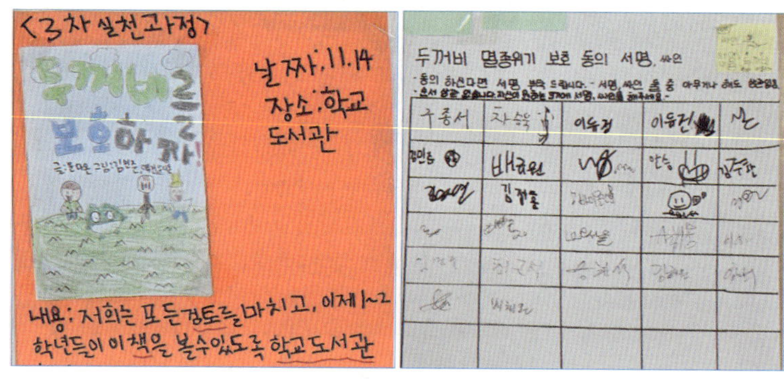

[액션 산출물 및 액션 동참 요청 서명판]

이번 "동물과 함께 살아가는 우리" 탐구 단원을 운영하면서 학생들이 보여준 열정과 성장은 매우 인상깊었다. 탐구는 동물의 특징과 서식지 같은 형태적인 주제에서 출발하였지만 시간이 지남에 따라 동물과 인간의 관계, 공존을 위한 책임감, 그리고 실천 가능한 아이디어로 탐구의 깊이가 확장되었다.

 학생들은 3번의 왜 질문하기, 핫시팅 활동, 액션 실천과 같은 다양한 학습 활동을 통해 단순한 학습을 넘어 실천적 사고와 행동으로 성장하는 모습을 보여주었다. 특히 IB PYP 발표회에서 학생들이 학부모와 실천 경험을 공유하며 공존의 메시지를 확산하고 동참을 요청하는 모습은 이번 탐구의 가장 큰 성과 중 하나였다. 학생들이 직접 만든 동물 보호 책을 읽어주며 서명 활동을 통해 실천을 이끌어내는 모습은 탐구가 실제적이고 의미 있는 행동으로 연결될 수 있음을 보여주었다.

하지만 이번 탐구를 운영하며 몇 가지 보완점도 발견할 수 있었다. 탐구에서 다룬 동물의 사례가 일부 제한적이었고 긍정적인 사례와 부정적인 사례를 균형 있게 다루기 위한 자료 제공과 안내가 좀 더 구체적으로 이루어졌다면 학생들의 이해가 더욱 풍부해질 수 있었을 것이다.

이번 탐구는 "공존"이라는 주제를 통해 학생들과 함께 고민하고 실천 방안을 모색하며 우리 모두가 더 나은 세상을 위해 할 수 있는 역할을 성찰해 보는 소중한 시간이었다. 앞으로도 학생들이 자신의 탐구를 통해 세상을 변화시킬 수 있다는 믿음을 가지고 탐구에 참여할 수 있기를 기대한다.

Stand Alone Unit
수학과를 중심으로

Stand Alone으로서의 수학

PYP에서 수학은 두 가지 방식으로 다루어진다. 하나는 주제 중심 학습 속에서 다양한 개념과 함께 탐구되는 초학문적 주제 중심의 수학이고 다른 하나는 개념과 기술을 독립적으로 탐구하는 Stand Alone 수학이다. Stand Alone 수학은 학생들이 수학적 개념과 기술을 체계적으로 학습하여 이후 다양한 맥락에서 수학을 자신 있게 활용할 수 있도록 돕는 기반이 된다.

또한 Stand Alone 수학은 학생의 주도성을 강조한다. 학생들은 단순히 주어진 절차를 따라가는 것이 아니라, 스스로 학습 전략을 탐구하고 친구들과 토론하며 사고를 확장한다. 이를 통해 탐구자로서의 태도를 기르고 학습자상 속에서 비판적으로 사고하는 자세, 도전하는 용기, 성찰하는 습관을 발전시킨다. 무엇보다 Stand Alone 수학은 학습을 실생활과 세계적 맥락으로 확장시킨다. 학생들은 지역 사회나 세계 속에서 수학을 바라보며 문제 해결과 책임 있는 의사결정에 수학을 활용한다.

IB PYP에서 수학을 학습하는 방법

IB PYP에서는 수학 학습을 세 가지 주요 단계의 순환 과정을 통해 운영한다. 학생들은 단순히 계산 능력을 기르는 것을 넘어, 의미를 구성하고 이를 수학적으로 표현하며 다시 실제 삶 속에서 활용하는 과정을 거치면서 깊이 있는 이해를 발전시킨다.

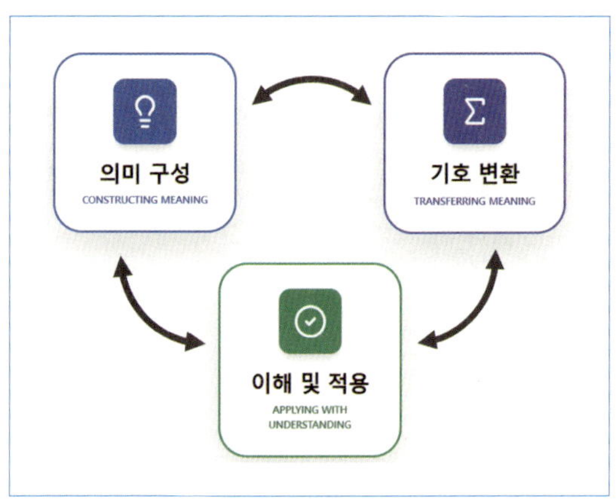

[학생이 수학을 학습하는 방법]

가) 의미 구성

학생들은 먼저 기존의 이해를 성찰하고 이전 학습과 연결하며 새로운 의미를 구성한다. 이 과정에서 구체물 조작 활동이나 친구와의 상호작용을 통해 수학적 개념을 탐구한다. 즉, 학습자는 단순한 지식 수용자가 아니라 능동적인 의미 구성자로서 수학의 원리를 스스로 발견하고 탐구한다.

나) 수학적 기호로의 변환

학생들이 구성한 의미는 점차 기호, 수식, 도형 등 수학적 언어로 표현된다. 이 단계에서는 추상화와 모델링이 이루어지며 수학적 사고가 보다 체계적이고 구조적으로 정리된다. 학습자는 자신이 이해한 바를 수학적 기호로 전환함으로써 사고를 가시화하고 논리적으로 소통하는 토대를 마련한다.

다) 이해를 바탕으로 한 적용

마지막으로, 학생들은 학습한 개념을 실생활 맥락에 적용한다. 실제적인 문제 상황을 해결하면서 수학적 개념에 대한 이해를 확인하고 수학적 기능과 지식을 함께 활용한다. 이는 학생들에게 수학이 교과서 속 지식에 머무르지 않고 현실의 문제 해결과 연결된다는 경험을 제공한다.

이와 같이 의미 구성 – 기호화 – 적용의 흐름은 IB PYP에서 수학을 Stand Alone으로 운영할 때의 핵심 구조이다. Stand Alone 수학은 개념적 이해를 토대로 기호적 사고를 발전시키고 이를 삶과 연결하여 학생들의 수학적 문해력을 키워 나가도록 한다.

3학년 – Stand Alone Unit(수학)
사칙연산의 비밀

Stand Alone 단원 소개

1 탐구 주제: 사칙연산의 비밀
2 중심 아이디어: 수학자는 사칙 연산의 계산 원리를 활용하여 복잡한 문제를 간단히 해결한다.
3 중심 성취기준
[4수01–03] 세 자리 수의 덧셈과 뺄셈의 계산 원리를 이해하고 그 계산을 할 수 있다. [4수01–04] 곱하는 수가 한 자리 수 또는 두 자리 수인 곱셈의 계산 원리를 이해하고 그 계산을 할 수 있다. [4수01–05] 나눗셈이 이루어지는 실생활 상황과 연결하여 나눗셈의 의미를 알고, 곱셈과 나눗셈의 관계를 이해한다. [4수01–06] 나누는 수가 한 자리 수인 나눗셈의 계산 원리를 이해하고 그 계산을 할 수 있으며, 나눗셈에서 몫과 나머지의 의미를 안다. [4수01–08] 자연수의 덧셈, 뺄셈, 곱셈, 나눗셈과 관련한 여러 가지 상황에서 어림셈을 할 수 있다.

학생들은 생활 속에서 수를 더하거나 빼고, 나누고 곱하는 경험을 자주 한다. 그러나 계산이 복잡해지면 효율적인 방법을 찾기보다는, 익숙한 절차를 기계적으로 반복하는 경우가 많다. 이번 탐구 단원은 학생들이 사칙연산을 단순한 계산 기술로만 받아들이지 않고, 효율적인 계산 방법을 탐구하며 문제 해결력을 키우기를 바라는 마음에서 시작되었다.

먼저 학생들은 어림의 필요성과 다양한 전략을 익히며 계산이 단순한 정답 찾기를 넘어, 상황에 맞는 합리적 선택임을 깨닫게 된다. 이어서 교구 조작과 탐구 활동을 통해 덧셈, 뺄셈, 곱셈, 나눗셈의 계산 원리를 발견하고, 이를 기호와 절차로 정리한다. 이러한 과정을 통해 계산 방법마다 효율성의 차이가 있음을 이해하고, 자신이 선택한 방법을 설명하며 친구들과 비교 · 토론한다

다음은 계산을 실제 생활과 연결하는 과정이다. 학생들은 생활 속에서 사칙연산이 필요한 장면을 조사하고, 복잡한 문제 상황에 어림 전략과 효율적 계산 방법을 적용한다. 이 과정에서 단순히 답을 내는 것을 넘어, 수학이 삶을 편리하게 하고 문제를 해결하는 도구라는 사실을 체험하게 된다.

사칙연산에 대한 지식이 아닌, 계산을 이해하는 힘은 학생들이 스스로 문제 해결의 길을 찾는 첫걸음이 된다. 이번 탐구 단원을 통해 학생들이 효율적인 계산 방법을 주도적으로 탐구하고 적용하면서 수학적 자신감과 사고력을 한층 더 키워 나가기를 기대한다.

1) 탐구 주제: 나눗셈 - 똑같이 나누어 주는 상황의 표현

이 주제는 '사칙연산의 비밀' 단원 중에 나눗셈 부분에 해당된다. 3학년에서는 나눗셈 단원이 처음 등장한다. 따라서 계산 방법을 찾기에 앞서, 나눗셈이 어떤 의미를 지니고 있는지 약속하는 것이 중요하다. 이 주제의 핵심은 "수학자는 똑같이 나누는 상황을 수학적으로 나타내기 위해 무엇을 사용하는가?"이다. 학생들은 2학년 때 경험했던 덧셈식과 뺄셈식을 다시 떠올리며 수학자가 상황을 표현할 때 수와 기호를 활용한다는 점을 발견한다. 이를 바탕으로 나누기를 나타내는 새로운

기호의 필요성을 인식하고 똑같이 나누는 상황을 수학적 언어로 표현하는 방법을 익히도록 한다.

탐구 질문

똑같이 나누어 주는 상황을 수학자는 어떻게 표현할까?

명시된 개념: 형태

가) 의미 구성 - 상황을 수학적으로 표현할 때 필요한 요소 찾기

이 차시는 나눗셈 기호(÷)를 직접 제시하는 것이 아니라, 학생들이 기호의 필요성을 스스로 발견하도록 하는 데 초점을 두었다. 이를 위해 "수학자는 상황을 수학적으로 어떻게 표현하는가?"라는 질문을 중심으로 탐구를 시작하였다.

학생들은 생활 속 다양한 상황을 수학적으로 나타내는 활동을 통해 수와 기호가 상황을 표현하는 데 핵심적 요소임을 발견하였다. 다음은 학생들이 탐구한 예시이다.

상황	수학적 표현
고양이 2마리가 있습니다. 고양이 3마리가 더 와서 모두 5마리가 되었습니다.	$2 + 3 = 5$
아이스크림이 7개 있습니다. 가족이 3개를 먹었더니 4개가 남았습니다.	$7 - 3 = 4$
연필을 2자루씩 4명에게 주려고 합니다.모두 8자루가 필요합니다.	$2 \times 4 = 8$

〈생각 해 볼 점〉
1. 숫자
2. 기호

〈우리의 탐구〉
· 상황을 수학으로 표현할 때 필요한 것
① 기호
② 수

[상황을 수학적으로 필요한 것 찾기 탐구 결과물]

이러한 탐구를 통해 학생들은 "상황을 수학적으로 표현하기 위해서는 수와 기호가 필요하다."는 결론에 도달하였다. 이는 이후 나눗셈 기호(÷)를 발견하는 기초가 되었다.

나) 수학적 기호로의 변환

(1) 똑같이 나누는 상황을 나타내는 기호 약속하기

학생들은 사탕 10개를 2개씩 똑같이 5명에게 나누어 주는 상황을 수학적으로 어떻게 표현할 수 있을지 탐구하였다.

먼저 학생들은 이 상황을 표현하기 위해 '수'가 필요하다는 점을 확인하였다. 사탕의 총 개수(10), 나누어 주는 개수(2), 그리고 결과로 나온 사람 수(5)처럼 수는 상황을 구체적으로 나타내는 기본 요소임을 스스로 발견하였다.

이어서 학생들은 나눗셈 상황을 보다 명확하게 표현하기 위해 기호의 필요성을 인식하였다. 단순히 "나누어 주었다"라는 말만으로는 수학적 사고를 명확히 공유하기 어렵기 때문이다. 학생들이 제시한 기호의 의미는 다음과 같았다.

- '나누다'라는 의미를 가진 기호
- '같다'라는 의미를 가진 기호
- '여러 번 똑같이 뺀다'는 의미를 가진 기호

다음은 학생들이 필요한 기호를 약속하는 활동에서 나온 대화의 장면이다.

활동 속으로

우리가 나누는 상황을 수학으로 표현하려면 어떤 것이 필요할까요?

수요. 사탕이 몇 개인지, 몇 명에게 나누는지 써야 해요. 

기호요! '나누다'를 나타내는 기호가 필요해요. 

그러면 그 기호는 어떤 의미를 지니고 있어야 할까요?

'나누다'라는 의미가 있어야 해요. 

이 탐구를 통해 학생들은 "나눗셈 상황을 수학적으로 표현하기 위해서는 '똑같이 나눈다.'라는 의미를 지닌 기호가 필요하다."는 이해에 도달하였다.

> ⟨생각해 볼점⟩
> -사탕이 10개 있습니다. 2개씩 똑같이 나누어 주었더니. 5명이 받았습니다.
> -1.수: 10 , 2 , 5
> -2.기호: 나눈다는 의미를 가진 기호
> 같다는 의미를 가진 기호
> 여러번 똑같이 뺀다는 의미를 가진 기(

[학생 탐구 노트]

(2) 기호 약속하기

앞선 탐구를 바탕으로 학생들은 "같이 나눈다", "여러 번 뺀다"라는

표현에서 출발하여 나누기 기호(÷) 의 의미를 스스로 찾았다. 학생들
의 생각을 확장시켜 학급 전체가 함께 "÷는 똑같이 나눈다는 의미를
가진 기호이다."라는 약속을 정하도록 이끌었다.

이후 학생들은 실제 상황에 이 약속을 적용하였다.

- "사탕 10개를 2개씩 5명에게 똑같이 나누어 주었습니다."

  이 상황을 수학적으로 표현하면 10 ÷ 2 = 5 로 나타낼 수 있다.

- 10 ÷ 2 = 5와 같이 수와 나눗셈 기호를 사용하여 나타낸 식을 나
  눗셈식이라고 한다.

- 이때의 10은 나누어지는 수, 2는 나누는 수, 5를 몫이라고 한다.

학생들은 이 과정을 통해 상황을 수학적으로 표현하는 과정을 경험
하였다. 또한 기호는 단순히 외워야 할 약속이 아니라 의미를 탐구하

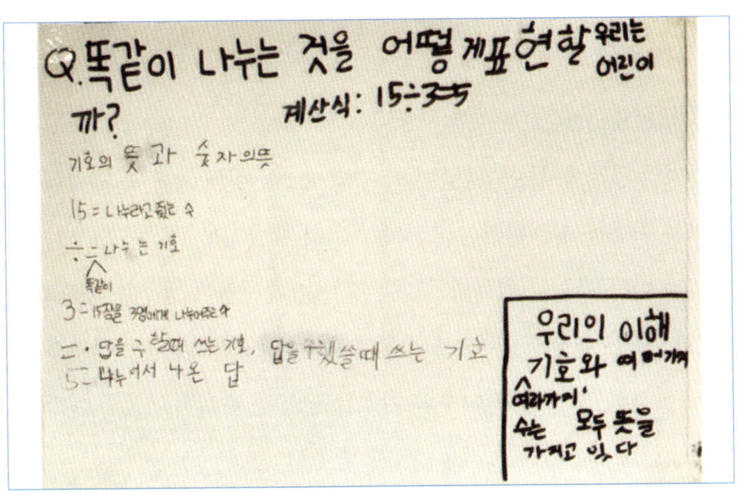

[학생 탐구 발표물]

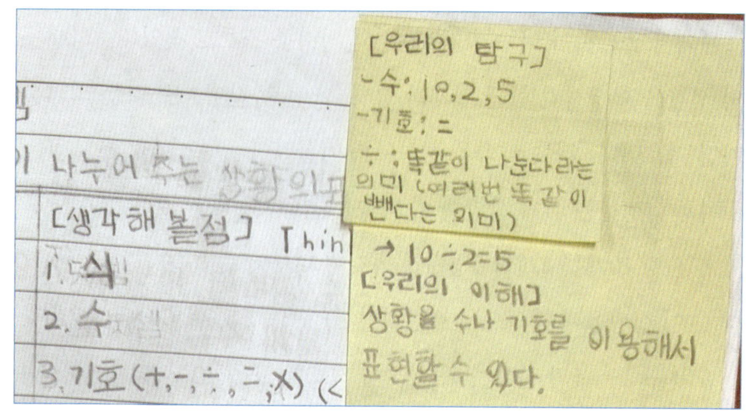

[학생의 개념적 이해]

고 스스로 정한 사고의 결과물임을 깨달았다. 나아가 "÷" 기호가 '여러 번 똑같이 나누는 것'이라는 의미를 지니고 있음을 이해하며 나눗셈의 개념을 한층 깊이 있게 형성하였다.

다) 이해를 바탕으로 한 적용

마지막 단계에서는 학생들이 학습한 개념을 실제 생활 속 맥락에 적용하는 활동을 진행하였다. 교사는 "우리 주변에서 똑같이 나누는 상황에는 어떤 것들이 있을까?"라는 질문을 제시하며 탐구를 시작하였다. 학생들은 일상생활에서 찾아볼 수 있는 다양한 '나눗셈' 상황을 스스로 설정하고 그 상황을 수와 기호를 활용해 수학적으로 표현해 보았다.

아래의 사진처럼 한 학생은 "15장의 카드를 3명에게 5장씩 나누어 주었습니다.”라는 상황을 만들었다. 이때 학생은 15(전체 카드의 수), 3(사람의 수), 5(한 사람이 받는 카드의 수)를 각각의 수로 나타내고 이를 나누기 기호(÷)를 활용하여 15 ÷ 3 = 5 로 표현하였다.

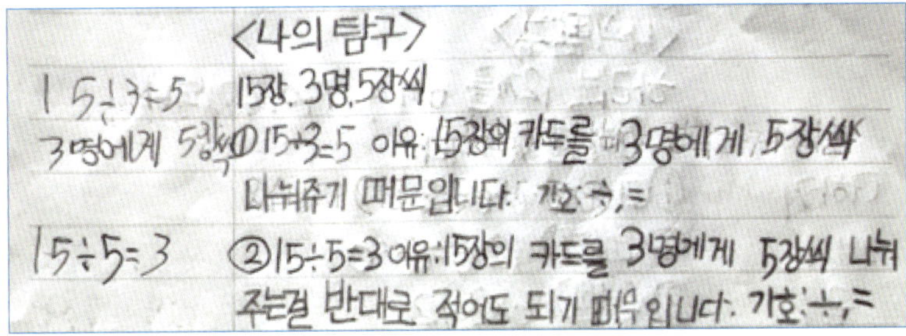

[나눗셈에 대한 이해의 적용 모습]

이처럼 학생들은 자신이 경험하거나 상상한 생활 속 장면을 수나 기호를 활용하여 표현하였다. 이 과정에서 나눗셈이 실생활과 밀접하게 연결되어 있음을 느꼈다. 이러한 활동은 단순히 나눗셈식을 완성하는 데 그치지 않고 학생들이 수학적 사고를 생활 속 문제 해결에 주도적으로 활용하는데 도움을 줄 수 있다.

2) 탐구 주제: 곱셈 - 수학자들은 (두 자리 수) x (한 자리 수)를 어떻게 빠르고 정확하게 계산할까?

이 주제는 '사칙연산의 비밀' 단원 중 곱셈의 효율적 계산 방법을 탐구하는 학습이다. 학생들이 2학년에서 배운 곱셈구구를 바탕으로 (두 자리 수) × (한 자리 수)의 계산 원리를 스스로 발견하도록 설계되었다.

학생들은 계산 방법을 단순히 절차적으로 익히는 것이 아니라, 수학자들이 빠르고 정확한 계산을 위해 어떤 방법을 고안했는지를 탐구하며 곱셈의 원리를 이해하는데 목적이 있다.

이번 주제에서 교사가 설계한 개념적 이해는 다음과 같다.

① 수학자들은 곱셈을 빠르고 정확하게 계산하기 위해, 십의 자리와 일의 자리를 나누어 계산한다.

② 세로식에서 올림의 표현을 사용한다.

특히 구체물 조작과 시각적 모델을 활용하여 곱셈을 십의 자리와 일의 자리로 나누어 계산하는 사고(분배법칙의 기초)를 경험하고, 이를 세로셈으로 형식화하면서 효율적인 계산 구조를 스스로 발견하도록 한다.

> **탐구 질문**
> 곱셈은 어떻게 하면 빠르고 정확하게 계산할 수 있을까?
> **명시된 개념: 기능**

가) 의미 구성

(1) 23 × 4의 계산 방법 찾기

학생들에게 일모형으로만 구성된 수 모형을 먼저 제공하였다. 이 수 모형을 4배 하였을 때 모두 몇 개인지를 구하고 그 방법을 설명하도록 하였다. 교사는 수모형의 전체 개수를 미리 알려주지 않고 학생들이 스스로 개수를 파악하며 다양한 계산 방법을 탐색하도록 하였다.

[제시한 수모형의 개수를 세고 곱하는 모습]

1. 수모형은 일모형으로만 제시하기
2. 제시한 수모형의 개수를 알려주지 않기

[수모형 제공시 유의점]

이러한 설계 의도는 학생들이 단순히 십모형과 일모형을 기계적으로 구분하는 것에서 벗어나, 분배법칙을 초등학교 3학년 수준 경험적으로 이해하도록 돕기 위함이다. '23을 간단한 수로 나누어 계산할 수 있다'는 개념을 단순히 암기하는 것이 아니라, 실제 조작을 통해 스스로 발견하게 하려는 것이다.

학생들은 일모형으로만 제시된 수모형을 받은 후 각자 자신만의 방법(하나씩 세기, 묶어 세기 등)을 활용하여 수모형의 개수를 세었다. 다음은 학생들의 수모형의 개수를 구한 방법의 예시이다.

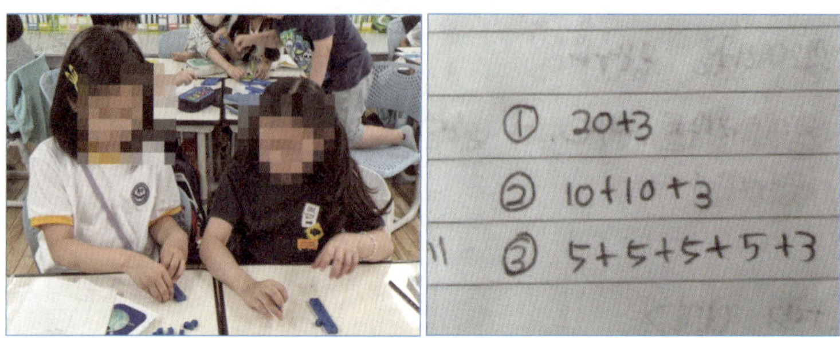

[수모형의 개수 세기]

학생들은 각자 수모형의 개수를 구한 방법으로 23 x 4를 계산하였다.

① 20과 3으로 개수를 구한 학생: 20×4, 3×4를 계산하여 92의 결과를 구함.

② 10, 10, 3으로 개수를 구한 학생: 10×4, 10×4, 3×4를 계산하여 92의 결과를 구함.

③ 5, 5, 5, 5, 3으로 개수를 구한 학생: 5×4, 5×4, 5×4, 5×4, 3×4를 계산하여 92의 결과를 구함.

이러한 탐구 과정을 통해 학생들은 서로 다른 방법으로 계산했더라도 결과가 같다는 점을 발견하였다. 이를 바탕으로 "곱셈은 수를 나누어 따로따로 계산할 수 있다."는 개념적 이해에 도달하였다. 이는 곱셈의 분배법칙 개념을 학생 수준에서 자연스럽게 이해하는 과정이 되었다.
다음은 학생들이 23 × 4의 계산 활동에서 나온 대화의 장면이다.

다음 사진은 학생들이 이번 시간에 찾은 복잡한 곱셈의 계산 방법을 기록하여 학급 게시판에 기록해 둔 것이다.

(2) 간단하고 정확한 곱셈을 위한 수 나누기 방법 찾기

앞 시간에 학생들은 복잡한 수의 곱셈을 해결하기 위한 원리로 "수를 나누어 따로따로 곱할 수 있다."는 개념을 발견하였다. 그러나 이 방법은 모든 경우에 계산의 효율성을 보장하지는 않는다. 예를 들어, 수를 너무 작게 나누면 계산 과정이 길어지고 중간 단계가 복잡해질 수 있다.

이번 시간에는 수학자들이 어떻게 수를 나누면 더 간단하고 정확하게 곱셈을 할 수 있을까?를 중심으로 탐구를 이어갔다. 학생들에게 "복잡한 곱셈을 할 때 수학자들은 주로 어떻게 수를 나누었을까?" 라는 질문을 제시하며 탐구를 시작하였다.

학생들은 지난 시간에 사용했던 다양한 계산 방법을 다시 비교하며 어떤 방식이 가장 간단하고 정확한지를 분석하였다.

학생들은 세 가지 방법의 계산 과정을 비교한 결과, 20과 3으로 나

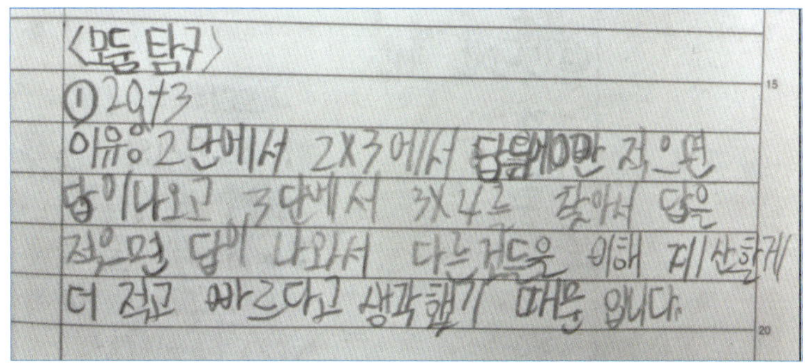

[간단한 곱셈 계산을 위한 수 나누는 방법에 대한 학생 탐구 노트]

누는 방법이 가장 간단하다는 결론에 도달하였다. 그 이유로 "계산 횟수가 적고, 곱셈구구를 활용해 더 쉽게 계산할 수 있다."고 답하였다.

이번 탐구에서 학생들은 곱셈의 간단한 계산을 위해 다음과 같이 수를 나누는 방법을 제시하였다.

"곱셈에서 수를 나눌 때에는 십의 자리와 일의 자리로 나누면 계산이 간단하고 정확하다."

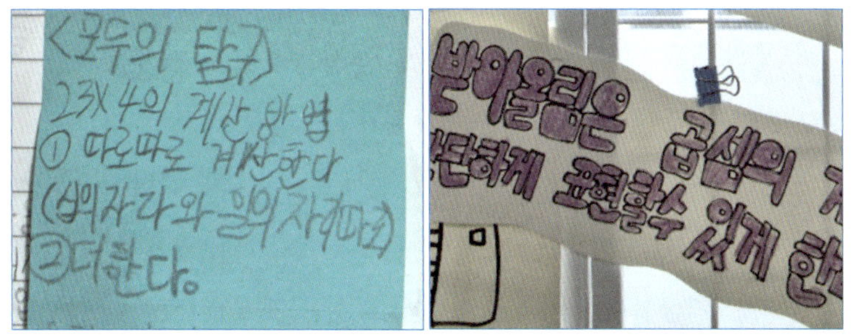

[탐구 노트 및 학급 게시판에 기록된 학생의 개념적 이해]

이 과정을 통해 학생들은 곱셈의 효율적 계산 방법이 단순한 절차가 아니라 수의 구조를 이해하고 사고를 조직하는 과정임을 스스로 깨닫게 되었다.

아이디어 노트

학생들이 십의 자리와 일의 자리를 나누는 사고를 어려워할 경우 교사는 덧셈의 원리와 비교하여 안내할 수 있다. 예를 들어, 덧셈에서 일의 자리와 십의 자리를 나누어 더했던 경험 (예: 23 + 14 = 20 + 10, 3 + 4)을 바탕으로 곱셈에서도 수를 자리값에 따라 나누어 계산할 수 있음을 자연스럽게 생각해 볼 수 있도록 한다. 이러한 연결은 학생들이 덧셈과 곱셈의 연산의 성질을 연결시키고 '자릿값을 기준으로 한 연산의 원리'를 스스로 이해하도록 도울 수 있다.

나) 수학적 기호로의 변환

(1) (두 자리 수) x (한 자리 수)의 계산 방법 형식화하기

이번 시간에는 앞선 차시에서 탐구한 23×4의 계산 원리를 바탕으로 (두 자리 수) $\times$ (한 자리 수)의 계산 방법을 형식화 한다. 먼저 교사는 학생들에게 "지금까지 곱셈과 관련해 알고 있는 것에는 어떤 것이 있을까?"라는 질문을 제시하였다.

학생들은 자유롭게 떠올리며 다음과 같은 이야기를 나누었다.

"올림이 있었어요."

"곱셈구구를 이용하면 쉽게 계산할 수 있어요."

"수를 따로따로 나누어서 곱할 수 있어요."

"십의 자리와 일의 자리를 나누어 곱하면 간단해져요."

학생들은 함께 이야기 나눈 수학적 원리를 바탕으로 수모형을 활용하여 (두 자리 수) x (한 자리 수)의 계산 과정을 표현하였다. 이것은 첫 시간에 학생들이 수모형을 활용하여 계산하는 과정과는 다르다. 첫 시간은 방법을 찾는 개방적인 탐구였다면, 이번 시간은 찾은 원리를 형식화하는 탐구이다. 학생들은 십모형과 일모형으로 수모형을 나누고, 각

[곱셈 방법에 대한 생각을 적용하여 문제를 해결하는 모습]

각 곱한 다음 더하는 과정을 거쳐 곱셈을 해결하였다. 이를 통해 학생들은 (두 자리 수) × (한 자리 수)의 계산은 십의 자리와 일의 자리를 나누어 각각 곱한 뒤 그 두 결과를 더하는 과정임을 스스로 정리하였다. 그리고 이 과정을 쉽고 간단한 곱셈의 계산 방법으로 제시하도록 하였다.

제시된 사진은 학생들이 작성한 (두 자리 수) × (한 자리 수)의 계산 방법의 산출물이다. 학생들이 정리한 형식화된 계산 방법은 다음과 같다.

1. 일의 자리와 곱하는 수 곱하기
2. 십의 자리와 곱하는 수 곱하기
3. 곱해서 나온 수 더하기

학생들은 이 과정을 통해 곱셈이 단순한 절차가 아니라 수를 일의 자리, 십의 자리로 나누어 계산하면 더 간단하고 정확하게 구할 수 있는 연산임을 경험하였다. 곱셈을 효율적으로 계산하는 방법이 바로 일의 자리와 십의 자리로 나누어 계산하는 분배법칙의 개념과 연결되어 있음을 초등학생 수준에서 이해하게 되었다. 즉, 학생들은 수학자들이 만든 곱셈 계산 방법을 단순히 외운 것이 아니라 그 원리를 직접 탐구하고 적용하는 과정을 통해 간단하고 정확한 곱셈 방법을 스스로 발견하는 경험을 하였다.

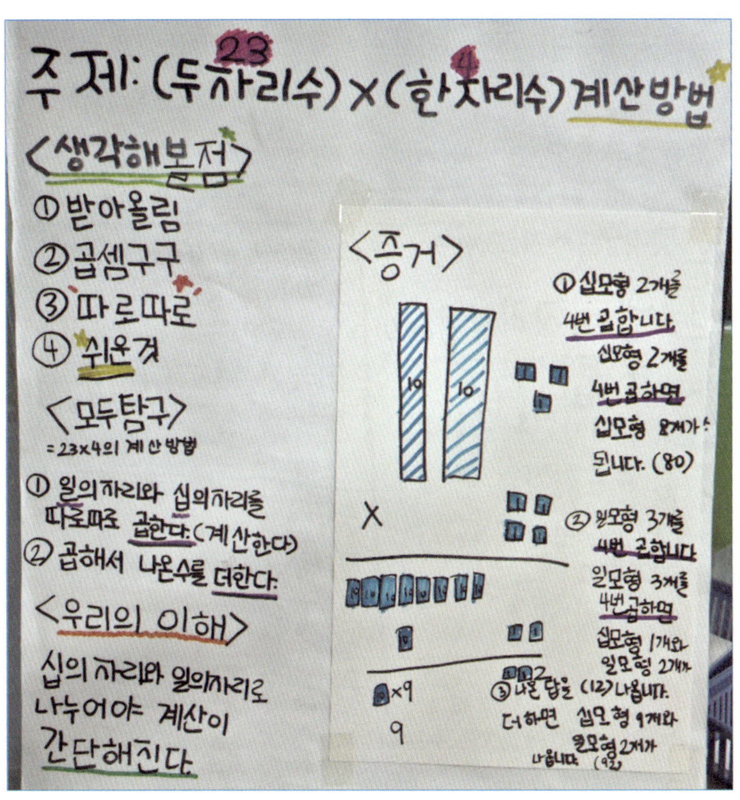

[학생들이 발표한 (두 자리 수) x (한 자리 수) 산출물(1)]

(2) (두 자리 수) x (한 자리 수)의 계산 방법 세로셈 표현 방법 익히기

이번 시간은 곱셈의 세로셈에 대한 탐구이다. 학교에서 이루어지는 곱셈의 세로셈은 교사가 주도의 안내로 이루어지는 경우가 많다. 하지만 학생들은 스스로 세로셈의 표현 방법에 대한 탐구의 준비가 되어있다. 2학년과 3학년 덧셈과 뺄셈 단원에서 세로셈의 표현 방법에 대해 익숙해져 있기 때문이다. 따라서 이번 곱셈 단원에서는 "왜 세로셈으로 나타내어 계산하는가?", "곱셈의 세로셈은 어떻게 표현하는가?"에 초점을 맞추어 탐구를 진행하였다.

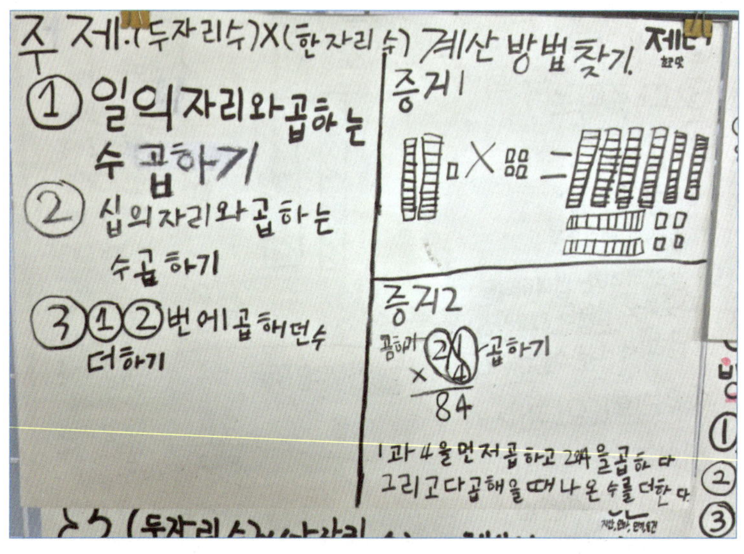

[학생들이 발표한 (두 자리 수) x (한 자리 수) 산출물(2)]

이번에 소개할 차시는 세로셈에서 올림에 관한 탐구이다. 이 차시는 올림 표현을 직접 가르쳐주는 것이 아니라 이미 알고 있는 배경 지식에서 올림 표현을 찾고 이를 곱셈의 세로셈에 적용하는 데 초점을 두었다. 이를 위해 "수학자는 덧셈의 올림 상황에서 세로셈을 어떻게 표현하는가?"라는 안내 질문으로 탐구를 시작하였다.

학생들은 덧셈의 올림 상황에서 세로셈을 계산하기 위해 받아올림

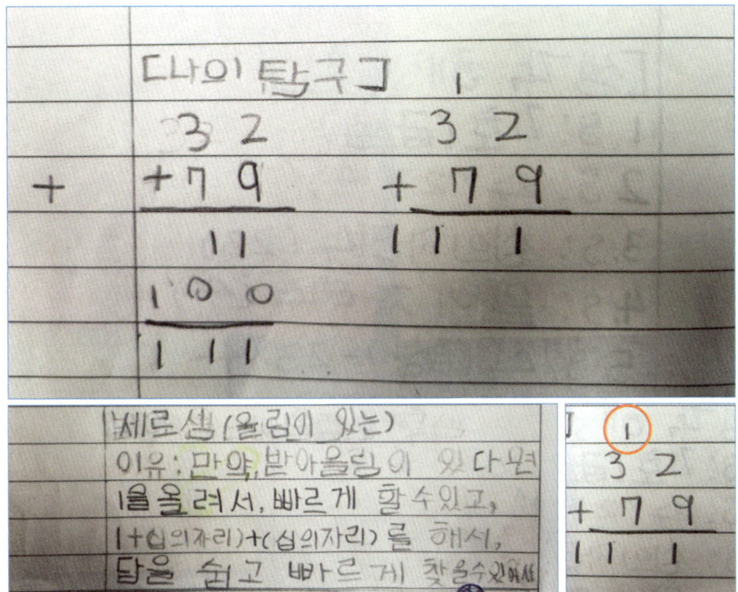

[학생의 탐구 노트]

을 표현한다는 것을 찾아내었다. 받아올림의 표현(1을 십의 자리 위에 써주는 행위)은 일의 자리의 계산 결과와 십의 자리의 계산 결과를 모두 적는 과정을 줄여준다. 학생들은 받아올림의 표현은 계산을 빠르게 하는데 도움을 줄 수 있음을 이해할 수 있었다.

교사는 올림이 있는 덧셈의 세로셈 계산 방법을 참고하여 곱셈을 간단하게 계산하는 방법을 찾을 수 있도록 안내하였다. 학생들은 곱셈의 세로셈에서 올림을 어떻게 표현할 지 토의하고, 올림을 표현했을 때 어떤 점이 효과적인지를 이야기 나누었다.

학생들은 세로셈에서 십의 자리 위에 올림의 표현을 하여 계산하면

[교사가 제시한 탐구 질문]

[학생의 탐구 노트]

여러 번 적지 않아도 되므로 빠르고 간단하다는 것을 찾아내었다. 학생들은 탐구 결과를 바탕으로 게시판에 '세로셈에서 올림은 곱셈의 계산을 간단하게 표현할 수 있게 한다."라는 이해를 게시하였다. 이런 탐구 과정으로 탐구한 학생들은 세로셈의 절차를 암기하는 것이 아니라, 왜 세로셈을 하는지, 올림의 표현은 세로셈에서 어떤 역할을 하는지 등에 대해서 이해하고 계산할 수 있게 된다.

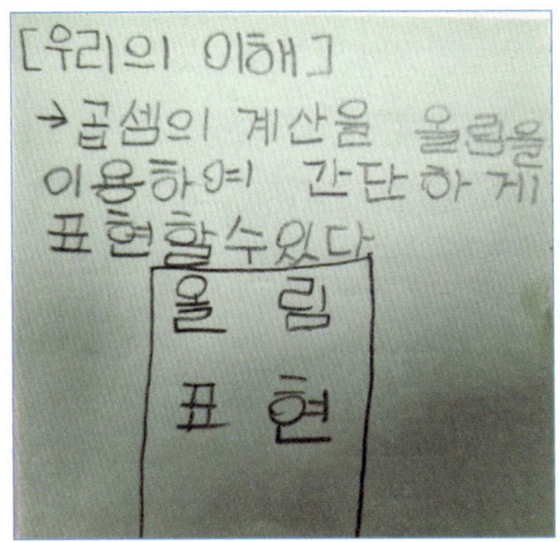

[탐구 노트에 기록된 학생의 개념적 이해]

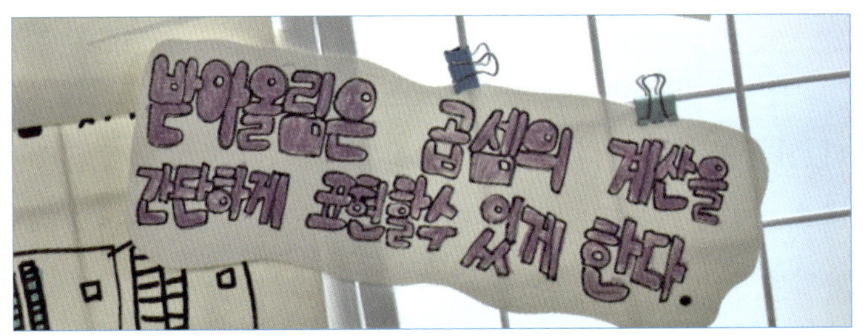

[게시판에 기록된 학생의 개념적 이해]

다) 이해를 바탕으로 한 적용

학생들은 지금까지 쉽고 간단한 곱셈의 방법에 대해 탐구 하였다. 학생들이 이해한 개념적 이해를 나열하면 다음과 같다.

1. 곱셈의 수를 나누어 따로따로 곱할 수 있다.

2. 십의 자리와 일의 자리로 나누면 계산이 편한다.

3. 세로셈에서 올림을 표현하면 간단하게 계산할 수 있다.

이번 시간에는 지금까지의 이해를 바탕으로 다양한 맥락에 적용해 보는 시간을 가지고자 한다.

이 때 중요한 것은 교사가 이해를 적용할 수 있도록 적절한 발문과 과제를 제공하는 것이다. 다음은 교사가 학생들에게 가장 먼저 제시한 (두 자리 수) × (한 자리 수) 문항이다.

1. $29 \times 7 =$
2. $54 \times 6 =$

교과서나 지도서에 제시된 기본 발문은 "다음을 계산해 봅시다."이다. 하지만 이해의 적용을 위해서는 질문이 달라져야 한다. 이 문제에 대해 교사는 "다음 곱셈을 간단하고 빠르게 계산할 수 있는 방법을 활용해서 계산해 보세요."라는 발문을 할 수 있다. 이 발문을 바탕으로 학생들은 지금까지의 곱셈의 계산 방법에 대한 이해를 떠올리고 문제 해결에 참여하게 된다.

다음으로 학생들이 혼자서는 해결하기에 고민이 되는 과제, 빠르고 간단한 곱셈의 계산 원리를 충분히 활용할 수 있는 과제를 제시하였다. 과제는 다음과 같다.

학생들은 이를 해결하기 위해 서로 협력하여 아이디어를 나누었다. 다음은 해결 과정에서 나온 대화의 장면이다.

적어도 라는 것은 무엇을 의미할까?

가장 적은 상자의 수입니다. 왜냐하면 적어도는 150개보다 많아야 하기 때문에 그 중에서 상자 수가 가장 적은 경우를 찾아야 하기 때문입니다.

어떻게 구할 수 있을까?

26을 1부터 차례대로 곱해서 구할 수 있습니다.

150이 넘을 때 곱하는 수를 찾습니다.

아이디어 노트

이해를 바탕으로 한 적용 활동을 진행할 때 교사는 학생들이 자신의 이해를 새로운 상황에 적용할 수 있도록 적절한 발문과 과제를 제시하는 데 초점을 맞추어야 한다. 이번 주제의 핵심은 단순히 곱셈의 결과값을 구하는 연습이 아니라, '간단하고 빠른 곱셈의 계산'이라는 효율성을 체득

하는 데 있다. 따라서 학생들과 대화를 나눌 때는 단순히 계산 결과를 확인하기보다 그들이 선택한 전략의 이유를 묻는 과정이 중요하다. "왜 이런 방법을 선택했니?" 혹은 "여러 방법 중에서 너에게 가장 빠르고 간단하게 느껴진 방법은 무엇이었니?"와 같은 질문을 통해 학생들은 자신의 곱셈 과정을 스스로 성찰하게 된다. 이러한 발문은 아이들이 기계적인 연산에서 벗어나 효율적인 곱셈 계산 원리를 적용하여 문제를 해결하는 데 도움을 줄 수 있다.

이번 "사칙연산의 비밀" 탐구 단원을 운영하면서 학생들이 보여준 수학적 원리에 대한 호기심과 발견의 기쁨은 매우 인상 깊었다. 탐구는 연산 기호와 계산 절차라는 형태적인 주제에서 출발하였지만 시간이 지남에 따라 수학적 약속의 필요성, 계산의 효율성, 그리고 실생활 문제 해결을 위한 전략적 사고로 확장되었다.

학생들은 나눗셈 기호(÷)를 단순한 암기의 대상이 아닌 '똑같이 나누는 상황'을 표현하기 위해 수학자가 약속한 기호임을 발견하였으며 곱셈 탐구 과정에서는 수 모형을 통해 수를 십의 자리와 일의 자리로 나누어 계산하는 분배법칙의 원리를 초등학교 수준에서 경험적으로 이해하는 모습을 보여주었다. 또한 세로셈에서 '올림'의 표현이 여러 번 적어야 하는 번거로움을 줄여 계산을 빠르게 한다는 점을 경험하고, "어떤 방법이 빠르고 간단한가?"를 주제로 서로의 계산 방법을 비교·토론하는 과정은 이번 탐구의 가장 큰 성과 중 하나였다. 적용 단계에서 실생활 과제인 '투명 페트병 상자 구하기' 과제는 수학이 단순히 답을 내는 과목이 아니라 삶의 문제를 해결 할 수 있는 도구임을 체험할 수 있었다. 또한 이 과제에서 만난 "적어도"라는 의미는 수학에서 어떻게 해석되고 해결되는지에 대한 토의도 인상적이었다.

하지만 이번 탐구를 운영하며 몇 가지 보완점도 있었다. 학생들이 간단하고 빠른 계산 방법을 찾는 과정에서 일부 학생들에게는 다소 추상적으로 느껴질 수 있었다. 따라서 다양한 수의 크기와 맥락을 고려한 맞춤형 과제와 시각적 모델과 구체적 조작 모델을 더 구체적으로 제공했다면 학생들의 개념적 이해가 더욱 풍부해질 수 있었을 것이다.

이번 탐구는 "효율성"이라는 측면에서 통해 학생들과 함께 계산 원리의 비밀을 파헤치며, 계산방법이 단순한 기계적 반복이 아닌 합리적인 선택과 전략의 과정임을 성찰해 보는 소중한 시간이었다. 앞으로도 학생들이 수학적 자신감을 바탕으로 복잡한 문제 상황 속에서도 주도적으로 자신만의 수학적 사고력을 키워나갈 수 있기를 기대한다.

다음은 이번 탐구에서 이루어진 학생 활동 산출물과 게시 자료이다.

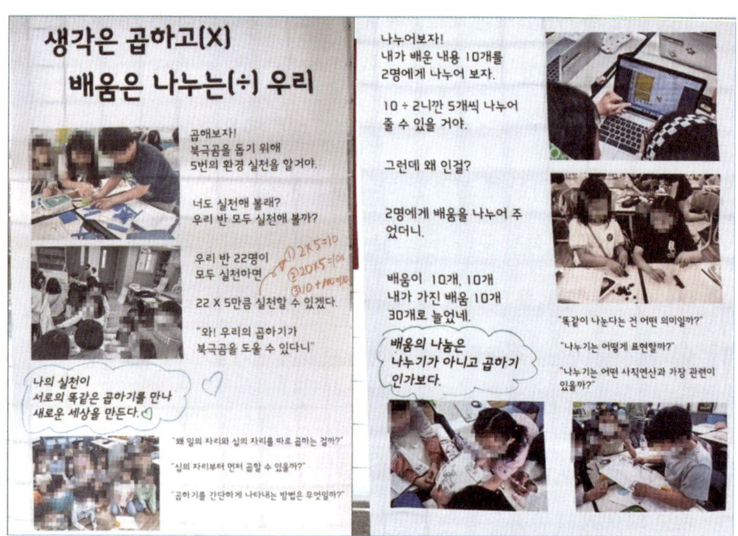

[곱셈과 나눗셈에 대한 학생들의 대화]

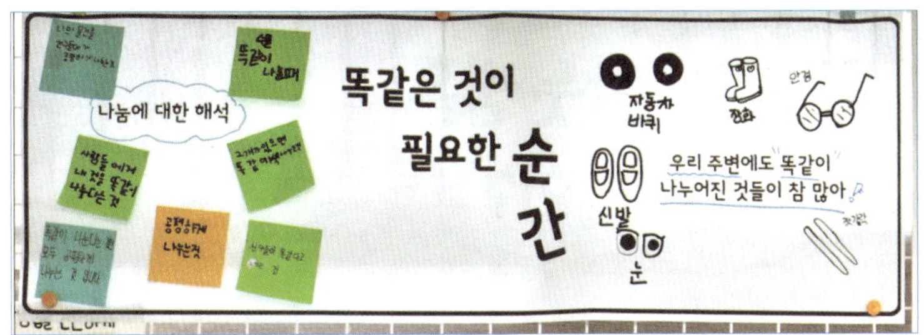

[생활 속에서 똑같이 나누는 상황에 대한 탐구 결과물]

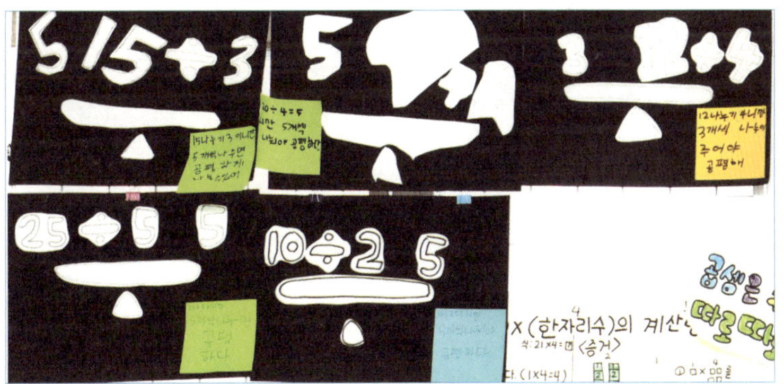

[나눗셈식을 저울로 표현하기]

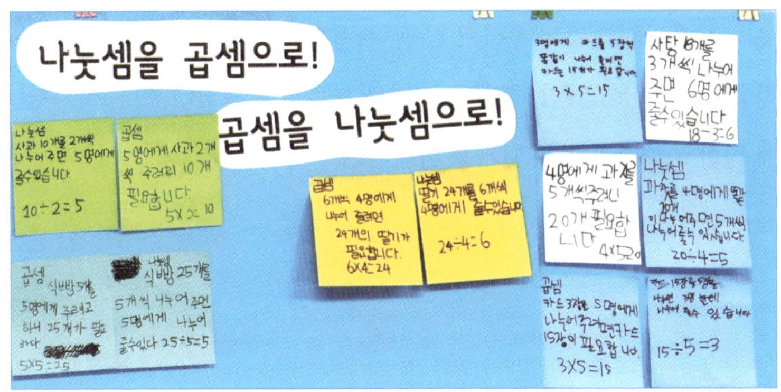

[곱셈과 나눗셈의 관계에 대한 학생들의 탐구 결과물]

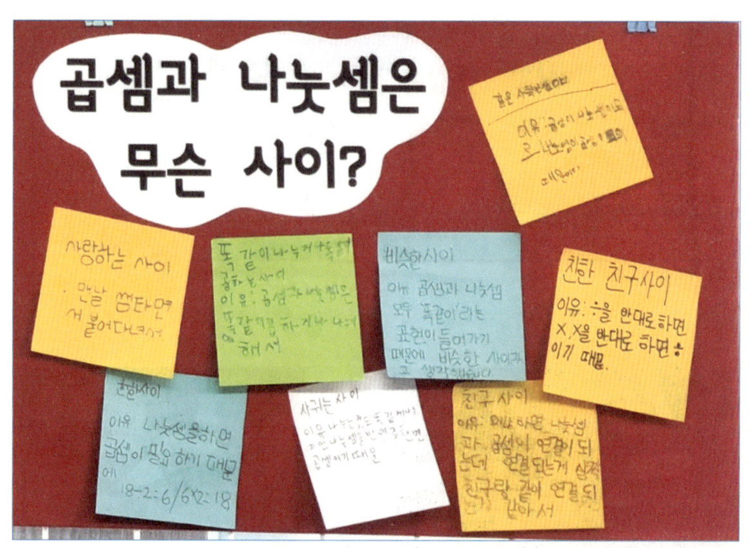

[곱셈과 나눗셈의 관계에 대한 정의내리기 산출물]

    다음은 Stand Alone으로 수업을 진행한 사례이다. 학생들의 탐구노트이며 의미 구성에 해당하는 생각해볼 점, 나의 탐구와 수학적 기호로의 전환에 해당하는 우리의 탐구, 개념적 이해, 이해를 바탕으로 한 적용이 기록되어 있다. 학생들의 탐구 노트를 통해 IB PYP 수학 수업에 대한 이해에 도움이 되기를 바란다.

3. 나눗셈

♣ 똑같이 나누어 주는 상황의 표현 방법 탐구

〈생각 해 볼 점〉
1. 숫자
2. 기호

〈우리의 탐구〉
· 상황을 수학으로 표현할 때 필요한 것
① 기호
② 수

〈생각 해 볼점〉
- 사탕이 10개 있습니다. 2개씩 똑같이 나누어
  주었더니. 5명이 받았습니다.
- 1. 수 : 10 , 2 , 5
- 2. 기호 : 나눈다는 의미를 가진 기호
          같다는 의미를 가진 기호
여러번
똑같이 뺀   여러번 똑같이 뺀다는 의미를 가진 기호
다는 의미를
가진 기호   〈우리의 탐구〉
가 나누다.   - 수 : 10 , 2 , 5
               - 기호 : =

                    ÷ : 똑같이 나눈다
               이 뺀다는 의미)
               -> 10 ÷ 2 = 5
               (연결) - 나누기는 뺄셈
               (확장) - 나누기는 여러번
               (도전) - 64 ÷ 8 = 8

〈우리의 이해〉
상황을 수나 기호를
이용해서 표현할수
있다.

[학생 탐구노트 – 똑같이 나누어 주는 상황은 어떻게 표현할까?]

5. 길이와 시간

♣ 시간을 정확하게 나타내려면 어떻게 해야 할까?

	<생각해 볼 점>
	시간과 관련하여 내가 지금 알고 있는 것은?
	: 몇시, 몇분, 긴바늘, 짧은 바늘, 수(1~12), 눈금.
	몇시 몇분
더 작은	1. 더 작은 시간의 단위
시간의	2. 수
단위	
	<우리의 탐구>
	1. 1초에 대한 설명: 1분을 60등분 한 것
	2. 1초: 1분을 60등분 한 것 중의 1개의 시간
	3. 1초 정도는 어떤 걸까?
	내가 박수 한 번 칠때
	4. 시각읽기
	- ① 5시 50분 5초
	- ② 9시 15분 35초
	- ③ 11시 45분 50초
	<우리의 이해>
	1. 시간의 단위의 크기가 작을수록 시간을 정확하
	게 나타낼 수 있다
	(연결) - 1분을 60등분 한 것 중의 1개의 시간은 1초 이다.
	(확장) - 시간의 단위의 크기가 작을수록 시간을 정확하게 나타
	(도전) - 2분은 120초 이다

[학생 탐구노트 – 시각을 정확하게 나타내려면 어떻게 할까?]

5 길이와 시간
길이를 정확하게 표현하기

<생각해볼 점>
1. 길다 짧다 → 단위 → m, cm
2. 수

<나의 탐구>
31cm와 32cm 사이
11cm와 12cm 사이
새로운 단위 → cm보다 더 작은 새로운 단위가 필요하다

<우리의 탐구>
1cm

<우리의 탐구2>
내 몸에서 기준 길이 찾기
1. 1cm: 중지 손가락 손톱
2. 10cm: 손으로 ㄴ 모양
3. 1mm는 어떻게 어릴 ...
→ 내 중지 손가락 손톱 1C...

<길이 재기>
1. 수학책 가로: 21cm
2. 보드마카: 12cm 1mm
(연필)-1cm를 10등분 한...
(확장)-길이 단위의 크기가 ...
(도전)-1mm가 2번 인것 →

3. 포스트잇 가로: 7cm 6m...

<우리의 이해>
길이 단위의 크기가 작을수록 길이를 정확하게 표현할 수 있다

[학생 탐구노트 – 길이를 정확하게 나타내려면 어떻게 할까?]

6. 분수와 소수

분 ~ 수는 어떻게 나타낼까?

<생각해 볼점>
0과 1사이에 있는 것은 어떻게 수로 표현
할까?

수   1. 수
기호   2. 기호

<우리의 탐구>

0   ↑   1

0.4 (영점사)
0다음에 있는 수이고, 10개로 나눈 것 중에
4개인 수이다
0.1이란?
0다음에 있는 수이고 10개로 나눈것 중에 1.
인 수이다
이것을 소수라고 한다
소수: 작은 것을 나타내기 위한 수

<우리의 탐구 2>

0   흥   1
    0.5   <우리의 이해>
소수는 작은 수를 표현하기 위한 수이
소수와 분수는 연결되어 있다.
연결 - 소수는 분수와 연결된다
확장 - 소수는 작은수를 표현하기 위한 수이다
도전 - 0.2= 영점이

[학생 탐구노트 – 0과 1사이의 수는 어떻게 나타낼까?]

6학년 – 탐구발표회
(PYP Exhibition)

IB 교육에서는 학생들이 스스로 배움의 주인이 되는 '주도성'을 강조한다. 그렇다면 학생 주도성의 정점을 보여주는 순간은 언제일까? 바로 IB PYP 탐구의 꽃이라고 불리는 발표회(Exhibition)이다.

탐구 발표회는 IB PYP의 마지막 해에 진행되는 특별한 프로젝트이다. 학생들이 자신에게 의미 있는 주제를 스스로 정하고 탐구한 뒤 그 결과를 교육 공동체와 공유하는 활동이다. 학생들은 주제를 깊이 연구하면서 배운 내용을 기록하고 이를 학습 공동체와 공유하며 학습에 대한 책임감을 키워 나간다. 이 과정은 학생들이 자신의 성장을 스스로 느끼고 학문적 성취를 스스로 축하하는 소중한 경험이 된다.

6학년 학생들에게 PYP 발표회는 설렘과 걱정이 공존하는 큰 이벤트이다. 왜냐하면 오랜 시간 탐구를 진행하며 팀원들과 협력하고 때로는

[IB 탐구발표회의 한 장면]

갈등을 해결하는 과정이 마치 롤러코스터를 타는 것처럼 험난하기 때문이다. 이 과정에서 학생들은 대인관계 기능, 자기조절 능력 등 삶에 꼭 필요한 역량을 자연스럽게 익히고 성장해 나간다.

6학년 학생들 말을 빌려 표현하면 발표회를 성공적으로 끝내려면 IB의 10가지 학습자상을 모두 발휘해야 한다고 한다. 탐구자가 되고, 사려 깊으며, 원칙을 지키는 등 마치 10가지 자질을 모두 갖춘 성인군자가 되어야 한다는 느낌까지 든다고 한다. 이처럼 고되고 치열한 과정을 거치는 동안 학생들은 단순한 지식의 습득을 넘어, 스스로 성장하고 협력과 도전의 의미를 더욱 깊이 있게 깨닫게 된다.

PYP 발표회는 단순히 학생들만의 무대는 아니다. 이 자리는 교사와 학부모가 함께하는 특별한 시간이다. 학생들이 발표회를 준비하는 동안 교사와 학부모는 든든한 조력자로서 아이들과 함께 고민하고 응원하며 그 과정을 지켜본다. 발표회는 교육공동체 모두가 함께 배우고 성장하는 여정이다.

1) PYP 발표회의 특징

모든 IB프로그램의 마지막 학년에는 학생들이 학습을 종합하고 마무리하는 중요한 단계가 포함되어 있다. 초등 프로그램(PYP)에서는 발표회(Exhibition), 중등 프로그램(MYP)에서는 개인 프로젝트(Personal Project), 고등 프로그램(DP)에서는 소논문(Extended Essay), 직업연계 프로그램(CP)에서는 성찰 프로젝트(Reflective Project)가 있다.

그중 PYP의 발표회는 다음과 같은 세 가지 특징을 중심으로 이루어진다.

① 학생이 주도하고, ② 설계하며, ③ 협력한다.

발표회에서는 학생이 탐구의 전 과정을 더욱 적극적으로 주도한다. 스스로 탐구의 방향을 정하고 더 깊이 알아보고 싶은 주제를 선택해 탐구하게 된다. 이 과정에서 중심 아이디어를 직접 구성하고, 탐구할 내용을 정리하며, 필요한 지식과 기능을 고민하며 계획을 세운다.

학생은 탐구 주제의 목표와 범위를 스스로 설정하고 자신만의 기준에 따라 탐구를 실천한다. 이 과정에서 교사 및 멘토와 학습 내용을 기록하며 자기 성찰과 평가를 반복한다. 다만 학생이 탐구 전 과정을 주도할 때 발생할 수 있는 시행착오를 방지하도록 교사와 멘토의 사전 지도가 병행되어야 한다.

발표회 과정 전반에서 학생은 동료 및 조력자들과 긴밀히 소통한다. 주기적으로 진행 상황을 공유하고 피드백을 주고받는 협력 과정은 발표회의 핵심이다. 참여 형태나 팀 구성에 정해진 틀은 없으며 학생 성향에 따라 팀을 이루거나 개별적으로 참여하는 등 유연하게 운영할 수 있다.

2) PYP 발표회의 목적

PYP 발표회는 초등학교 프로그램을 마무리하고 성찰하는 탐구 경험으로 학생들이 스스로 탐구의 방향을 정하고 배움을 종합하며 공유하는 과정이다. 이 과정에서 학생들은 주도적으로 탐구를 설계하고 다양한 관점을 탐색하며 교육 공동체와 협력하여 자신의 성장과 배움을 공유한다. 발표회의 목적을 크게 종합해 보면 다음과 같다.

① 학생 주도적인 깊이 있는 탐구 경험 제공
② IB 학습자상과 다양한 관점을 탐색
③ 탐구 과정의 기록, 발표, 실천
④ 교육 공동체와의 협력 및 소통의 장
⑤ PYP 학습 경험의 성찰 및 다음 단계로의 전환

발표회는 앞서 말한 것처럼 학생들이 스스로 탐구의 방향을 정하고 깊이 있는 학습을 경험할 수 있도록 돕는 과정이다. 탐구하는 동안 학생들은 자신의 관심사를 바탕으로 주제를 선택하고 배운 내용을 종합하며 이를 실생활과 연결하면서 자신의 배움을 더욱 확장한다. 그리고 다양한 관점을 탐색하고 IB 학습자상을 자연스럽게 실천하며 탐구 과정을 기록하고 발표하는 경험을 쌓는다. 이 과정에서 학생들은 단순히 지식을 배우는 것에 그치지 않고 배운 내용을 어떻게 활용하고 의미 있는 행동으로 이어갈 수 있을지 고민하는 힘을 기를 수 있다. 그뿐만 아니라 친구들과 협력하고, 교사와 멘토의 피드백을 받아 탐구를 발전시키며 학부모 및 지역사회와 소통하는 것도 발표회의 중요한 부분이다.

3) PYP 발표회 참가자

가) 학생

각각의 IB학교에서 운영하는 발표회의 모습은 서로 다르고, 학교마다 추구하는 특색이 다르다. 그리고 학생들이 발표회를 계획하고 추진하는 데 보여주는 역량은 학교와 학생, 그리고 그 학교의 선생님을 포함하는 교육공동체의 오랜 경험과 노하우를 반영한다. IB월드스쿨로서 경험이 쌓이고 역사가 깊어질수록 교사들의 지도 노하우는 물론, 학생들의 주도적 역량 역시 함께 발전하게 된다. 따라서 처음으로 발표회를 운영하는 학교에서는 모든 과정을 학생이 전적으로 주도해야한다는 부담을 가질 필요는 없다. 교사와 멘토가 함께 방향을 잡아주고 점진적으로 학생들의 주도성을 키워가는 과정이 중요하다. 발표회는 단순히 완성된 결과를 발표하는 자리가 아니라, 학생들이 점진적으

로 탐구 역량을 기르고 자기 주도적 학습자로 성장하는 과정의 일부
가 되어야 한다.

안내된 탐구 중심의 발표회		학생 주도 탐구 중심의 발표회
교사가 설계한 구조에서 학생들의 탐구 과정 수행하기	→	자신의 탐구 주제와 탐구 과정을 스스로 계획하여 탐구하기

[PYP 발표회의 주도성 변화 과정]

발표회에 참여하는 학생들이 맡아야 할 주요 역할을 다음과 같다.

발표회의 목적과 과정을 명확하게 이해하기

이슈나 문제를 탐색하고 스스로 주제 선정하기

탐구 계획을 주도적으로 수립하기

- 중심 아이디어, 탐구 목록, 탐구 질문 발전시키기
- 탐구를 위한 명시적 개념과 추가 개념 살펴보고 선정하기

탐구 수행하기

- 탐구 질문에 대한 답을 찾으며 자신의 이해 확장하기
- 인터뷰, 설문조사, 현장 방문, 실험, 모형 제작 등 다양한 방법을 활용하여 탐구하기
- 다양한 ATL을 직접 활용하고 적용하기
- 교사, 멘토, 친구들과 협력하여 참여하기
- 탐구 과정에서 학습자상 발휘하고 성찰하기

[발표회에 참여하는 학생의 주요 역할]

학생과 지도교사는 PYP 발표회를 준비하는 동안 탐구 일지를 활용하여 질문, 탐구 내용, 성찰 등을 기록하는 것이 효과적이다. 탐구 일지를 통해 학생들은 스스로 과정을 성찰하고 평가하며 동료들과 피드백을 주고받을 수 있다. 탐구 일지는 온라인 도구나 오프라인 자료를 활용하여 작성할 수도 있다.

나) 지도 교사

지도 교사의 기본적인 역할은 발표회에 참가하는 학생들을 지원하는 것이다. 학생들이 탐구를 효과적으로 진행할 수 있도록 필요한 때에 방향을 제시하거나 적절한 피드백을 제공하는 역할이 매우 중요하다. 발표회 초기에는 교사가 비교적 탐구 과정을 주도할 수 있다. 그러나 발표회 경험이 점차 쌓이면 학생들이 스스로 탐구하고 성장할 수 있도록

Mentor Meeting Notes

팀원 이름 [이름]	멘토 선생님 [이름] 선생님	날짜 8월 13일 수요일
Before the meeting 우리 팀의 질문 피드백을 받고 싶은 부분 - K라면의 성공요인 인기비결 - 세계의 다양한 인스턴트 라면 - 라면의 현지화 전략 - 라면 속의 과학적 원리 - 라면의 스프가 물에 녹는다 -> 가루는 없어지고 국물만 남는데, 다 녹아없어지는 것인지? -> 라면 스프의 퍼지는 원리 - 라면이 건강에 안 좋다고 하는데 정말 안 좋을까? 안 좋다면 왜 안 좋을까? - 라면을 끓일 때 물 온도가 미치는 영향은 무엇일까? 라면을 끓이는 방법	**During the meeting** 탐구 내용 기록 (자료, ATL, 결과물, 학습자상 등) 피드포워드 [이름]: 선생님과 미팅을 하고 나니 k라면의 성공 요인이나 인기비결을 한번 탐구해 봐야겠다. 또한 라면속의 과학 원리들도 알아봐야 겠다. [이름]:나는 현지화 전략에 관심이 생겨서 우리나라가 다른 나라를 위해서 어떻게 현지화 전략을 사용하는지 알아봐야 겠다. [이름]:나는 세계의 라면이 재밌는 것 같다. 그래서 각 국의 라면들을 찾아봐야겠다. 그리고 각 라면의 특징도 알아보는 것도 괜찮을 것 같다,	**After meeting** 다음 탐구 계획 팀원들의 성찰 [이름]: 라면속 과학과 동영상에 대해서 더 찾아보고 라면과 관련된 논문을 읽어봐야 겠다. [이름]: 현지화 전략에 대해서 알아보기 위해서 라면과 관련된 책을 읽고 정리 해봐야 겠다. [이름]: 나는 세계의 인스턴트 라면을 알아보기 위해서 유튜브에서 세계

Mentor Meeting Notes

팀원 이름 [이름]	멘토 선생님 [이름] 선생님	날짜 10월 1일
Before the meeting 우리 팀의 질문 피드백을 받고 싶은 부분 1. 설문조사 문항 수정 2. 탐구동기, 탐구목록 소개 스크립트	**During the meeting** 탐구 내용 기록 (자료, ATL, 결과물, 학습자상 등) 피드포워드 1. 설문조사 문항 수정 - https://docs.google.com/forms/d/1Na-9VWB3Y NdzEta2dQYwEfJGi3lL15eLWfV1ZwBgRmI/edit - 객관식, 주관식 문항 구분하는 기준 생각하기 - 설문조사로 얻은 데이터를 어떤 탐구목록에 사용하는지 치밀하게 계획하자 2. 발표 스크립트 - 첫인사와 탐구 동기를 소개할 때는 청중에게 생각할 수 있는 질문이나 내용으로 시작하자 - 각자에게 갖는 라면의 의미는? 야식, 여행지에서의 추억, 든든한 한끼 식사 등 - 탐구목록에서 찾은 성공요인을 대입하여 탐구목록3을 탐구해야함.	**After meeting** 다음 탐구 계획 팀원들의 성찰 [이름]: 나는 신라면과 신라면 건면의 차이점에 대해서 알아보고 설문조사 문항을 조금 더 보충해야 겠다. [이름]: 이번에 설문조사 내용을 좀더 다듬고, 강나경이 해놓았던 유탕면과 건면 슬라이드 내용을 보고 추가해볼것이다. [이름]: 나는 탐구목록 2에서 찾은 성공요인에 만족하는 탐구목록 3을 탐구해야 겠다.

[탐구일지 사진]

기회를 제공하고 지원해 주는 것이 중요하다.

다음은 발표회에서 교사가 해야 하는 역할이다.

| 발표회에 대한 명확한 가이드라인 제공하기 |
| 발표회의 일정 계획 및 탐구 시간과 여건 마련하기 |
| 학생과 함께 탐구 계획 수립하기 |
| 탐구를 수행하는 팀(학생 및 멘토)과 주기적으로 소통하기 |
| 탐구 준비물과 조사 자료를 함께 검토하기 |
| 발표회 과정을 관찰 및 기록하기 |
| 학생들의 탐구 과정 격려하기 |
| 필요한 경우 멘토 역할 수행하기 |

[발표회에 참여하는 교사의 주요 역할]

다) 교육 공동체

PYP 발표회는 단순히 학생들과 지도 교사만의 행사가 아니라, 교육 공동체가 함께 만들어 가는 과정이다. 따라서 학생들이 교육 공동체의 일원으로서 책임감을 가지고 탐구할 수 있도록 학교 차원에서 체계적인 계획과 지원이 필요하다.

이를 위해 충분한 예산과 시간 확보가 필수적이다. 학생들이 탐구를 깊이 있게 진행하려면 여유 있는 시간이 필요하고 탐구를 뒷받침해 줄 수 있는 자료, 공간, 사람 등 다양한 자원이 함께 마련되어야 한다.

또한 발표회를 보다 효과적으로 운영하기 위해 멘토 제도를 활용하는 것도 좋은 방법이다. 관련 교사 뿐만 아니라 지역사회 전문가나 학부모를 멘토로 초대하면 학생들은 더 다양한 시각에서 탐구를 확장할 수 있다. 이렇게 실제 사회와 연결된 탐구 경험은 학생들에게 더욱 의미 있는 배움의 기회가 된다.

결국 성공적인 PYP 발표회를 위해서는 학교와 학습 공동체가 협력하여 학생들이 주도성과 책임감을 가질 수 있는 환경을 조성하는 것이 핵심이다. 학생들이 자신의 탐구를 주도적으로 이끌어 나갈 수 있도록 돕는 것, 그것이 바로 학교와 교육 공동체가 함께 만들어 가는 PYP 발표회의 진정한 의미이다.

4) 발표회 과정

가) PYP 발표회 운영 방식 정하기

PYP 발표회는 학교에 따라 여섯 가지 UOI 중 하나로 계획하거나, 독립된 탐구 단원으로 계획할 수 있다. 두 가지 방식은 학교의 여건과 필요에 맞춰 선택할 수 있으며, 각각의 장단점이 존재한다.

UOI에 포함되는 경우 정규 탐구 단원으로 계획되어 충분한 시수를 확보함으로써 학생들에게 깊이 있는 탐구 시간을 제공할 수 있다는 장점이 있다. 그러나 UOI의 주제와 중심 아이디어에서 벗어나기가 어려워 주제 선정이 제한적일 수 있다. 이런 경우 대개 지속가능 발전목

[SDGs (출처: un.org)]

표(SDGs)와 같은 글로벌 이슈를 활용하여 지구촌 갈등이나 환경 문제 등 보편적이고 사회적인 주제를 탐구 주제로 선택하는 경우가 많다.

반면 독립된 탐구 단원으로 구성하는 경우에는 주제 선정에서 훨씬 더 자유롭다. 이는 학생들의 흥미와 요구를 적극 반영할 수 있어 탐구 내용과 방향이 학생 중심으로 전개된 가능성이 높아진다. 하지만 그만큼 교육과정 시수를 확보하기 어려운 측면이 있으며 남은 UOI를 한정된 시간 내에 운영해야 하는 부담이 생길 수 있다.

발표회 운영 방식에는 정답이 없다. 학교의 여건과 학생들의 특성을 최우선으로 고려하여 가장 적절한 방식을 선택하여 운영한다.

학생들에게 의미 있고 깊이 있는 탐구의 기회를 제공하기 위해서는 '조사 시간의 확보' 중요하다. 학기 중의 제한된 시간 내에 수행하기 어려운 조사나 현장 답사는 주말이나 방학 기간을 활용할 때 더욱 풍성해진다.

나) 발표회 팀 구성하기

팀 구성은 PYP 발표회의 핵심 요소 중 하나이다. 학생들이 함께 효과적으로 협력하려면 팀원들의 역할이 균형 있게 배치되는 것이 중요하다. 이는 마치 축구 경기에서 공격수, 미드필더, 수비수를 적절히 배치해야 팀이 좋은 경기를 펼칠 수 있는 것과 같다. 어떤 학생은 아이디어가 넘치고, 어떤 학생은 자료를 꼼꼼하게 정리하며, 또 어떤 학생은 발표를 자신 있게 이끌어가는 데 강점이 있다. 이렇게 각자의 강점과 관심사를 고려해 팀을 구성하면 학생들은 서로의 강점을 살려 더욱 탄탄한 탐구를 할 수 있다. 잘 짜인 팀이 좋은 경기력을 보여주듯이 균형 잡힌 팀이 좋은 탐구 결과를 만들어낸다.

팀을 구성할 때는 다양한 요소를 고려해야 한다. 학년이 올라갈수록 학생들 사이의 교우관계는 더욱 복잡해지기 때문에 단순히 역할이나 기능만으로 팀을 구성하기가 쉽지 않다. 장기간 진행되는 프로젝트인 만큼 학생들이 서로 원활하게 협력할 수 있도록 관계적인 요소까지 세심하게 살펴야 한다.

다음에 소개할 팀 구성 방식은 실제로 시도해 보며 고려했던 예시들이다. 각 방식은 나름의 장점과 단점을 가지고 있으므로 상황에 따라 적절하게 선택하거나 조합하는 것이 좋다. 적절한 팀 구성이 이루어진다면 탐구의 절반은 이미 성공한 것이나 다름없다. 그만큼 팀을 구성하는 것은 가장 중요하면서도 어려운 과정이다.

아이디어 노트

① 역할 기반 구성: 발표, 정리, 디자인 등 각자의 강점을 살려 역할을 나눈다. 서로의 전문성을 존중하며 완성도 높은 결과물을 만드는 데 효과적이다.

② 관심사 기반 구성: 공통의 탐구 주제를 가진 학생들끼리 모인다. 학습 동기가 높으나, 특정 주제에 인원이 쏠리지 않도록 적절한 인원 배분이 필요하다.

③ 자율 선택 구성: 학생들이 스스로 팀원을 결정하여 자기 주도성을 높인다. 다만, 소외되는 학생이 생기지 않도록 교사의 세심한 관찰과 배려가 뒷받침되어야 한다.

[발표회 팀별 활동 장면]

다) 발표회 목적에 맞는 유의미한 주제 선정하기

PYP 발표회의 목적은 IB 학교가 추구하는 교육 목표와 크게 다르지 않다. 학생들은 세상을 더 이롭게 하는 글로벌 학습자로서 의미 있는 문제를 탐구해야 하며, 그 주제는 IB의 여섯 가지 초학문적 주제와 연결되고 확장될 수 있도록 선정해야 한다. 이러한 맥락을 적용하기에 용이한 예시 중 하나가 앞서 언급한 SDGs이다.

발표회 주제가 반드시 고정되어 있을 필요는 없다. 우리나라 교육과정의 성취기준과 IB의 초학문적 주제가 유사한 맥락을 갖고 있다면 어떤 주제든 탐구의 대상이 될 수 있다.

특히 2022 개정 교육과정에서 신설된 학교 자율시간은 탐구의 폭을 넓힐 좋은 기회다. 학생들은 평소 관심 있었던 단원의 세부 주제나 더 나은 세상을 만들기 위한 실천적 과제를 자유롭게 선정할 수 있다. 국어, 사회, 도덕, 미술 등 여러 교과의 성취기준을 살펴보면 이러한 깊이 있는 탐구에 적합한 근거를 어렵지 않게 찾을 수 있다.

주제를 선정하기 전에 이전에 운영했던 발표회 결과물을 참고하는 것도 좋은 방법이다. 많은 IB 학교에서는 발표회 자료를 아카이브 형태로 정리하여 보관하고 있으며 이를 활용하면 학생들에게 보다 구체적인 탐구 방향을 제시할 수 있다. 또한 IB 월드스쿨 네트워크를 통해 다른 학교의 다양한 예시 자료를 참고하는 것도 유용한 방법이 될 수 있다.

학생들의 발표회 주제를 살펴보면 해마다 자주 등장하는 단골 주제들도 있지만 같은 주제라도 학생들이 새로운 관점으로 접근하거나 발전된 방법으로 탐구하는 경우도 많다. 때로는 완전히 새로운 주제가 등장하기도 하며 이러한 경험들이 쌓이면서 각 학교만의 노하우가 발전한다. 이를 통해 학생들은 단순히 주제를 선택하는 것을 넘어 기존 탐구와의 연관성을 고민하며 더욱 깊이 있는 탐구를 이어갈 수 있게 된다.

그래서 IB를 처음 접하는 학생이나 교사라면 안내된 탐구 형식의 발표회를 선택하여 진행하는 것도 좋은 방법이다. 자유로운 탐구가 익숙하지 않은 경우 기본적인 탐구 구조와 과정이 정해진 형식을 따르면서 점진적으로 탐구의 주도성을 키워가는 방식이 효과적일 수 있다.

발표회 주제 예시
미래의 사회 변화와 일자리 멸종 위기 동물과 우리의 책임 지속가능한 스마트 농업 기후 위기 속 식량 문제 미래 산업과 에너지 우리 도시의 친환경 개발 해양 자원과 바다 보호 미술과 우리 생활 스포츠가 우리의 삶에 미치는 영향

[PYP 발표회 주제 예시]

라) 탐구 계획하기

(1) 시간과 자원 배분하기

PYP 발표회는 초등학교 프로그램에서 경험할 수 있는 가장 높은 수준의 탐구 활동이다. 따라서 이 과정을 성공적으로 운영하기 위해서는 충분한 탐구 시간을 확보하고 교육과정을 체계적으로 수립하는 것이 필수적이다.

발표회 운영 방식은 다양하다. 특정 기간을 정해 집중적으로 탐구를 진행할 수도 있고 다른 UOI 단원과 병행하면서 하루 일과 중 일부 시간을 배분하여 운영할 수도 있다. 어떤 방식을 선택하든 탐구 과정이 원활하게 진행되려면 시간 배분이 체계적으로 이루어져야 한다. 시간을 계획할 때 고려해야 할 요소는 다음과 같다.

- 주제를 접하고 탐구를 계획하는 시간
- 자율적으로 자료를 수집하고 조사하는 시간
- 탐구의 과정과 결과를 기록하고 정리하는 시간
- 진행 상황을 점검하고 멘토와 피드백을 주고받는 시간
- 발표 자료를 만드는 시간
- 발표를 연습하는 시간
- 발표회 당일 초대 손님들에게 발표하는 시간

발표회의 원활한 진행을 위해 충분한 예산을 책정하고 지원 시스템

[PYP 발표 장면]

을 마련하는 일은 매우 중요하다. 학생들은 팀별로 자료를 구입하거나 결과물을 제작하는 과정에서 다양한 비용을 지출하기 때문이다. 또한 주제에 따라 노트북, 대형 모니터, 마이크, 카메라 등 멀티미디어 장비가 필요할 수 있으며 넓은 무대나 전시 공간이 요구되기도 한다. 따라서 계획 단계에서부터 이러한 요소를 고려하여 적절한 장소와 장비를 확보하는 과정이 필수적으로 계획되어야 한다.

인적 자원의 적극적인 활용 또한 발표회 운영에서 매우 중요하다. 특히 멘토의 역할이 중요하므로 학교 내 교사 인력풀을 폭넓게 활용할 필요가 있다. 각 교사의 전공 분야나 관심사에 맞춰 멘토를 배정하면 학생들은 더욱 전문적인 조언을 얻게 된다. 나아가 학부모나 지역 사회의 전문가가 멘토로 참여한다면 학생들은 더욱 실제적인 피드백을 얻을 수 있다.

결국 PYP 발표회는 단순히 탐구 결과를 공유하는 자리를 넘어 학교와 교육 공동체 전체가 함께 만들어가는 통합적인 학습 경험이다. 이를 위해 예산과 물적 자원 그리고 인적 네트워크를 체계적으로 조직하

[미술 전시 사진, 멀티미디어 활용 사진]

고 지원하는 노력이 반드시 뒷받침되어야 한다.

(2) 발표회 팀 약속 정하기

발표회 팀이 함께 지켜야 할 약속을 정하는 것은 매우 중요하다. 장기간 진행되는 탐구 과정에서 의견 충돌이나 갈등이 발생할 수 있다. 실제로 탐구 도중에 사소한 오해로 학생들이 갈등을 겪거나 협력이 어려워지는 경우도 종종 생긴다. 이러한 상황을 예방하기 위해서 탐구를 시작하기 전에 팀원들이 함께 논의하여 '우리 팀이 지켜야 할 필수 약속'을 만드는 과정이 필요하다. 이 과정에서 학생들은 스스로 지켜야 하는 규칙을 직접 정하고 합의하며, 탐구 과정에서 서로 존중하고 협력할 수 있도록 다짐하게 된다.

이렇게 정해진 약속은 단순한 규칙을 넘어 팀워크를 강화하는 중요한 장치가 된다. 탐구 도중 갈등이 생겼을 때, 학생들은 이 약속을 돌아보며 문제를 스스로 해결해 나가는 힘을 기를 수 있다. 원활한 탐구 진행을 위해서는 탐구 내용뿐만 아니라 팀 내의 관계와 협력 방법도 함께

우리 팀의 약속
ESSENTIAL AGREEMENT

1. 모둠 활동에 적극적으로 참여하기
2. 크롬북으로 조사 관련 제외 행동 하지 않기
3. 자신의 역할을 충실히 수행하기
4. 모둠원들 의견도 존중해주며 활동하기
5. 자신의 잘못을 인정하고 사과하기

[팀별 약속 사진]

고민하는 과정이 필요하다.

(3) 멘토와 함께 탐구 주제 설계하기

탐구 주제 설계는 기존의 UOI 설계 방식과 유사하지만 학생들이 직접 주제를 선정하고 탐구를 이끌어 간다는 점에서 더 높은 수준의 주도성이 요구된다. PYP 발표회의 탐구 주제 설계에 포함하면 좋은 요소는 다음과 같다.

탐구 주제 설정의 이유: 이 주제를 선택한 배경과 의미

중심 아이디어: 탐구 방향을 결정하고 이해를 확장시키는 개념적인 이해

명시된 개념 및 기타 개념: 탐구 과정에서 다룰 명시된 개념과 기타 개념

탐구 질문: 탐구를 이끌어갈 주요 질문

ATL: 탐구 과정에서 활용할 학습 접근 방법

Action(실천): 탐구의 결과로 실천할 수 있는 구체적인 활동

학습자상: 탐구 과정에서 발휘해야 할 학습자의 태도와 자질

평가와 성공 기준: 탐구의 성과를 측정할 방법과 기준

성찰: 탐구 과정에서 배운 점과 발전할 부분

이러한 요소들을 학생들의 사고력과 문제 해결 능력을 더욱 심화시키는 데 큰 도움이 된다. 또한 단순한 지식 습득을 넘어 의미 있는 탐구를 실행하고 주도적으로 자신의 실생활과 연결된 배움을 실천하는 경험을 할 수 있다.

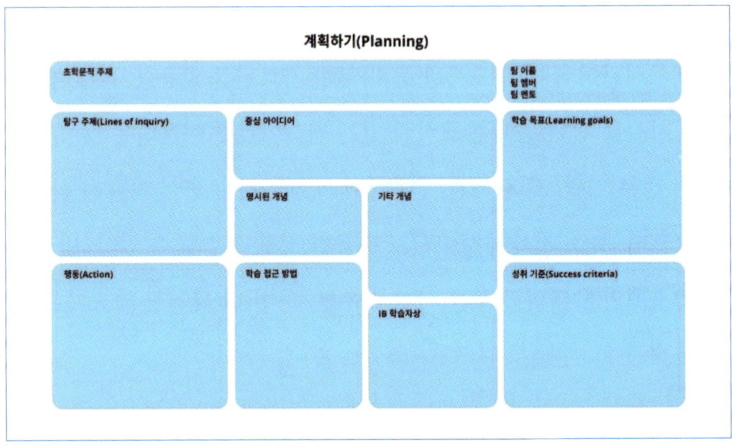

[플래너 템플릿 예시]

마) 자료 수집 및 기록하기

발표회를 준비할 때 풍부하고 다양한 자료를 확보하는 것은 탐구의

깊이를 더하는 데 매우 중요하다. 학생들이 다양한 방식으로 자료를 수집할 수 있도록 안내하면 탐구 과정이 더욱 풍성해지고 결과물도 의미 있고 흥미로운 형태로 완성될 수 있다. 자료 수집 방법이 다양해질수록 탐구의 시야가 넓어지고 결과물의 신뢰도도 높아진다.

(1) 문헌 및 온라인 자료 조사

문헌 및 온라인 자료 조사는 탐구의 첫걸음이자 가장 기본적인 자료 수집 방법이다. 다양한 정보 속에서 신뢰할 수 있는 자료를 찾아내고 정리하는 과정은 탐구를 더욱 깊이 있고 탄탄하게 만들어 준다. 자료 조사는 도서관 활용에서부터 시작하는 것이 좋다. 학교 도서관은 물론, 공공 도서관이나 전자 도서관 등 다양한 자료원을 활용할 수 있다. 온라인 자료를 검색할 때는 공신력 있는 웹사이트를 이용하는 것이 중요하다. 정부 기관, 교육 기관, 연구소에서 제공하는 공식 자료는 신뢰도가 높으며, 뉴스 기사나 보고서도 유용한 정보원이 될 수 있다. 반면 블로그나 개인 SNS의 정보는 사실 여부를 한 번 더 확인할 필요가 있다.

아이디어 노트

· **자신의 언어로 정리하기**: 자료를 단순히 복사하여 붙여넣지 않고 내용을 충분히 이해한 뒤 자신의 생각으로 표현해야 한다. 탐구의 핵심은 정보 습득보다 정보를 소화하여 재구성하는 과정에 있다.

·적절한 수준의 자료 활용: 학생 수준에 맞는 도서, 기사, 논문 등을 선별하여 활용한다. 너무 어렵거나 쉬운 자료는 탐구의 몰입도와 깊이를 떨어뜨릴 수 있다.

·요약 및 출처 표기 습관: 핵심 내용을 요약하고 자신의 말로 바꾸어 쓰는 연습을 지도한다. 이때 정확한 출처 표기를 병행하여 탐구의 신뢰성과 의미를 높인다.

위 책들은 초등학생들이 기후 위기를 쉽게 이해할 수 있도록 풍부한 이미지와 함께 설명한 책이다. 기후 위기를 처음 접하는 학생들이 개념을 자연스럽게 익히고 관심을 가질 수 있도록 구성되어 있으며 학생들의 수준에 적합하다.

[기후변화 관련 초등학생 책]

활동 속으로

선생님, 기후 위기 보고서를 찾았는데 내용이 완벽해요. 이 그래프랑 설명을 활용하면 좋겠어요.

자료가 아주 훌륭하네. 하지만 내용을 그 내용을 그대로 옮

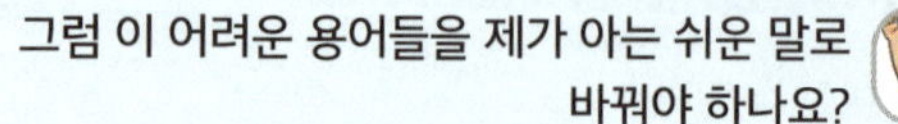

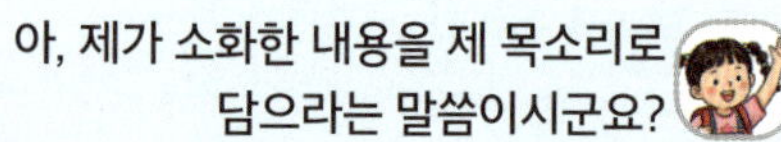

예를 들어 기후 변화와 관련된 자료는 매우 많고 내용도 어렵게 설명되어 있는 경우가 많다. 계획 없이 검색하면 학생들의 수준에 맞지 않는 어려운 자료가 많아 탐구를 진행하는 데 어려움을 겪을 수 있다. 따라서 어디에서 신뢰할 수 있고 적절한 수준의 정보를 얻을 수 있는지 교사가 안내하는 것이 중요하다. 탐구 활동은 단순히 많은 정보를 모으는 것이 아니라 이해할 수 있는 자료를 스스로 찾아내고, 이를 정리하고 재구성하는 과정이라는 점을 강조해야 한다.

발표회의 설득력을 높이기 위해 신뢰할 수 있는 데이터를 수집하고 시각적으로 표현해 보고자 한다면 국가통계포털(KOSIS)을 활용하는 방법이 매우 유용하다. 학생들은 이곳의 방대한 데이터를 활용해 자신의 탐구 주제를 뒷받침할 기초 자료를 충분히 얻을 수 있다. 자료 조사 초기 단계의 학습자라면 '통계놀이터'를 통해 통계와 친숙해지는 과정을

[KOSIS 국가통계포털 사이트]

추천한다. 학습자 눈높이에 맞춘 쉬운 용어와 시각 자료 덕분에 기후 위기와 같은 복잡한 주제도 흥미롭게 탐색할 수 있으며 직관적인 도구로 데이터를 그래프화하며 발표 자료에 담을 정보를 발견하는 경험을 제공한다.

통계자료가 보다 익숙해진 학생들은 '지표 가시화 서비스'를 활용해 더욱 심층적인 데이터와 자료도 수집하고 표현할 수 있다. 나의 주제와 연관된 구체적인 지표를 선택하여 연도별 추이를 분석하거나 재구성하여 발표 자료에 활용하는 것이 가능하다. 여러 지표를 대조하며 데이터 간의 상관관계를 추론하는 활동은 발표 내용의 객관성을 높여 줄 뿐만 아니라 더욱 분명한 정보를 전달하게 한다. 이처럼 공공 데이

터를 탐구 목적에 맞게 가공하고 시각화하는 경험은 발표회의 수준을 높이고 학습자의 ATL을 키우는 좋은 밑거름이 된다.

(2) 현지 조사 및 인터뷰

발표회의 자료를 수집하는 과정에서 현지 조사(답사)나 인터뷰를 활용하는 경우가 있다. 학생들이 탐구과정에서 더 생생하고 깊이 있는 자료를 확보할 수 있는 의미 있는 경험을 제공할 수 있다.

현지 조사나 인터뷰는 여러 측면에서 중요한 역할을 한다. 첫 번째는 스케일(scale)의 차이이다. 사진이나 그림으로 보는 것과 실제 현장을 직접 경험하는 것은 큰 차이가 있다. 예를 들어, 도시 생태 공원의 사진을 보는 것과 직접 현장에서 생태 공원을 체험하고 눈으로 보면서 구조나 면적을 체감하는 것은 탐구를 보다 깊이 있고 생생하게 만든다.

두 번째는 차원(dimension)의 차이이다. 사진이나 영상은 2차원적인 정보만 제공하지만, 우리가 살아가는 세상은 3차원 공간 속에서 이루어진다. 학생들은 3차원 환경에서 생활하기 때문에, 현장을 직접 경험하면 보다 직관적으로 정보를 이해할 수 있다. 예를 들어, 역사적 장소를 탐구하는 경우, 사진이나 영상을 보는 것과 직접 방문하여 유적지의 규모와 주변 환경을 체험하는 것은 탐구 결과에 큰 차이를 만든다.

세 번째는 자료(material)의 차이이다. 탐구 주제와 관련된 자료를 수집하는 방법은 다양하지만 관찰, 면담, 설문조사 등을 통해서만 확보할 수 있는 자료도 많다. 예를 들어, 지역사회의 교통 문제를 탐구하는 경우, 실제 해당 지역을 방문하여 차량 통행량을 측정하거나 주민들과 인터뷰를 진행하는 것이 신뢰할 수 있는 자료를 확보하는 데 효과적인 방법이 될 수 있다.

그동안 교실이라는 공간과 수업 시간의 제약 속에서 이루어진 탐구가 많았다면, 발표회와 같은 장기 프로젝트에서는 보다 생생한 자료를 확보하기 위해 현지 조사와 인터뷰를 적극적으로 활용하는 것도 가능하다.

[설문조사 데이터 분석]

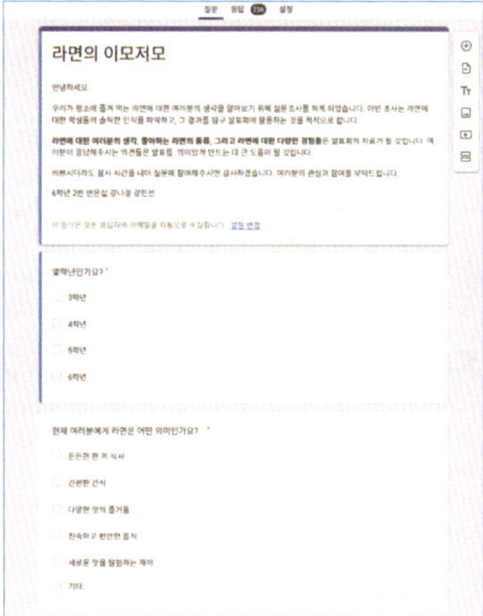

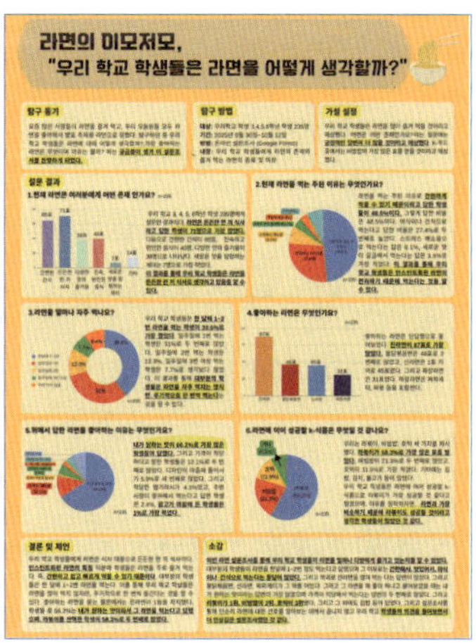

⑶ 설문조사 및 데이터 분석

발표회에서 설문조사를 활용하면 탐구 주제에 대한 다양한 의견과 실제 데이터를 직접 수집할 수 있다는 점에서 큰 장점이 있다. 책이나 인터넷을 활용한 조사만으로는 주제에 대한 사람들의 생각을 반영하기 어렵지만, 설문조사를 활용하면 학생들이 직접 질문을 만들고 데이터를 분석하면서 탐구의 깊이를 더할 수 있다. 이를 통해 학생들은 단순히 정보를 검색하는 수준을 넘어 자신의 탐구에 다른 사람들의 생각을 반영하고, 이를 바탕으로 의미 있는 결론을 도출하는 경험을 하게 된다.

설문조사는 탐구 주제에 대해 사람들은 어떻게 생각하는지 직접 확인할 수 있는 좋은 방법이다. 예를 들어, 환경 보호에 대한 설문조사를 하면 사람들이 환경 문제를 얼마나 중요하게 생각하는지, 실생활에서 환경 보호를 위해 어떤 노력을 하는지를 알 수 있다. 또 같은 질문이라도 학년이나 직업에 따라 답이 다르게 나올 수 있어, 이를 비교하며 탐구 내용을 더 깊이 이해할 수도 있다. 설문조사 결과를 그래프나 표로 정리하면 발표할 때 자료를 쉽게 설명할 수 있고 탐구 결과를 뒷받침하는 근거로 활용할 수 있다. 이를 통해 학생들은 단순한 자료 수집을 넘어, 데이터를 기반으로 논리적인 결론을 도출하는 능력을 갖추게 된다.

⑷ 실험·실습 및 체험적 자료 수집

자료를 수집하고 기록하는 또 다른 방법으로는 실험이나 실습처럼 직접 체험을 통해 자료를 얻는 방식이 있다. 이러한 방식은 탐구 주제를 직접 경험하고 실험을 통해 변화를 관찰할 수 있기 때문에 생생하고 신뢰도 높은 자료를 확보하는 데 효과적이다.

문헌 조사나 기존 데이터를 활용하는 것과 달리 학생들이 직접 실험이나 실습을 설계하고 수행하면서 탐구 과정에 적극적으로 참여함으로써 생생한 자료를 얻을 수 있다는 강점이 있다.

[채소를 재배하는 모습]

예를 들어 '친환경 농업'을 탐구하는 학생들이 직접 채소를 길러보는 활동을 할 수 있다. 학생들은 유기농 방식으로 키운 채소와 일반 방식으로 재배한 채소를 비교하며 어떤 차이가 있는지 직접 체험하고 기록할 수 있다. 또한 식물이 자라는 과정에서 예상치 못한 문제(병충해, 토양 상태 변화 등)를 경험하면서 친환경 농업이 단순한 이론이 아니라 실제로 적용하려면 많은 노력이 필요하다는 점을 이해하게 된다. 체험적 자료 수집은 학생들이 탐구 주제에 더욱 주도적으로 접근하도록 도와주고 과정 자체가 하나의 배움이 될 수 있도록 한다. 직접 채소를 재배하고 변화 과정을 기록하는 과정에서 탐구가 단순한 지식 습득이 아니라 실제 문제를 탐색하고 해결해 나가는 과정이라는 점을 자연스럽게 깨닫게 된다.

활동 속으로

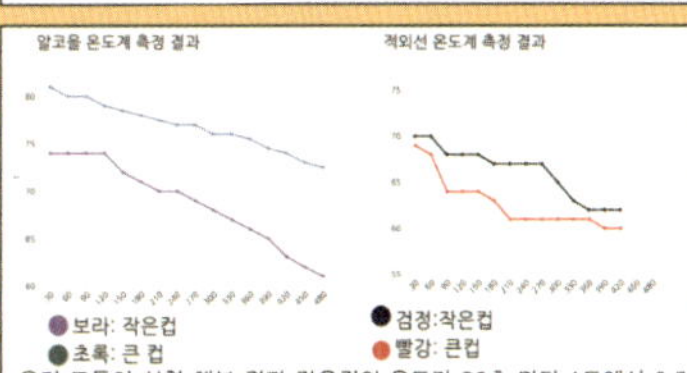

바) 발표 자료 만들기

발표 자료는 탐구 내용을 효과적으로 전달하기 위한 중요한 도구다.

탐구 주제와 발표 방식에 맞춰 적절한 자료를 선택하면 청중의 이해도를 높이고 발표에 대한 몰입을 유도할 수 있다.

발표 자료의 형태는 크게 네 가지로 구분할 수 있다.

첫째, 조사 보고서 형태의 실물 자료다. 학생들이 손으로 직접 작성하거나 컴퓨터로 정리하여 인쇄한 보고서가 이에 해당한다. 탐구 과정에서 수집한 정보와 분석한 내용을 체계적으로 담아내야 하며 청중이

[학생들이 만든 발표 자료]

전체적인 흐름을 한눈에 파악할 수 있도록 구성하는 것이 중요하다.

둘째, 디지털 기기 및 온라인 도구를 활용한 자료다. 자료다. 최근 기후 위기와 환경 오염 문제로 인해 온라인 자료의 중요성이 더욱 강조되고 있다. 지속가능발전을 탐구하면서 발표 후 버려지는 종이 자료를 양산하는 것은 모순일 수 있다. 이때 모니터나 크롬북을 활용해 디지털 프레젠테이션, 동영상, 사진 등을 제작하면 탐구 결과를 직관적이고 친환경적으로 전달할 수 있다.

셋째, 탐구 과정에서 제작한 탐구 결과물과 산출물이다. 실험 결과물, 예술 작품, 직접 만든 모형 등이 포함된다. 예를 들어 친환경 농업을 탐구했다면 직접 재배한 채소를 소개할 수 있고 과학 실험을 진행했다면 실험 도구와 결과물을 전시하는 방식으로 청중의 이해를 도울 수 있다.

넷째, 청중의 참여를 유도하는 상호작용 자료다. 발표자가 정보를 일방적으로 전달하는 데 그치지 않고 청중과 소통하는 방식이다. 퀴즈를

[학생들의 탐구 발표 모습]

진행하거나 질문을 던져 의견을 나누는 활동은 청중의 흥미를 높이고 탐구 내용을 더욱 효과적으로 공유하게 한다.

발표 자료는 탐구 주제의 특성과 환경에 따라 다양하게 구성할 수 있다. 각 자료의 장단점을 고려하여 적절히 조합한다면 탐구 내용을 명확히 전달하고 청중의 적극적인 반응을 자연스럽게 끌어낼 수 있다.

사) 발표하기

발표회 당일에는 학생들이 그동안 탐구한 내용을 교육 공동체 앞에서 발표한다. 자신이 탐구한 과정과 실험 결과물, 예술 작품, 직접 만든 모형 등이 포함된다. 예를 들어 친환경 농업을 탐구했다면 직접 재배한 채소를 소개할 수 있고 과학 실험을 진행했다면 실험 도구와 결과물을 전시하는 방식으로 청중의 이해를 도울 수 있다.

이날의 발표는 단순히 탐구 결과를 보여주는 자리에 그치지 않는다. 학생들이 지난 탐구 여정을 갈무리하며 PYP 과정의 마지막을 교육 공동체와 함께 기념하는 뜻깊은 시간이 된다. 학생들은 배움을 마무리하는 데서 나아가 이를 앞으로 어떻게 실천하고 확장해 나갈지 고민하는 새로운 출발점에 서게 된다. 또한 자신의 생각을 스스로 표현하며 친구, 교사, 학부모와 함께 성장하는 의미 있는 경험을 하게 된다.

아) 성찰하기

발표회가 끝난 후, 탐구 과정과 발표 경험을 되돌아보는 성찰은 매우 중요하다. 성찰을 통해 학생들은 배운 내용을 정리하고, 부족했던 점을 보완하며, 다음 탐구로 나아갈 수 있는 기반을 마련하게 된다.

이를 위해 다음과 같은 방법을 활용할 수 있다.

첫째, 자신의 탐구 과정에 대해 성찰한다. 학생들은 탐구와 발표를 돌아보며 가장 인상 깊었던 점, 어려웠던 점, 발전시키고 싶은 부분을 글이나 말로 정리할 수 있다. 이때 사고 루틴 학습지를 활용하면 효과적이다. 또는 학교 신문 형식으로 학생 인터뷰 기사를 제작해 기록을 남기는 방법도 있다. 이렇게 정리된 기록은 다음 학년 학생들에게 좋은 참고 자료가 된다.

둘째, 탐구 결과를 기록물로 정리하여 학교에 전시하면 발표회가 끝난 후에도 탐구는 계속 이어진다. 탐구 주제, 과정, 발표 자료 등을 모아 전시 공간을 마련하면 내년 6학년 학생들에게 훌륭한 탐구 모델이 된다. 이러한 경험이 해마다 쌓이면서 발표회 운영은 점점 더 발전하게 된다.

셋째, 교육 공동체와 함께 성찰하는 시간을 가진다. 발표회에 참여한 학부모, 멘토, 교사들과 소감을 나누는 과정도 중요하다. 운영에 대한 의견을 듣고 내년 발표회를 어떻게 보완하고 발전시킬지 함께 논의하며 교육 공동체 모두가 함께 성장하는 기회를 얻는다.

넷째, 발표회를 통해 실천하는 것들을 끝까지 지지하고 응원한다. 발표회는 결과 공유로 끝나는 것이 아니라 학생들의 실제적인 실천으로 이어져야 한다. 예를 들어 환경 보호를 주제로 탐구한 학생들이 교내 일회용품 줄이기 캠페인을 지속할 수 있도록 학교 차원의 지원을 제공하는 식이다. 학생들이 탐구를 통해 실제 변화를 만들어낼 수 있도록 지속적인 관심과 지지가 필요하다.

이러한 성찰 과정은 탐구 발표회를 단순한 행사로 끝내지 않고 학생의 배움을 더욱 의미 있게 만들어 준다. 이를 통해 탐구는 일회성 경험을 넘어 지속적인 성장과 실천으로 이어질 수 있다.

탄소 배출을 줄이는 식단의 중요성을 깨달았어요.
다만 대체 식량의 경제성까지
깊이 조사하지 못한 점은 아쉬워요.

그 아쉬움을 성찰 기록지에 남겨두렴.
다음 탐구의 방향을 잡아주는 중요한 이정표가 될 거야.

발표회는 끝났지만 급식 시간에 '지구 건강 식단'
캠페인을 계속 이어가도 될까요?

당연하지. 이제 실제적인 실천을 시작할 때란다.

가르치는 '우리', 그 미완성된 이야기를 마치며…

IB라는 낯설고도 거대한 길을 따라 숨 가쁘게 달려온 이 책의 마지막 장에서 평소 제가 아끼던 파커 J. 파머의 문장을 꺼내 봅니다.

"가르치는 행위는 교사의 내면에서 흘러나오는 것입니다. 우리는 지금까지 '무엇을', '어떻게', '왜' 가르칠 것인가만 이야기했지 정작 가르치는 '누구'인 교사 자신에 대해서는 무관심했습니다. 이제는 그 '누구'를 이야기할 때입니다."

그동안 우리는 IB의 핵심 요소들을 수업에 어떻게 녹여낼지, 아이들의 주도성을 어떻게 키워줄지 고민해 왔습니다. 하지만 그 모든 방법과 이론의 중심에는 매일 아침 교실 문을 열고 아이들을 마주하는 '선생님'이 있습니다.

IB 학교에서 근무하며 남긴 이 이야기들은 대단한 수업 기술이나 완벽한 매뉴얼이 아닙니다. 오히려 정답이 없는 수업에 학생들과 함께 했던 용기에 가깝습니다. 계획대로 풀리지 않는 수업 때문에 속상해하고 학생의 날카로운 질문에 고민했던 우리 모두의 이야기입니다.

원고를 마무리하며 글을 다시 읽어보니 새로운 질문들이 또 고개를 듭니다. 수업은 한 번의 설계와 실천으로 끝나는 완성품이 아니라 고치고 다듬으며 만들어가는 과정이라는 것을 깨닫습니다. 여전히 명쾌하게 답하기 어려운 질문들이 남아 있지만 이제는 그 고민마저 수업을 준비하는 소중한 과정으로 받아들이려 합니다.

이 책을 덮는 선생님들께 응원의 마음을 전하고 싶습니다. 완벽한 수업을 해내야 한다는 부담감은 내려놓으셔도 좋습니다. 대신 아이들과 함께 배우고 성장하는 '한 사람의 학습자'로서 선생님의 마음을 먼저 살펴보기를 바랍니다. 우리가 아이들에게 바라는 탐구하는 교실은 교사인 우리 스스로가 먼저 배움의 즐거움을 느끼고 마음의 여유를 가질 때 비로소 가능해지기 때문입니다.

원고의 집필은 단순히 지난 시간을 정리하는 작업이 아니었습니다. 서툴렀던 수업을 객관적으로 마주하게 했고 앞으로의 수업에 대한 또 다른 방향을 보여주었습니다. 그래서 이 책은 결론이 아닙니다. 우리가 학생들과 함께 하는 수업을 해나가는 과정 속에서의 미완성된 이야기입니다.

내일이 되면 우리는 다시 각자의 자리에서 자신의 수업 철학을 가지고 고민하며 수업을 하고 있을 것입니다. 새로운 시도만큼이나 배움도 조금씩 쌓여갈 것이라 생각합니다. 그렇게 실천을 이어가다 보면 비슷한 고민을 나누는 선생님들과 언젠가 마주하는 날이 올 것이라 생각합니다. 그 만남과 대화들이 우리를 성장시켜 줄 것이라 믿습니다.